밀레니얼-Z세대
트렌드
2022

**일러두기**

1. 본문에 나오는 MZ세대란 밀레니얼 세대(M)와 Z세대(Z)를 아울러 이르는 말이다.

2. 세대별 구분에 대한 명확한 기준은 없으나 1980년대 초반에서 1990년대 중반에 출생한 세대를 밀레니얼 세대, 1990년대 중반에서 2000년대 후반에 출생한 세대를 Z세대로 분류한다. 본 도서에서는 대체로 1989~1995년 사이 출생한 후기 밀레니얼 세대와 1996~2006년 사이 출생한 Z세대에 집중했으며, 표가 언급될 시의 세대 구분은 각 표의 기준에 따랐다.

# 밀레니얼-Z세대 트렌드 2022

## 2022

하나로 정의할 수 없는 MZ세대와
새로운 법칙을 만들어가는 Z세대

대학내일20대연구소 지음

위즈덤하우스

들어가는 글
# 세대를 보는 일은
# 미래를 보는 일

그 어느 때보다도 MZ세대에 대한 관심이 뜨겁다고 느낀 한 해였습니다. 그도 그럴 것이 시장에서도, 노동계에서도, 선거에서도 MZ세대가 판을 뒤흔드는 강력한 변화구를 날렸기 때문입니다.

지난 10여 년간 20대 트렌드를 연구하면서 올해 느낀 가장 큰 변화는 20대가 소비 권력을 넘어 사회 권력이 되었다는 것입니다. 지금까지 기업의 관심사는 늘 소비자로서, 마케팅 대상으로서의 20대였습니다. 최근 기업의 화두는 직원으로서, 동료로서의 20대로 확장되었습니다. 20대 소비자가 우리 브랜드를 얼마나 좋아하고 우리 제품을 얼마나 많이 사줄 것인가와 더불어 동료인 20대, 잠재적 인재인 20대가 우리 회사를 얼마나 좋아하고 오랫동안 조직에 남아줄 것인가를 고민하고 있습니다. 정치권에서도 20대 유권자는 청년 정책의 수혜자 정도로 존재했지만, 이제는 이들의 여론이 어디를 향하고 있는지를 유의미하게 지켜보고 있습니다.

대학내일은 '20대를 향한다'는 핵심 가치를 중심으로 시대 변화에 발맞춰온 기업입니다. 대학내일20대연구소 또한 이름에서 드러나듯 2010년 설립 이래 언제나 연구의 중심에 20대를 두었습니다. 하지만 결혼, 출산, 취업과 같은 생애주기의 주요 변곡점이 30대로 넘어가는 사회 분위기가 자리 잡으면서 20대에서 30대 초중반까지 유사한 소비 패턴과 가치관을 보이기 시작했습니다. 그래서 대학내일20대연구소는 20대부터 30대 초중반까지 차지하던 밀레니얼 세대를 연구했습니다. 2~3년 전부터는 밀레니얼 세대의 뒤를 잇는 Z세대가 부상하기 시작했습니다. 20대 안에 밀레니얼과 Z세대가 공존하면서 MZ세대 전체로 연구 대상을 확장했습니다.

이제 밀레니얼은 기성세대로 가는 길목에 접어들고 있습니다. 20대의 자리는 점차 Z세대가 차지하게 될 것입니다. 그러나 대학내일20대연구소는 Z세대만 조명하기보다는 MZ세대 전체를 꾸준히 들여다보고자 합니다. 한 세대를 제대로 이해하기 위해서는 다른 세대와의 비교도 중요하기 때문입니다. 최근 수많은 세대 분석론이 묘사하는 것처럼 Z세대는 어디선가 '갑툭튀(갑자기 툭 튀어나온)'한 별종이 아닙니다. Z세대는 X세대의 자녀로 그들의 DNA를 물려받았고, 밀레니얼의 후배이자 동생으로 그들의 습성을 보고 배웠습니다. 다른 세대로부터 받은 영향이 Z세대에게서 어떻게 발현되는지를 잘 살펴보아야, Z세대가 더욱 정확하게 보일 것입니다. 이 책에서도 밀레니얼과 Z세대의 공통점과 차이점을 고루 살피고 분석해보고자 했습니다.

세대를 실시간으로 이해하기 좋은 방법은 트렌드를 보는 것입니다. 트렌드는 단순히 '지금 이것이 유행이다', '유행이니까 마케팅에 활용하자' 혹은 '상품 개발에 적용해보자'는 것에서 끝나는 것이 아닙니다. 사람들의 일상,

관계, 가치관, 소비 전반에 영향을 미치고 영향을 받습니다. 가족관, 직업관, 국가관, 사회에 대한 인식, 업무 태도, 놀이 문화, 소비 방식 등 세세한 단위까지 깊게 파고들어 사람들의 라이프스타일을 바꾸고 시대 흐름을 바꿉니다. 대학내일20대연구소가 세대를 이해하기 위해 트렌드를 연구하고, 트렌드를 알기 위해 세대를 분석하는 이유입니다.

이 책에서 다루는 사례와 현상 들은 대다수가 알고 행동하는 트렌드가 아닌 소수가 열정적으로 동조하는 마이크로 트렌드입니다. 하지만 일부의 취향, 일부의 생각, 일부의 소비에 불과했던 현상들이 향후 사회와 일상 전반에 영향을 미치는 나비 효과의 시작점이 될 것입니다. 10여 년간 트렌드 연구를 하며 마이크로 트렌드가 가진 힘을 확인했기에 우리에게 다가올 미래를 가늠해보는 데 좋은 단서를 제공할 것이라 믿습니다.

지난 1년간 MZ세대와 트렌드를 연구하느라 고생을 마다하지 않고, 과중한 업무 속에서도 시간을 쪼개 원고 집필에 애써준 대학내일20대연구소 구성원들께 가장 먼저 고마움을 전합니다. 더불어 트렌드 사례를 분석하는 과정에서 다양하고 풍부한 시각을 더해준 대학내일 트렌드 리딩 그룹, Z세대를 대표해 실시간으로 자신들의 의견과 일상을 제보해준 제트워크에도 고마운 마음을 전합니다. 늘 한 발 앞서 트렌드 사례를 선보이는 대학내일 미디어 '캐럿'도 다양한 사례를 모으는 데 큰 도움을 주셨습니다. 트렌드북을 만드는 긴 여정 동안 물적, 심적 지원을 아끼지 않은 대학내일과 관계사의 모든 임직원분들, 꼼꼼하고 완벽하게 책의 탄생 과정을 책임진 위즈덤하우스에도 고개 숙여 깊은 감사의 말씀을 드립니다.

    올해, MZ세대에 대한 뜨거운 관심 덕분에 이들을 전문적으로 연구하는 유일한 국내 기관으로서, 마케팅 업계에서의 관심을 넘어 기업과 사회 전반에서 전보다 많은 사랑과 관심을 받았습니다. 기쁨과 동시에 무거운 책임감을 느끼고 있습니다. 세대론에 대한 회의와 우려의 목소리가 함께 증가하는 것도 지켜보고 있습니다. 세대를 이해하는 것은 시대를 이해하는 일이고, 시대의 화두와 해법을 찾는 일이라고 생각합니다. 즉, 미래를 예측하고 미래를 리드해갈 수 있는 첫걸음이라 생각합니다. 이 책을 통해 팬데믹과 여러 사회 갈등으로 혼란한 시대에 우리가 풀어가야 할 숙제가 무엇이고, 어떻게 풀면 되는지에 대한 단서를 얻으실 수 있기를 바랍니다.

대학내일20대연구소 소장 호영성

# Contents

# Part 1

## 밀레니얼과는 다른 Z세대의 급부상

# 1

## 마지막 알파벳, Z를 가진 세대의 유전자

▼

언제 태어난 사람부터 기성세대라고 불러야 할까? 사전에서는 '현재 사회를
이끌어 가는 나이가 든 세대'를 기성세대로 정의하고 있다. 사회적으로 합의된
절대적 기준을 잡는 것은 불가능하지만, 40대부터는 기성세대라 불러도
큰 이견이 없을 것이다. 30대는 신세대에서 기성세대로 넘어가는 과도기에
있다고 봐도 될 것 같다. 밀레니얼 세대의 시작인 1980년대 초반 출생이
40대에 진입했고, 나머지 밀레니얼 세대의 대부분도 30대가 되었다.
한동안 '요즘 것들'로 주목을 받았던 밀레니얼 세대가 어느덧 기성세대로
가는 길목에 접어든 것이다. 그리고 이제 또 다른 신인류, Z세대가 오고 있다.
Z세대는 30만 년 인류 역사상 첫 인구 감소 시대, 양적 성장이 멈춘 시대,
아날로그가 거의 사라진 시대를 살아가게 됐다. 한편으로 인공 지능이
보편화된 시대, 동물, 환경, 기술 등 비인간종과 공존이 핵심 가치로 떠오른
시대이기도 하다. 이런 시대적 배경 속에 Z세대의 일상과 면모를 촘촘히
들여다보고 있으면 이런 생각이 들곤 한다. 현대사가 열린 이래 지금까지
인간이 추구해온 성장과 번영의 가치를 마지막으로 경험하고 종식시키는
세대가 되지 않을까? 그런 의미에서 Z세대에게 마지막 알파벳 Z가 붙은 것은
필연이 아닐까? 아직 Z세대의 기준과 특징을 완전히 정의내리기에는 이른
면이 있지만 밀레니얼 세대와의 공통점과 차이점은 무엇이고, 어떤 특징이
드러나고 있는지, 하나씩 단서를 찾아가려 한다.

# Z세대가 밀레니얼과
# 다르게 살아가는 법

## :: MZ세대를 묶어 부른 이유는

2018년 말, MZ세대를 처음 붙여쓰기 시작했을 때 신입사원이 불만스럽게 말했다.

"왜 20대 중반인 저와 30대 후반인 팀장님을 같은 세대로 묶나요?"

대학내일20대연구소는 20대를 중심으로 연구하는 곳이다. 2018년에는 20대 안에 밀레니얼 세대와 Z세대가 모두 있어 두 세대 전체를 연구했다. 그래서 두 세대의 공통적 특성을 설명할 때 편의상 묶어 불렀던 것인데 결과적으로 같은 세대로 퉁치는 모양새가 됐다. 최근 SNS나 온라인 커뮤니티에서도 비슷한 불만을 종종 볼 수 있다. 10대부터 40대 초반까지 최대 서른 살 가까이 차이가 나는데 같이 묶으면 어떡하냐는 글에 '좋아요' 숫자가 올라간다. 맞다. 밀레니얼 세대는 밀레니얼 세대고, Z세대는 Z세대다. 같은 세대로 퉁칠 수 없다.

대학내일20대연구소는 한국 밀레니얼 세대의 특징을 제대로 설명하기에는 약 15년이란 구간도 다소 넓다고 판단했다. 그래서 2020년 7월부터

| 구분 | 86세대 | X세대 | 밀레니얼 세대 | | Z세대 |
| --- | --- | --- | --- | --- | --- |
| | | | 전기 | 후기 | |
| 출생연도 | 1961~1969년 출생 | 1970~1980년 출생 | 1981~1988년 출생 | 1989~1995년 출생 | 1996~2010년대 초반 출생 |
| 시대상 | 정치적 격변기·고도성장 | 문화적 격변기·급성장 부작용 | 디지털 격변기·글로벌 시대 돌입·저성장 | | 양적 성장 멈춤·AI 보편화 |
| 집단 vs. 개인 | 집단주의 | 개인주의와 집단주의 공존 | 개인주의 심화 | | 경계 없는 초개인주의·무소속 공동체 |
| 경쟁의 목적 | 우리 집단의 성장·성공을 위한경쟁 | 내 행복을 만들기 위한 경쟁 | 내 평균적 삶을 지키기 위한 경쟁 | | 나만의 재능과 개성을 인정받기 위한 경쟁 |
| 삶의 태도 | 하면 된다 | 자유·개성 | 보신주의·평균지향 | | 디지털 근본·능력 지향 |
| 추구하는 가치 | 진보 | 다양성, 개방성 (개인 존중) | 글로벌 스탠다드 (선진화, 표준화) | | 인류 보편적 가치·지속 가능성 |
| 국가에 대한 태도 | 애국심 | 애국심 | 자긍심 | | 국가는 플랫폼 |

는 2008년에 스무 살이 된 1989년생을 기준으로 전기 밀레니얼과 후기 밀레니얼로 나눠서 분석하고 있다. 2008년은 글로벌 금융위기, 스마트폰과 IPTV 등장, 수능 등급제 및 입학사정관제 도입, 88만원 세대, 광우병 파동으로 인한 첫 촛불 집회 등 괄목할 만한 사회적 변화가 많았던 해이기 때문이다. 이런 사건들은 라이프스타일과 가치관에 영향을 미치고, 전기 밀레니얼과 후기 밀레니얼 간에 차이를 만들어내기도 한다. 2021년 3월, MZ세대의 미디어 이용 실태를 조사했을 때 '매일 TV를 보는 비율'이 10대 후반 Z세대는 37.9%, 20대 초반 Z세대는 45.2%, 후기 밀레니얼은 48.3%, 그리고 전기 밀레니얼은 무려 71.8%로 나타났다. 오히려 Z세대와 후기 밀레니얼의 차이가 적었고 후기 밀레니얼과 전기 밀레니얼의 차이는 무려 23.5%p에

달했다.[•] 이는 스마트폰을 접한 시기에 영향을 받았을 가능성이 높다. 스마트폰을 10대, 20대 초반부터 사용한 세대와 피처폰을 쓰다가 20대 중후반에서야 스마트폰으로 넘어온 세대에게 TV가 일상 속 가까운 존재로써 미친 영향이 전혀 달랐다고 볼 수 있다.

반면, MZ세대 전체가 유사한 경향을 띠는 경우도 많다. 예를 들어, 온라인을 자유자재로 활용해 목적을 달성하는 데 익숙하다는 점에서는 MZ세대에게는 같은 면모가 있다. '블라인드' 같은 익명 커뮤니티를 이용해 이슈를 공론화하는 것이나, 해시태그를 통해 사회적 챌린지나 캠페인에 동참하는 것이 그 예다. 주로 이용하는 플랫폼은 다를 수 있지만, 온라인 플랫폼을 활용해 목적을 달성한다는 특성은 같다. 'OO대학교 대나무숲'처럼 밀레니얼이 먼저 열어둔 길을 Z세대가 계속 이용하는 경우도 많다. 집단의 가치보다 개인의 가치를 우선시한다는 점, 끈끈하고 친밀한 관계보다 느슨한 연대를 추구한다는 점, 불확실한 미래의 성공보다 소소하고 확실한 성취를 중요하게 생각한다는 점도 큰 틀에서는 유사하다. 방법과 방식은 다를 수 있지만 전반적인 가치관은 86세대, X세대와 비교했을 때 비슷한 면이 있다.

## :: 아직 Z세대의 특징을 쉽게 말할 수 없는 이유

세대를 분석할 때는 연령 효과, 시기 효과, 코호트 효과, 세 가지를 고려한다. 연령 효과는 청소년기, 청년기, 사회 진출, 결혼, 출산 등 생애 주기 변화에 따

---

● 〈유튜브·넷플릭스 시대, Z세대의 TV 이용법〉, 대학내일20대연구소, 2021.04.29

라 영향을 받는 것을 의미한다. 시기 효과는 전쟁, 독재 정권, 경제 위기, 전염병, 기술 진화 등 사회적 사건에 전 사회의 구성원이 영향을 받는 것을 말한다. 코호트 효과는 같은 연령 시기에 특정 사건을 함께 겪은 사람들이 심리적, 사회적, 문화적 동질성을 보이게 되고, 그 효과가 꾸준히 유지되는 것을 뜻한다. 시기 효과와 코호트 효과 모두 특정 사건에 영향을 받는다는 공통점이 있다. 차이가 있다면 코호트 효과는 그 사건을 생애 주기의 어느 순간에 겪느냐에 따라, 예를 들어 20대에 겪느냐 혹은 40대에 겪느냐에 따라 일생에 미치는 영향력이 달라진다고 보는 것이다. 세대 분석은 이 코호트 효과에 가장 큰 비중을 둔다.

위와 같은 이유 때문에 특정 세대의 기준과 특징을 처음부터 뚜렷하게 구분 지어 말하기는 어렵다. 다음 세대 이론이 등장하는 초기에는 연령 범위가 넓게 잡히는 것도 같은 이유다. 기존 세대와 다음 세대를 구분 지을 수 있는 역사적·사회적 사건으로 두 세대 간의 차이를 설명할 수 있을 때 세대 기준과 특징이 명확해진다. X세대의 뒤를 이어 나타난 Y세대(밀레니얼 세대)도 초기에는 1980년대 초반 출생부터 2000년대 초반 출생까지 두루뭉술하게 포함하고 있었고, 연구자와 연구기관마다 정의하는 바가 조금씩 달랐다. 그러나 연구가 거듭되면서 최근 서구권에서는 1981년생부터 1996년생까지로 기준이 통용되기 시작했다. 밀레니얼 세대라는 용어가 처음 등장한 때가 1991년인 것을 생각하면 이론이 어느 정도 자리 잡기까지 오랜 시간이 걸린 것이다.

지금 떠오르고 있는 Z세대는 아직까지는 1990년대 중반 출생부터 2010년대 초반 출생까지 아우르고 있고, 그 끝이 분명하지 않다. Z세대의 대부분

Part 1. 밀레니얼과는 다른 Z세대의 급부상

이 10대이거나 20대 초반이기 때문이다. 청소년이라는 생애 주기 특성과 학생이라는 신분 특성이 많은 영향을 미치고 있어, 눈에 띄는 특성 중 일부는 꼭 세대 특성이라고 단정짓기에 조심스러운 부분이 있다. Z세대가 모두 성인이 되고 또 Z세대의 다음 세대가 나타날 즈음이 되어야 보다 뾰족한 정의와 구분이 가능할 것이다.

## :: 밀레니얼 세대가 살아온 세상, Z세대가 살아갈 세상

대학내일20대연구소는 코호트 효과를 분석할 때 삶에 대한 태도와 가치관이 형성되는 시기인 청소년기와 그것이 완성되어 무르익는 시기인 청년기에 겪은 사건을 중심으로 본다. 특히 20대에 겪은 사회적 사건에 조금 더 무게를 두고 있으며 크게는 인구, 경제, 교육, 문화, 기술, 사회·정치, 6가지 분야로 나눠서 살펴보고 있다.

밀레니얼 세대가 청소년기와 청년기를 보낸 2000년대는 전 세계적으로 고도성장의 시대가 끝나고 저성장 시대에 접어든 시기다. 디지털 격변기이자 본격적인 글로벌 시대가 시작된 때이기도 하다. 밀레니얼 세대는 살면서 단 한 번도 고속 성장과 경제 호황을 경험해본 적이 없다. 어린 시절에는 IMF를, 성인이 되어서는 글로벌 금융위기를 겪었다. 건국 이래 가장 뛰어난 스펙을 갖췄음에도 불구하고, 만성화된 높은 실업률 때문에 경쟁이 극도로 치열해진 환경에서 살았다. 이로 인해 생겨난 밀레니얼 세대의 전반적인 삶의 태도는 '평균지향주의'다. 더 나은 미래와 대단한 성공을 꿈꾸는 대신, 현재 수준의 삶을 유지하는 것만으로도 성공한 삶이라 여긴다. 먼 미래의 거창하고 불확실한 보상보다, 단기적으로 성취 가능한 목표와 지금 바로 체감할

| Demographic | Economic | Educational | Cultural | Technological | Social–Political |
|---|---|---|---|---|---|
| 인구 | 경제 | 교육 | 문화 | 기술 | 사회·정치 |
| • 핵가족 일반화<br>• 초저출산 시대 진입<br>• 혼인율 감소<br>• 1인 가구 증가 | • 3저 불황 정착 (저성장, 저고용, 저금리)<br>• 취업난 가속화 및 88만원 세대 등장<br>• 9대 스펙 등장<br>• 인기 직업 1위 공무원<br>• 글로벌 금융위기<br>• 불평등 심화 및 수저계급론 등장<br>• 4차 산업혁명 시작 | • 학력 인플레<br>• 반공 교육·교련 교육 축소 및 소멸<br>• 수시 입학제도 확대<br>• 입학사정관제 등장<br>• 해외 어학연수 확대 | • e스포츠 인기 및 프로게이머 등장<br>• 온라인 커뮤니티 문화 시작 및 정착<br>• 2002 월드컵<br>• 한류 열풍<br>• 싸이 강남스타일<br>• 김연아<br>• 해외 문화 콘텐츠 접근 확대 및 일상화 | • 1인 1 휴대폰 시대<br>• 인터넷 보급<br>• 1인 미디어 시대 돌입 (싸이월드, 블로그 등)<br>• 스마트폰 시대 개막<br>• SNS 보편화 | • 군복무 기간 단축<br>• 중국 G2 등극<br>• 세월호 침몰 사고<br>• 대통령 탄핵<br>• 미국 동성결혼 합헌<br>• 갑질사건 다수 발발<br>• 미투운동 확산 |

수 있는 보상을 선호한다.

　한편, 냉전이 종식된 세상에서 성장했기 때문에 반공 이념과는 거리가 멀다. 이전 세대가 이념과 정치 문제에 신경이 집중되어 있었다면, 밀레니얼 세대는 부정부패, 불평등, 인권, 동물권 등 사회 내부에 오랫동안 자리 잡고 있던 부조리와 불합리에 주목했다. 문화적으로는 국가의 위상이 높아진 시기를 살았다. 스포츠 역량은 물론이고, 2000년대에 아시아 위주로 불었던 한류 열풍이, 2010년대에 들어서는 미국, 중남미, 유럽, 중동까지 전 세계를 강타하는 경험도 했다. 이전 세대보다 해외여행 경험 기회가 많았고, 외국 드라마와 같은 해외 콘텐츠를 일상적으로 이용했다. 글로벌 문화를 상시로 접하다 보니 문화적 다양성을 수용하는 역량이 뛰어났다. 밀레니얼 세대가 갖고 있는 한국 사회에 대한 기본적인 태도는 '글로벌 스탠다드', 즉 선진화와 표준화다. 선진국 대열에 들어선 사회에서 살았기 때문에, 우리 사회의 지향점과 실제 시스템도 당연히 선진화되어 있어야 한다고 여긴다. 아직 한국을 개발도상국이라 생각해 선진적인 사회 시스템을 미처 갖추지 못한 부분이 있더라도 어느 정도 수용하고 용납하는 기성세대와는 다르다. 급격한 성장 과정에서 생겨난 부조리와 불합리를 어쩔 수 없는 것으로 치부하거나 관행쯤으로 여기는 기성 사회, 변화시키기 위해 노력하지 않는 기성세대에 대한 불신과 반발감이 크다. 하지만 정보와 콘텐츠를 직접 생산하고 멀티미디어를 활용하는 데에 능숙하기 때문에 비판과 저항에 머물지 않고 온라인을 이용해 대안을 찾고 만들 줄도 안다.

Z세대가 살아갈 세상을 상상해보자. Z세대는 인구 감소 시기를 살아가는 첫 세대다. 사회적으로도 경제적으로도 양적 성장과 진화를 거듭하는 시기는 당분간 오지 않을 것 같다. 대신 디지털을 넘어 로봇과 인공 지능이 보편화된 환경 속에 노동과 직업의 가치가 달라질 것이고, 새로운 직업과 소득 창출의 기회가 열릴 것이다. 온라인 교육, 대안 교육, 홈스쿨링 등 지난 몇 세대에 걸쳐 이어져온 공교육 시스템과 다른 다양한 교육 방식과 기회가 늘어나면서 개인의 다양성도 더 확장될 수 있다. 지식을 빠르게 잘 습득하는 것에 초점을 맞추는 대신 개인의 재능과 개성을 개발하는 데 집중할 것이다. 다양성 확장은 개인에 대한 존중으로 이어져 '정상', '스탠다드', '주류'에 대한 인식을 바꿀 수 있다. 이런 배경과 맥락 안에서 발현될 Z세대의 유전자 코드 3가지를 꼽자면 경계 없는 세대(Borderless), 디지털 근본주의(Digital Origins), 멀티플리스트(Multiple+list)다. 마지막 알파벳을 가진 Z세대의 유전자를 자세

| Demographic | Economic | Educational | Cultural | Technological | Social–Political |
|---|---|---|---|---|---|
| 인구 | 경제 | 교육 | 문화 | 기술 | 사회·정치 |
| • 총 인구 감소 | • 3저 불황 만성화<br>• 비트코인 등 암호화폐 투자 유행<br>• 코로나19로 전 세계적 불황 | • 대안 교육·홈 스쿨링 등장 및 증가<br>• 원격 교육, 온라인 교육 보편화 | • 방탄소년단 빌보드 1위 및 UN 연설<br>• 기생충 국제영화제 석권<br>• 텍스트→영상 기반 SNS 및 콘텐츠 대세<br>• 숏폼 콘텐츠 대세<br>• 스타 인플루언서 등장 및 보편화 | • 알파고와 이세돌 대결<br>• AI 및 IoT 상용화<br>• 암호화폐 기술 등장<br>• 스트리밍 및 클라우드 보편화<br>• 메타버스 대중화 | • 일본과 역사·외교적 갈등 심화<br>• 젠더 평등 이슈 및 젠더 갈등 심화<br>• 플라스틱 규제 및 환경 문제 대두<br>• 팬데믹 발발 |

히 들여다보기에 앞서, 세대를 이해할 때 유의할 점을 짚고 가려고 한다.

먼저, 세대는 흐름과 맥락 안에서 이해해야 한다. 수면 위로 드러난 현상만이 아니라 어떤 시대적 배경에서 살아왔고, 그로 인해 태도, 가치관, 생활양식에 어떻게 영향을 받았는지 함께 봐야 한다. 어떤 세대도 완전히 새롭게 태어난 종은 없다. Z세대 역시 X세대의 자녀이자 밀레니얼의 동생, 후배로서 그들의 영향을 받았다. 이를테면, X세대의 개성과 자유분방함을 물려받았고, 밀레니얼 세대가 구축한 디지털 세계관을 이어받아 발전, 진화시키고 있는 것이다. 한 세대를 제대로 이해하기 위해 다른 세대도 함께 봐야 하는 이유다. 두 번째로, 세대 내 개인 특성의 차이가 있다는 점을 인정해야 한다. 세대론은 그 세대가 가진 전반적인 경향성을 찾고 연구하는 이론이고, 그것이 사회 전반에 미치는 영향과 미래에 가져올 변화를 예측하기 위한 것이다. 때문에 어떤 특징 하나로 개개인을 일반화할 수는 없다. 세 번째로, 세대 정의와 구분 기준은 절대적인 것이 아니다. 국가마다 연구 기관마다 어떤 사건을 중심에 놓느냐에 따라 다양한 기준과 해석이 있다. 또, 시간은 연속적인 것이기에 한 살 차이로 세대가 갈라졌다고 해서 특징까지 편 가르듯 가를 수 없다. 그러니 숫자에 연연할 필요 없다. 마지막으로 세대론은 계속해서 변화하고 진화한다. 연구가 거듭되면서 기준도 해석도 변하고 진화할 수 있다. 또, 새로운 큰 사건이 나타나면 완전히 달라지기도 한다. 그래서 지금 이야기하는 현상과 특징이 고정불변한 것은 아니다. 다만, 현재 시점에서 시대를 읽고 미래를 준비하는 데 참고하는 역할로써는 충분할 것이다.

# 유전자 코드 01
## : 경계 없는 세대(Borderless)

> 개인과 집단 간의 경계, 국적의 경계, 정상과 비정상의 경계, 인간과 비인간종의 경계,
> 온라인과 오프라인의 경계, 과거와 현재 그리고 현실과 가상의 경계를 허무는 세대

## :: 느슨한 연대와 가벼운 소속감을 넘어 무소속 공동체

끈끈한 연대, 끈끈한 결속력이 이전 세대의 관계가 보여주는 특징이라면, MZ세대는 느슨한 연대를 추구하는 것이 특징이다. 그런데 여기 재미있는 조사 결과가 있다. 온라인을 통해서만 교류하는 관계에 소속감을 얼마나 느끼는지 묻는 조사였다. 86세대에서 Z세대로 내려올수록 소속감을 느낀다는 응답률이 높게 나올 것이라는 가설로 시작했지만 결과는 달랐다. 86세대, X세대가 오히려 더 높게 나타나거나 비슷하게 나타난 것이다. 원인은 '소속감'이란 단어에 있었다. 설문을 설계할 때 집중했던 포인트는 '온라인'이었다. 온라인이 오프라인보다 익숙한 MZ세대와, 오프라인이 기본인 86세대, X세대 간에 차이가 있을 거란 가설 하에 설문조사를 설계했다. 하지만 응답자들이 주목한 단어는 '소속감'이었다. 86세대, X세대는 오프라인과

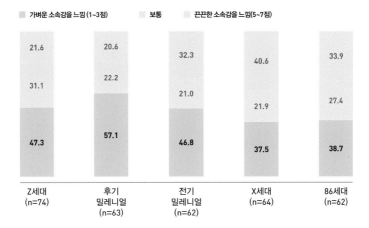

Base: 전국 만 15~60세 중 해당 관계에서 소속감을 느끼는 응답자, 7점 척도, 단위: %

가벼운 소속감을 느낌(1~3점)　　보통　　끈끈한 소속감을 느낌(5~7점)

| | Z세대<br>(n=74) | 후기<br>밀레니얼<br>(n=63) | 전기<br>밀레니얼<br>(n=62) | X세대<br>(n=64) | 86세대<br>(n=62) |
|---|---|---|---|---|---|
| 끈끈한 소속감을 느낌(5~7점) | 21.6 | 20.6 | 32.3 | 40.6 | 33.9 |
| 보통 | 31.1 | 22.2 | 21.0 | 21.9 | 27.4 |
| 가벼운 소속감을 느낌(1~3점) | 47.3 | 57.1 | 46.8 | 37.5 | 38.7 |

온라인을 가리지 않고 소속감을 중시하기 때문에 예상보다 높은 응답률이 나왔다.•

　끈끈함과 느슨함, 소속과 무소속을 가르는 기준은 '목적 및 공통점 이외의 사적인 친밀감' 여부와 '지속성' 여부이다. MZ세대의 느슨함은 목적 지향적이고 일시적이다. MZ세대는 학교, 회사, 동네 같은 기존의 소속 기반 외에도 취미나 취향을 기반으로 다양한 모임을 즐긴다. 익히 알려진 바와 같이 나이, 학교, 직업과 같은 신상 정보를 공유하지 않고, 모임의 목적이 끝나면 뒤풀이 없이 헤어지는 것이 특징이다.

---

• 〈[데이터베이직] 가치관·관계(2021년 6월)〉, 대학내일20대연구소, 2021.06.22

Z세대는 훨씬 더 세분화된 목적으로 연대한다. 취향·취미라 하면 기성 세대는 스포츠나 문화·여가 생활 같은 것들을 떠올리겠지만, Z세대는 굉장히 소소하고도 사소한 것들을 취향·취미의 범주에 포함시킨다. 얼죽아, 민초단, 오싫모 같은 것들이다. MBTI 유형과 같은 성격·성향도 포함된다. 기성 세대가 보기엔 그저 장난과 놀이 정도로만 보이겠지만 산업계를 뒤흔드는 파급 효과를 불러일으킨다. 대표적인 예가 민트초코다. 민트초코맛은 원래 한국 시장에서는 호불호가 갈리는 하나의 취향일 뿐이었다. 그런데 민트초코맛을 좋아하는 이들끼리 '민초단' 인증을 하며 화제가 되었고, 식품업계 트렌드가 됐다. 오리온, 해태, 롯데제과 등 제과업계에서 민트초코맛 과자를 연이어 출시하는가 하면 스타벅스는 민트초코 음료를 선보였고, 카누에서도 민트초코 라떼를 내놨다. 심지어 민트초코맛 소주까지 등장˙했다.

이렇게 Z세대는 소소한 것 하나로도 공동체를 형성한다. 하지만 온라인에서조차 '모이는 공간'이 없는 경우가 많다. 민초단이 생긴다고 해서 반드시 민초단 커뮤니티를 만들고 가입해 활동하는 것이 아니고, 또 가입해야만 민초단이 될 수 있는 것도 아니다. 어떤 취향이나 의견에 동참하기 위해 그저 해시태그를 달고 이야기하는 것으로 끝난다. 물리적으로 모이고 연대하고 관계를 맺는 공동체의 개념이 아니다. 개개인이 각자 행동하면서 공통의 취향이나 가치관만 공유하는 공동체다. 목적이 생기면 같이 행동했다가 목적이 끝나면 바로 흩어져 서로 관계없는 개인으로 돌아가는 일시적인 형태

---

● 〈"치약맛? 천상의 맛!"…유통업계는 지금 '민초의 난' 진행 중〉, 매일신문, 2021.08.12

Part 1. 밀레니얼과는 다른 Z세대의 급부상

좋은데이에서 출시한 민트초코 소주_좋
은데이 인스타그램

이며, 즉흥적이고 실시간성을 띤다. 이렇게 일시적으로, 즉흥적으로, 또 실
시간으로 공통의 관심사를 나누기 좋은 플랫폼이 트위터와 틱톡이다. Z세
대가 많이 쓰는 이유가 있는 것이다. 또, 트위터에는 '실트(실시간 트렌드)'라는
기능이 있다. 여기에는 개인의 덕질, 관심사도 많이 올라오지만 사회적 이슈
키워드도 종종 올라온다. 실트에 올라온 키워드에 대해 의견이 있으면, 그
키워드를 해시태그로 달고 자신의 생각을 남긴다. 이렇게 모인 트윗이 영향
력 있는 사회적 메시지가 되는 모습을 어렵지 않게 볼 수 있다.

86세대는 개인보다 집단을 우선시했고, X세대는 개인과 집단의 가치가
공존했다. 밀레니얼 세대는 개인을 집단보다 우선시한다. Z세대는 개인과
집단 간의 경계 자체가 없다. 그때 그 순간을 함께 하고 있는 사람들과 같은
목적, 같은 관심사로 뭉쳤다가 흩어진다. 관심사를 공유하기 위해, 하나의
목소리를 내기 위해 커뮤니티에 가입하고 소속되는 과정이 필요 없다. 가입

여부와 상관없이 같은 대상에 관심을 보이고 같은 주제에 의견을 내는 것만으로 공동체가 성립한다.

## :: 인류 보편적 가치에 반응하는 감수성

2021년 8월, 도쿄올림픽 폐막식 중계 방송에서 이재후 KBS 아나운서가 마무리 멘트를 하며 "도쿄 비장애인 올림픽을 마친다"라고 말한 것이 온라인 커뮤니티에서 화제가 됐다. 장애인과 비장애인에 대한 인식을 다시 한번 생각해볼 수 있는 단어 선택이라는 반응이 다수였다.

가족 형태에서도 더 이상 정상과 비정상을 가르지 않으려는 변화가 일어나고 있다. TV예능 프로그램에서 이러한 변화를 실감할 수 있다. KBS〈슈퍼맨이 돌아왔다〉에서는 비혼 출산으로 아이를 낳은 사유리 가족의 모습을 보여준다. JTBC〈내가 키운다〉는 한부모 가정의 육아 관찰 예능이다. 과거에는 비정상으로 치부되었던 가족 형태가 이제는 자연스러운 가족의 한 형태로 자리 잡고 있다. 이런 새로운 가족 형태에 대한 수용도는 Z세대가 가장 높다. 대학내일20대연구소의 2021년 6월 조사 결과에 따르면, 혼전동거(66.7%), 비혼주의(69.6%), 딩크족(68.8%), 분자가족˙(42.9%), 비혼출산(51.3%)과 같은 가족 형태를 이해한다는 응답이 다른 세대보다 Z세대에게서 가장 높게 나타났다.˙˙

다양한 성 정체성을 수용하고 지지하는 분위기도 자리 잡아가고 있다.

---

● 새로운 대안 가족의 형태 중 하나로 남녀 간 결혼이 아닌 가치관이 맞는 사람끼리 가족을 꾸리는 것을 의미한다
●● 〈[데이터베이직] 가치관·관계(2021년 6월)〉, 대학내일20대연구소, 2021.06.22

MZ세대가 많이 보는 뉴스레터 서비스로 유명한 '뉴닉'은 지난 2020년 레인보우 가이드를 만들어 공표했고, 국내 OTT 플랫폼 중에서는 왓챠가 '#PRIDEMONTH'*** 라는 해시태그와 함께 퀴어 영화 컬렉션을 제공했다. 이처럼 장애인, 다양한 가족 형태, 성 소수자를 자연스럽게 똑같은 사회의 구성원으로 받아들이는 것은 개인의 인권 문제와 직결된다. 주류와 비주류, 또는 정상과 비정상으로 경계를 나누지 않고, 어느 누구도 어떤 특징만으로 소외되거나 배척당하지 않고 공존해야 한다는 인식과 관련이 있다. 이런 특징은 밀레니얼 세대에게도 보였던 양상이지만, Z세대가 더 자연스럽게 받아들이고 있다. 대학내일20대연구소의 조사 결과를 보면 Z세대는 중요하다고 생각하는 사회 분야 1위로 '인권·평등(53.3%)'을 꼽았다. 후기 밀레니얼(38.3%), 전기 밀레니얼(38.8%), X세대(35.4%), 86세대(40.0%)보다 비율이 월등히 높다. 관심 있는 사회 분야에서는 '인권·평등'이 2위(47.9%)를 차지했고, 역시 다른 세대보다 비율이 압도적으로 높다.****

이 조사에서 또 하나 흥미로웠던 결과가 있었으니 바로 '동물권'을 선택한 비율이다. 동물권에 대한 관심이 다른 분야에 비해 높았던 것은 아니지만, 세대별 응답 결과를 보면 Z세대(26.7%)와 후기 밀레니얼(25.8%)이 비슷하게 높았고, 전기 밀레니얼은 16.7%, X세대는 14.6%, 86세대에 이르러서는 5.8%까지 큰 폭으로 떨어졌다. Z세대는 인간뿐 아니라 동물 등 비인간종과의 공존에도 관심이 있음을 보여주는 결과다. 뷰티 소비자들 사이에서는 몇

---

••• 성 소수자 인권의 달로 매년 6월 다양한 성 정체성을 위한 각종 행사가 열린다
•••• 〈[데이터베이직] 가치관·관계(2021년 6월)〉, 대학내일20대연구소, 2021.06.22

Base: 전국 만 15~60세, n=1,200, 1+2+3+4+5순위 응답, 단위: %

| 순위 | Z세대 | 후기 밀레니얼 | 전기 밀레니얼 | X세대 | 86세대 |
|---|---|---|---|---|---|
| 1위 | 인권·평등 53.3 | 경제 57.9 | 경제 61.3 | 경제 68.8 | 경제 67.5 |
| 2위 | 경제 48.8 | 치안·안전 43.3 | 환경 48.3 | 환경 52.5 | 보건·의료 57.9 |
| 3위 | 치안·안전 44.2 | 보건·의료 41.7 | 보건·의료 47.1 | 보건·의료 49.2 | 환경 57.1 |

세대별 관심있는 사회 분야 TOP3

Base: 전국 만 15~60세, n=1,200, 1+2+3+4+5순위 응답, 단위: %

| 순위 | Z세대 | 후기 밀레니얼 | 전기 밀레니얼 | X세대 | 86세대 |
|---|---|---|---|---|---|
| 1위 | 문화 56.3 | 경제 58.8 | 경제 64.2 | 경제 72.1 | 경제 71.3 |
| 2위 | 인권·평등 47.9 | 문화 52.5 | 문화 48.8 | 환경 52.9 | 환경 57.1 |
| 3위 | 경제 46.7 | 치안·안전 41.7 | 보건·의료 48.3 | 보건·의료 51.7 | 보건·의료 54.6 |

• 〈[데이터베이직] 가치관·관계(2021년6월)〉, 대학내일20대연구소 2021.06.22

년 전부터 동물 실험을 하지 않는 '크루얼티 프리(cruelty free)' 제품을 찾고 선호하는 분위기가 있었다. 최근에는 동물 실험뿐 아니라 동물성 원료도 배제한 비건 뷰티와 함께 친환경 개념까지 담은 '클린뷰티'˙가 대세가 됐다. 친환경과 클린뷰티 바람을 타고 다시 떠오른 품목이 있으니 '고체 비누'다. 플라

---

• 착한 성분, 동물 복지, 유기농, 친환경 등의 가치를 담은 제품 및 브랜드를 의미한다

스틱 용기를 소비할 수밖에 없는 샴푸, 폼클렌징, 바디워시 대신 쓰레기가 생기지 않는 고체 비누를 찾는 소비자들이 늘어났다. 액상형에 비해 화학 성분이 덜 들어가기 때문에 피부 건강과 환경에 모두 좋은 것 또한 장점이다. 자주(JAJU)는 2021년 6월 고체 비누 '제로바' 6종을 출시해 5개월치 판매 예정 물량을 준비했으나, 출시 한 달 만에 완판되었고, 제로바를 구매한 고객의 80%는 20대~30대였다.[**]

86세대가 추구했던 가치는 진보였고, 진보는 곧 민주화였다. 한국 최초의 서구형 개인주의 X세대가 추구했던 가치는 다양성과 개방성이었다. 이는 집단에 가려진 개인의 다름을 존중하는 것이었다. 밀레니얼 세대가 추구하는 가치는 글로벌 스탠다드, 즉 사회 부조리와 불합리를 개선해 국가 위상에 걸맞도록 사회 내부 시스템을 선진화하고 표준화하는 것이다. 그리고 Z세대는 인류 보편적 가치를 추구한다. 인권, 동물권, 환경 같은 보편적 가치를 전 세계의 Z세대와 나누고 연대한다. 그 어느 때보다도 인류 보편적 가치를 향한 예민한 감수성이 필요한 세상이 오고 있다.

## :: 국가는 우연히 가입된 모태 플랫폼

2018년 평창 동계 올림픽 당시 재미있는 장면이 있었다. 88년 서울올림픽 이후 30년 만에 국내에서 올림픽이 열리며 분위기가 뜨거웠다. 남북관계가 녹아 있을 때라 왕래도 있었고, 자연스럽게 여자 아이스하키팀의 남북 단일

●● 〈"한달 만에 완판"…쓰기 불편해도 '비누' 사는 2030, 왜?〉, 머니투데이, 2021.07.16

팀 출전 얘기가 나왔다. 30년 전이었다면 어땠을까? 통일, 평화라는 대의 명분이 너무나 명확하고도 당연했기 때문에 의심의 여지없이 찬성 여론이 지배적이었을 것이다. 하지만 2018년엔 달랐다. 단일팀 구성에 대한 첫 논의가 시작되었을 때, 20대의 반대 여론이 82.2%, 30대의 반대 여론은 82.6%에 육박했다.* 단일팀을 구성하면서 선수 중 누군가는 기회를 박탈당할 수밖에 없고, 한국 선수들이 어렵게 만들어낸 자리 일부에 북한 선수가 들어가는 것은 무임승차라는 이유였다. 나중에는 다시 찬성 여론이 높아지긴 했으나, 통일이라는 대의보다 선수 한 명의 권리가 더 중요한 세대임을 확인할 수 있는 사례다.

그로부터 3년 후, 2021년에 치른 도쿄올림픽에서는 올림픽을 대하는 사회 분위기가 확연히 바뀌었다. 그동안 올림픽에서 가장 큰 관심사는 국가별 메달 수로 보는 종합 순위였다. 누가 메달을 추가했고, 우리나라가 몇 위가 됐는지가 중요했다. 하지만 도쿄올림픽에서 이목을 끌었던 사례들의 가장 큰 특징은 국가 순위와 메달보다 선수 개인의 활약과 경기 과정에 관심이 집중되었다는 점이다. 육상 높이뛰기 우상혁 선수는 밝은 모습으로 경기 자체를 즐기는 모습이 화제가 됐다. tvN 예능 〈유 퀴즈 온 더 블럭〉과 JTBC 〈뭉쳐야 찬다 2〉는 메달리스트가 아닌 비인기종목 선수들을 출연시켜 그들의 개인 서사를 조명해 시청자들에게 좋은 반응을 얻었다. 반면, 올림픽 결과에 집중한 해설이나 중계는 비판을 받았다. 한 방송사의 중계 캐스터는 안창림

---

● 〈예상하지 못한 '상처뿐인 남북단일팀'〉, 주간경향, 2018.01.30

Part 1. 밀레니얼과는 다른 Z세대의 급부상

유도 선수의 동메달 결정전 경기 중 '우리가 원했던 색깔의 메달은 아니다'라는 취지의 말을 해 논란을 빚었다. 마라톤 오주한 선수가 중간에 기권을 하자 '완전히 찬물을 끼얹는다'라고 발언한 해설 위원도 비판을 받았다. 올림픽이라는 국제 무대에 서는 것만으로도 개인의 성취와 노력을 인정받아야마땅하기 때문이다. 그것을 존중하지 않는 표현에 대한 문제 제기였다.

한편, 메달을 확보해 국가 위상을 드높이는 것보다 세계가 함께 즐기는 것에 더 큰 의미와 가치를 부여하기도 했다. 올림픽 때마다 종주국 자존심을 높여줬던 태권도는 도쿄올림픽에서 단 하나의 금메달도 따지 못했다. 하지만 비판과 아쉬움보다 여러 국가들이 골고루 좋은 성과를 낸 것을 높이 평가하는 목소리가 컸다. 32개 메달을 21개 나라가 나눠 가졌고, 그동안 국제 스포츠대회에서 시상대에 오른 경험이 없는 저개발 국가들이 메달을 많이 가져가 올림픽 정신에 기여했다는 평을 받았다. 스포츠 정신이라는 인류 보편적 가치를 추구한 사례라고도 할 수 있다.

Z세대는 태어났을 때부터 이미 글로벌화된 세상에서 자랐다. 밀레니얼 세대는 네이버, 다음, 싸이월드와 같은 국내 플랫폼으로 시작해 글로벌 플랫폼으로 반경을 넓혔다. 이에 반해 Z세대는 어린 시절부터 구글, 유튜브, 페이스북과 같은 글로벌 플랫폼을 사용하며 전 세계 또래들과 같은 콘텐츠를 보고 즐겼다. 또, 밀레니얼 세대에게는 김연아와 같은 국가 대표 스타, 2002 월드컵과 같은 국제적 행사, 싸이, 한류 콘텐츠 등 전문 미디어와 아티스트가 만든 콘텐츠, 삼성전자 갤럭시와 같은 대기업 제품이 국가 위상을 상징하는 대표적 아이콘이었다. Z세대에게는 개인의 일상 속에 스며들어 있는 소소한 제품과 라이프스타일이 'K-OO'이란 이름으로 국가 대표 아이콘 자리에

오르고 있다.

'두유노클럽'을 아는가? 원래는 '두유노김치(Do you know Kimchi)'처럼 외국인들에게 한국 문화를 강요하는 어조를 비꼬려는 의도로 만들어진 말이다. 하지만 이후 'K-문화'로 떠오르는 것이 많아지며 한국인으로서 자부심을 느낄 만한 한국 문화 모음을 의미하게 됐다. 이를테면, K-푸드로는 뚱카롱, 크로플, 핫도그 같은 것들이 있는데, 최근 틱톡에서는 한국인도 모르는 한국 스타일 커피로 맥도날드 아이스 아메리카노에 콘 아이스크림을 넣어 먹는 '코리안 아이스드 커피'가 유행하는 일도 있었다. K-인물로는 한국인 유튜버 리아킴, 제이플라, 한국인 틱톡커 종민오빠, 먹스나 등이 있고, K-콘텐츠로는 피식대학, 재혼황후 등이 있다.* 모두 매우 일상적인 것들이면서 기성세대는 잘 모르는 것들이다. Z세대는 두유노클럽을 통해 자신이 즐기는 일상을 전 세계인과 나눌 수 있다는 사실, 인류가 내 취향과 취미를 알아봐줬다는 사실에 그저 즐거워할 뿐이다. 이를 통해 가슴 뿌듯한 애국심을 느끼는 것이 아니다. 우리나라를 알아봐주는 것이 아닌, 나를 알아봐주는 것에 초점이 있다.

86세대와 X세대까지는 스스로 선진국이라 여기지 않았지만 당위적이고 끈끈한 애국심을 품고 있다. 밀레니얼 세대는 당위적 애국심을 가진 것은 아니지만 세계 무대에서 부끄럽지 않다는 자긍심이 있다. Z세대에게 국가는 우연히 한국에서 태어난 덕분에 자동으로 가입하게 된 모태 플랫폼 같은 것

---

● 〈Z세대의 '국위선양' 기준이 달라졌다? (feat. 두유노클럽 최신 버전)〉, 트렌드 미디어 '캐릿 Careet', 2021.07.22

이다. 국적을 현재 내 프로필에 올라 있는 여러 타이틀 중 하나로 생각한다. 그러므로 국가는 내가 충성하고 사랑해야 하는 대상이 아니다. Z세대는 국가가 내 삶과 미래를 지원하는 존재로써 마땅한 가치를 가진 곳인지 끊임없이 따져보게 될 것이다.

## :: O2O(Online to Offline)에서 M2R(Metaverse to Real world)으로

2021년 들어 가장 핫했던 단어를 꼽으라면 메타버스라 해도 될 것이다. 그런데 MZ세대에게 메타버스를 아는지 물었더니 Z세대 8.5%만이 '잘 알고 있다'고 했고 61.7%는 들어본 적도 없다고 응답해 의외로 인지도가 매우 낮았다. 13.8%가 '잘 알고 있다'고 응답한 밀레니얼 세대보다도 낮은 결과였다. 하지만 '모여봐요 동물의 숲', '제페토', '로블록스' 등 구체적인 메타버스 플랫폼에 대해 들어본 적 있는지를 물었을 땐 결과가 달랐다. Z세대 82.7%가 들어본 적 있고 이들 중 50.9%는 실제 이용해본 적이 있다고 응답한 반면, 밀레니얼 세대는 67.6%가 들어본 적 있고 이들 중 40.6%가 실제 이용해본 적 있다고 답했다.** 메타버스란 단어와 개념 자체를 모를 뿐 일상 가까이 다가와 있으며, 밀레니얼보다 Z세대에게 훨씬 가까이 있다는 것을 알 수 있다.

메타버스는 예정된 미래였지만 코로나19를 계기로 더 빨리 코앞에 다가왔다. 학교 수업, 회사 회의부터 시작해 페스티벌, 전시와 같은 여가 활동까지 사회의 많은 부분이 온라인으로 전환됐다. MZ세대는 여기에 빠르게 적

---

●● 〈[데이터플러스] 미디어 · 콘텐츠(2021년 7월)〉, 대학내일20대연구소, 2021.07.28

응했다. 하지만 역설적으로 그럴수록 오프라인에 대한 필요성과 그리움이 제기되었다. 이를 보완하는 플랫폼이 메타버스였다. 메타버스는 물리적 공간을 뛰어넘는다는 것 외에도 Z세대에게 매력적인 부분이 많다. Z세대는 SNS에서 부캐를 여러 개 만들어 활동하고 스스로 다양한 세계관을 구축하면서 논다. 기존 SNS에서는 추상적으로 존재했던 멀티 페르소나와 세계관을 더욱 현실감 있게 구현하기 좋은 곳이 메타버스다. 아바타를 통해 정교하게 자신의 캐릭터를 만들 수 있고 내가 원하는 공간을 빌드(build)할 수 있기 때문이다.

지난 10년, 산업계에서 O2O(Online to Offline)가 화두였다면 이제 그 자리를 메타버스와 현실을 넘나드는 M2R(Metaverse to Real world)에 넘겨줘야 할 것 같다. 명품 브랜드는 이미 메타버스에 입점하고 있다. 발렌시아가는 아예 비디오 게임을 자체 개발해 브랜드 세계관을 온전히 경험할 수 있게 했다. 앞으로 메타버스가 현실 제품의 베타 테스트 공간으로 활용될 수도 있고, 제품의 생명력을 시간제한 없이 연장시킬 수도 있다.

Z세대의 경계 없는 유전자는 온라인이란 토양 위에서 자랐다. 온라인에서는 물리적 시공간의 경계가 없고 콘텐츠의 생명력이 영원하다. 과거의 것도 지금의 것처럼 소비한다. 어디에 있든 누구와도 함께 할 수 있다. 누구나 소비자이면서 동시에 생산자다. 이전 세대는 오프라인에서 살면서 온라인을 적극적으로 활용했다면, Z세대는 온라인에서도 오프라인처럼 산다. 이제 본격 메타버스의 시대가 열리면서 현실과 가상 세계 사이도 숨 쉬듯 넘나들게 될 것이다. 그러면서 관계의 경계도, 스테레오 타입의 경계도, 국적의 경계도, 생산자와 소비자의 경계도 더욱 흐릿하게 허물어져갈 것이다. 당연

히, 그 중심에는 Z세대가 있을 것이다.

그러면 이제 Z세대의 다음 코드, 디지털 유전자를 가진 Z세대의 면모를 들여다보자.

# 유전자 코드 02
## : 디지털 근본주의(Digital Origins)

> 태어날 때부터 디지털 시대였기에 무엇이든 디지털 방식을 우선으로 사용하고 디지털 안에서 일상을 산다. 아날로그에 대한 기억이 없거나 아주 짧아 아날로그 스타일을 힙한 컬처로 여긴다.

## :: 디지털은 현실, 아날로그는 일탈

영국 BBC 드라마 〈이어즈 앤 이어즈(Years and Years)〉에 부모와 자녀의 대화 장면이 나온다. 아이가 눈을 반짝이며 말한다. "디지털이 되고 싶어. 육체가 없었으면 좋겠어. 스위스에 있는 병원에 가서 서류에 사인만 하면 내 뇌를 다운로드해서 클라우드에 저장하는 거야!" 그러자 엄마는 심각한 표정으로 "자살하고 싶다는 거구나?"라고 묻고, 다시 아이는 황당한 표정으로 대답한다. "영원히 살고 싶은 거야." Z세대가 디지털을 더 영구적인 것으로 생각하고, 디지털상에서의 삶을 더 삶처럼 느낀다는 것을 알 수 있는 단적인 장면이다.

　밀레니얼 세대는 TV를 편성표에 따라 시간 맞춰 보고, 콘텐츠를 다운로드 받아 PC에 저장해서 보고 듣던 시절을 경험했다. 하드 용량이 넉넉해야 안심하고 외장 하드에 자료 백업이 필수인 시절 또한 경험했다. 태어날 때부터 디지털이 당연했던 Z세대는 언제 어디서나 무엇이든 스트리밍하고 클라우드에 보관하기 때문에 디지털 파일을 저장하고 소유한다는 개념이 약하다. 그러니 〈이어즈 앤 이어즈〉의 주인공처럼 모든 것은 영원히 클라우드에 존재할 수 있다는 믿음, 그것이 내 뇌였으면 좋겠다는 상상이 가능하다.

　몇 년 전부터 온라인 커뮤니티에서는 '요즘 아이들이 모르는 것들'이라는 게시글이 종종 이슈가 됐다. 게시글에는 '저장하기' 아이콘이 왜 플로피 디스크 모양인지 모르고, '전화하기' 버튼이 왜 수화기 모양인지 모르며, 심지어 아날로그 시계로 시간을 읽을 줄 모르는 아이들의 사례가 담겨 있다. 또, 2020년 1월, 네이버 지식인에 올라온 한 초등학생의 글이 화제가 되기도 했다. 방학숙제로 창의적인 발명 아이디어를 내야 하는데, 휴대폰 배터리를 교체할 수 있는 아이디어가 어떠냐는 질문이었다. 2G 시절과 스마트폰 도입 초기를 기억하는 어른들에게는 '옛날 방식'으로 기억되는 것이 초등학생에게는 기술이 더 발달하면 가능할 것만 같은 '신기술'이었던 것이다.

　Z세대는 아날로그 방식에 대한 기억이 없다. 모든 게 디지털화, 자동화되어 있다 보니 되려 아날로그적인 것을 낯설면서도 멋스럽다고 느낀다. 몇 년째 레트로 바람이 꺼지지 않고 계속되는 이유다. Z세대에게는 아날로그가 이국적인 문화로, 비일상적이고 일탈적인 틈으로 다가온다. 디지털은 일상이자 현실이고, 아날로그는 비일상이자 일탈이다.

　'디지털 네이티브'란 단어를 처음 쓴 미국의 교육학자 마크 프렌스키(Marc Prensky)는 '디지털 원주민, 디지털 이민자 (Digital Natives, Digital Immigrants)'라는 논문에서 '특정 지역 원주민들이 그곳 언어와 문화를 생득적으로 익혔듯이 요즘 아이들은 디지털 습성을 타고나는 반면 이전 세대는 아무리 애써도 아날로그 취향을 아예 떨치진 못하고 이주민으로 전락하고 마는 '디지털 이주민(Digital Immigrants)'이라고 언급했다. 그래서 역설적으로, Z세대에게는 디지털이 더욱 고도화될수록 몸으로 부딪치는 물리적 공간인 오프라인의 힘이 강해질 수 있다. 생경하기 때문에 매력적이다.

## :: 오프라인을 뛰어넘는 태그연대의 힘

예전에는 공론화가 필요한 이슈가 있을 때, 문제 해결을 강력하게 요구해야 할 때 광장에 모여 머리띠를 두르고 깃발을 들었다. 기성세대에게는 이 방식이 지금도 유효하다. 그래서 주말이나 공휴일에 광화문 거리의 시위를 어렵지 않게 볼 수 있다. 집회와 시위에 대한 전형성이 본격적으로 바뀌기 시작한 것은 2016년 무렵이다. 이화여대 학생들의 미래라이프 대학 설립 반대, 구의역 스크린도어 사건에 대한 추모 같은 이슈들 속에서 밀레니얼 세대의 방식은 이전과는 확실히 다르면서도 효과는 더욱 빛났다. 가장 큰 차이점은 온라인에서 논의가 시작되어 의사 결정을 하고, 온라인을 통해 누구나 손쉽게 참여하면서, 온라인을 통해 더 널리 확산시켰다는 것이다. 이화여대의 경우 온라인이었던 덕분에 주도자나 주최자 없이 모두가 동등하게 참여했다. 다수결로 의사 결정을 했고 역할도 자발적으로 분담했다. 소수의 희생자나 히어로도 없었고, 시위의 본질을 흐리는 이슈가 끼어들지도 않았다. 구의역 스크린도어 사건 추모 운동은 누구나 지나가면서 포스트잇 한 장을 붙이는 것만으로 참여할 수 있었다. 자신의 참여 인증샷을 SNS에 올리는 방식으로 다수의 참여를 이끌어냈다. 정해진 시간에 한 곳에 집결하지 않았음에도 추

모와 분노의 여론을 확연하게 드러낼 수 있었다.[●]

밀레니얼 세대가 만들어낸 온라인 연대는 이후에도 해시태그를 통해 여론을 만들고 사회와 기업, 정부에 영향력을 미치는 형태로 발전해왔다. 2021년 상반기에도 기존의 전형성을 뒤흔든 일이 있었다. 흔히 '노조'라고 하면 86세대, X세대의 생산직 노조를 떠올린다. 앞서 말한 머리띠, 깃발과도 이미지가 직결된다. 그런데 밀레니얼 세대 사무직이 노조를 만들었다. 밀레니얼 세대답게 온라인에서 설립을 논의하고 가입 신청도 온라인으로 받았다. 진행 사항 공유를 비롯한 소통도 온라인으로 하면서 투명성과 수평성을 추구하고 있다. 한 기업에서 시작된 성과급 이슈를 시작으로 불과 몇 개월 만에 LG전자, 현대자동차, 금호타이어 등 대기업과 카카오뱅크, 한글과컴퓨터 등 IT 기업에서 사무직 노조가 다수 설립됐다.

Z세대의 연대 방식 또한 밀레니얼 세대가 해온 방식을 이어받았다. 2021년, 기업 외에도 진땀을 흘린 곳이 있었으니 바로 국방부다. 2014년 이후 대학교를 다닌 20대라면 대학교 '대나무숲' 또는 '대신 전해드립니다'를 모르는 이는 없을 것이다. 페이스북 페이지로 학생들의 익명 제보를 대신 전해주는 창구이다. 이 형태를 차용한 '육군훈련소 대신 전해드립니다' 페이지가 있다. 휴대전화 사용이 전면 허용된 이후, 사진과 동영상을 이용해 부실 급식을 비롯한 군 내부 각종 불편한 실태가 제보되면서 사회적 이슈로 떠올랐다. 문제가 바로 해결되는 것은 아니지만 국방부에서는 병사들의 인권 보장

---

● 《2017 20대 트렌드 리포트》, 대학내일20대연구소, 2016

이라는 '순기능'을 인정하며 장병의 복지와 기본권을 위해 노력하겠다는 공식적 답변을 내기도 했다.

온라인 연대가 문제 제기에만 이용되는 것은 아니다. 2020년 코로나19 초기, 대구 지역을 중심으로 확진자 수가 급증하자 대학생 커뮤니티 에브리타임에서 대구에 있는 병원으로 기부금을 전달하자는 글을 올렸고, 모금 시작 나흘만에 4,600만 원에 달하는 금액이 모였다. 프로그래밍을 독학한 한 대학생은 '코로나맵'을 만들어 코로나19 확진자들의 동선을 파악할 수 있도록 했고, 대구 중학생들은 '코로나나우'라는 코로나 상황판을 만들어 위기 속에 사회 시스템이 보다 안정적으로 돌아가는 데 기여했다.

도쿄올림픽 여자 배구 8강 경기 후에는 한국과의 경기에서 지면서 4강 진출의 꿈이 무산되자 눈물을 흘린 터키 선수들이 화제가 됐다. 유례없는 대규모 산불로 고통받고 있는 국민들에게 메달 획득을 통해 기쁨을 주고 싶었으나 이에 실패하자 눈물을 흘린 것이다. 이 장면을 본 팬들은 트위터에서 '터키를 응원한다'는 의미로 #Prayforturkey라는 해시태그와 함께 묘목을 기부할 수 있는 후원 사이트 링크를 서로 공유하고 묘목 기부 인증서를 올렸다. 이에 대해 터키 현지에서는 '그 어떤 경쟁자들도 이러지 않았다'는 반응을 보이기도 했다. 승패와 국적을 떠나 연대한 사례다.

건국 이후 격동의 시기에 청춘을 바친 베이비부머와 86세대는 MZ세대를 사회에 관심이 없는 세대로 이해하고, 소비권력을 가진 대상으로만 바라봤을 것이다. 하지만 지금 MZ세대는 7080시대 못지않은 사회 권력이 되어가고 있다. 바로 온라인을 통해서 말이다. 손쉽게 태그 하나만으로도 오프라인 광장의 집회보다 더 강력한 의사 전달력과 파급력을 불러일으키고 있다.

사회 부조리가 수면 위로 불거졌을 때 헬조선과 계급론으로 분노했으나, 분노에만 그치지 않고 자신만의 방식으로 사회에 문제 제기를 한 밀레니얼 세대는 팬텀세대*이자 화이트불편러**이자 소피커***였다. 그리고 이런 밀레니얼 세대의 동생인 Z세대는 목소리를 내는 법과 연대하는 법을 일찌감치 터득하고 적극적으로 이용하고 있다.

　MZ세대의 온라인 연대는 과거의 오프라인 집회, 시위보다 크고 강력한 힘을 발휘하는 중이다. 앞으로 Z세대가 어떻게 더 기발하게 사건을 만들어갈지, 어떻게 더 멋있게 진화시켜 나갈지 귀추가 주목된다.

---

- 팬텀세대[Phantom(유령)+世代(세대)]. 흔적 없이 소통하며 사회참여에 나서는 MZ세대의 트렌드를 정의한 키워드
- ●● 화이트불편러[White(하얀)+불편+~er(~하는 사람)]. 정의로운 예민함으로 세상을 바꾸는 MZ세대 트렌드를 정의한 키워드
- ●●● 소피커[所(바 소)·小(작을 소)+Speaker(말하는 사람)]. 자신의 소신을 거리낌 없이 말하는 MZ세대 트렌드를 정의한 키워드

:

# 유전자 코드 03
# 멀티플리스트(Multiple+list)

> 자신의 소소한 재능과 개성을 살려 동시에 다양한 일을 하고, 다양한 소득 수단을 만드
> 는 세대. 스페셜리스트도 제너럴리스트도 아닌 멀티플리스트.

## :: N잡은 필수, 회사는 플랫폼, 재능과 개성이 밥 먹여주는 세상

취준생들이 취업 정보나 채용 정보를 습득하기 위해 많이 보는 콘텐츠 1위
는 '직장인 브이로그'*와 같은 기업 현직자가 직접 만든 콘텐츠다. 작년 대
비 현직자 콘텐츠 시청 경험률이 10.3%p나 올랐다.** 입사 준비 과정과 채
용 후기 등을 공유하는 지원 경험자 콘텐츠(3위, 50.8%)와 퇴사 브이로그를 포
함한 퇴사자 콘텐츠(6위, 23.2%)까지 포함하면 개인의 일상과 경험을 기반으로
한 콘텐츠를 보는 비율은 더 많다고 할 수 있다.

  브이로그는 최근의 현상은 아니다. 몇 년 전부터 꾸준히 인기를 끌다가

---

● '비디오'와 '블로그'의 합성어로, 자신의 일상을 동영상으로 촬영한 영상 콘텐츠를 뜻한다
●● 〈2021 취업 트렌드 및 국내 10대 그룹 이미지〉, 대학내일20대연구소, 2021.07.27

MZ세대가 가장 많이 보는 영상 콘텐츠 주제로 자리 잡았다. 최근 한 달 내 시청한 1인 크리에이터 영상 주제 중 1위 '게임(42.6%)'에 이어 '일상·브이로 그'가 근소한 차이로 2위(41.7%)를 차지했고, 특히 Z세대의 '일상·브이로그' 주제 시청 경험률은 52.3%로 밀레니얼(34.0%)보다 월등히 높았다.[•••] MZ세 대가 즐기는 브이로그는 꼭 유명 유튜버, 인플루언서 들의 것만은 아니다. 평범한 일반인들의 일상이 많고 그중엔 직장인의 삶도 포함되어 있다. 꼭 멋 있게 일하는 모습이나 재미있는 회사 생활 이야기가 담기는 것도 아니다. 오 히려 회사에서 짤린 이야기, 상사에게 혼난 이야기, 첫 출근하자마자 실수한 이야기처럼 기성세대가 보기엔 개인의 치부라고 생각할 수도 있는 이야기 들을 거침없이 담는다. 그런데 여기서 주목할 점은 '많이 본다'라는 사실보 다 '브이로그를 만드는 직장인이 많다'라는 사실이다. 일하는 동안 일만 하 는 게 아니라 일하는 모습을 찍어서 올려 내 채널을 키우기도 하고 소정의 수익도 만들어내는 등 동시에 여러가지 목적을 달성한다. 회사일도 하고, 취 미 생활도 하고, 또 다른 소득 창출 수단도 만드는 일타삼피의 효과를 보는 것이다.

N잡을 추구하려는 경향은 밀레니얼 세대도 비슷하다. 하지만 밀레니얼 세대가 추구하는 N잡은 퇴사 후 다른 직업을 찾거나 회사 다니면서 사이드 프로젝트를 시도해보는 방향으로 나타났다. Z세대는 첫 직장을 갖기 전부 터 이미 다양한 소득 창출 수단을 만들거나, 그 기반을 닦아 둔다. 크몽, 숨고

---

••• 〈[데이터]미디어·콘텐츠(2021년 3월)〉, 대학내일20대연구소, 2021.03.29

와 같은 재능 공유 플랫폼을 보면 자신의 전공을 살려 광고 영상이나 웹 사이트를 만들어주는 사례나, 취미를 살려 사진 찍기, 악기 연주 클래스를 여는 사례를 쉽게 마주할 수 있다. 요즘은 온라인을 이용해 창업하는 10대도 많다. 유튜브에 학생 사장, 10대 사장 같은 검색어를 입력하면 개인 사업을 운영 중인 Z세대 사장님들의 브이로그가 많이 뜬다. 마카롱, 문구, 액세서리 같은 핸드 메이드 제품을 직접 만들어 네이버 스마트스토어나 에이블리 같은 커머스 플랫폼에 정식 입점한다. 학생 때는 공부에 집중하는 것이 당연했던 예전과는 다르다. '열심히 공부해서 좋은 대학 가서 돈 잘 버는 직장, 안정적인 직장 가져야지'가 아니라, 학생 때부터 능력이 되면 여러가지 다양한 경험을 시도하는 것이 오히려 당연해졌다.

《밀레니얼-Z세대 트렌드 2021》에서 리셀테크*를 소개한 바 있다. 덕질을 통해 쌓은 덕력, 될 만한 물건을 알아보는 안목, 그리고 한정판을 얻어내는 의지와 노력이 어우러져 큰 소득으로 이어지는 것이 리셀테크. 일종의 재능 소득이라 할 수 있는데, 브이로그, 크몽, 숨고, 스마트스토어도 모두 소소한 재능과 개성을 무기 삼아 소득 창출 수단이자 직업으로 만든 사례라 할 수 있다. 이렇게 다양한 기회와 수단이 열려 있다 보니 하나의 직업, 하나의 직장에 올인할 필요가 없다. 회사에 소속감을 가지고 일하기보다는 이해관계가 있는 하나의 계약 상대라고 인식한다. 회사는 내 능력과 재능을 발휘해 일을 해주고 대가를 받는 플랫폼이다.

---

• '리셀(resell)'과 재테크의 합성어로 한정판 상품을 사들인 뒤 차익을 붙여 되파는 재테크 방법을 의미한다

지금까지는 교육을 통해 지식을 습득하고 이해하는 것에 초점을 맞춰왔다. 그리고 그 지식을 이용해 직업을 갖고 살아가는 방식에 익숙했다. Z세대는 개인이 가진 다양한 재능과 개성을 개발해 여러 가지 일을 하며 살아갈 수 있는 방법을 자연스럽게 찾고 터득할 것이다. 밀레니얼 세대까지는 사회에서 요구하는 기준인 스펙을 만들기 위해 노력했다. Z세대는 일찍부터 자신만의 콘텐츠를 발굴하고 개발하는 데 집중할 수 있는 시간과 기회가 주어져 있다. 이 또한 디지털 네이티브이기에 가능한 일이다. 그래서 Z세대는 매 순간 콘텐츠를 통해 자기 브랜딩을 한다. 유튜브를 통해, 틱톡을 통해, 인스타그램을 통해 자기 자신을 콘텐츠화한다. 구독자·팔로워가 적어도 상관하지 않고 이벤트를 열고 협찬을 받는다. 모두 자기 콘텐츠를 만들어가는 한 과정으로 본다.

소소하고 사소한 것도 소득으로, 자산으로 치환할 줄 아는 능력쟁이, 멀티플리스트 Z세대가 온다.

# Part 2
## Z세대가 이끄는 밀레니얼-Z세대 트렌드 이슈

# 1
—

# Z세대는 이미
# 경험한 미래
## : 메타버스 네이티브

—

## Z세대의 새로운
## SNS 메타버스

—

"5년 후에 사람들이 페이스북을 '소셜 미디어(SNS) 기업'이 아닌 '메타버스
(Metaverse) 기업'으로 인식하도록 전환해나갈 것이다."
— 페이스북 CEO, 마크 저커버그(Mark Zuckerberg)

페이스북의 창립자이자 CEO인 마크 저커버그가 올해 7월
미국 IT 미디어 더 버지(The Verge)와 인터뷰에서 언급한 이야기이다. 페이스북
처럼 전 세계적으로 영향력을 미치는 소셜 미디어뿐만 아니라 게임, 통신,
엔터테인먼트, 부동산까지 분야를 막론하고 메타버스 전환에 나서고 있다.
메타버스가 모바일 인터넷 시대의 뒤를 이을 새로운 미래로 여겨지며 폭발적인
관심을 받고 있는 것이다. 사실 메타버스는 올해 새롭게 등장한 개념은 아니다.
과거부터 존재했으나, 코로나19로 인한 외부 활동 제한이 장기화되며 대면 만남
의 대안으로 제페토, 로블록스 같은 가상 세계가 구현된 플랫폼이 각광받아 '메
타버스'의 위상이 다시 높아졌다.
여기서 한가지 주목해야 할 점이 있다. 앞서 소개한 메타버스 플랫폼들을 Z세대
는 이미 일상에서 자연스럽게 즐겨왔다는 것이다. 코로나19 같은 외부 환경
변화로 인해 메타버스를 접하게 된 다른 세대와는 다르게 Z세대는 친구와 함께
즐기는 게임으로, 자신을 표현하는 소셜 미디어의 하나로 메타버스를
자연스럽게 접해왔다. 이런 Z세대에게 메타버스는 낯선 신문물이 아닌,
또 하나의 놀이터이자 관계를 쌓을 수 있는 익숙하고 친근한 플랫폼이다.
현실과 매우 유사하게 구현된 '가상 공간', 또 다른 한 명의 자아인 '아바타',
평소 현실 세계의 욕망을 확인할 수 있는 '디지털 자산'까지 Z세대가 메타버스를
어떻게 생각하고 활용하는지 하나씩 알아보자.

• "MARK IN THE METAVERSE: Facebook's CEO on why the social network is becoming 'a
metaverse company'", 〈The Verge〉, 2021.07.22

# 밀레니얼 세대의 메타버스와
# Z세대의 메타버스는 다르다

메타버스의 사전적 의미는 가상, 초월의 의미인 '메타(meta)'와 세계, 우주의 의미인 '유니버스(universe)'의 합성어로, 보통 '사회·경제적 활동이 벌어지는 가상 세계'라는 의미로 사용하지만 뚜렷한 정의는 아직 정해져 있지 않다. 앞서 이야기했듯 메타버스는 올해 새롭게 등장한 개념은 아니다. 용어 자체는 1992년 《스노 크래시(Snow Crash)》라는 소설에 처음 언급되었고, 아바타나 경제 시스템 등 보편적인 메타버스의 요소를 갖춘 '세컨드라이프(2003년)'와 같은 게임도 시도되어왔다. 2021년 메타버스가 다시 주목받은 이유는 뭘까?

우선 코로나19라는 환경적인 요인을 무시할 순 없다. 코로나19로 외부활동이 제한되자 사람들은 여러 대안을 모색했다. 2020년 코로나19 확산 초기를 떠올려보자. 당시의 핵심은 빠른 온택트(Ontact) 전환이었다. 오프라인에서 진행하기 어려워진 수업, 회의, 행사 등을 빠르게 온라인 환경으로 옮겨오는 데에 집중했다. '줌(ZOOM)', '구글미트(Google Meet)', '디스코드(Discord)' 같은 화상 및 음성 채팅이 가능한 비대면 소통 플랫폼들이 각광받았고, 아직은 낯설었던 비대면 소통이 빠르게 일상으로 자리 잡았다.

하지만 코로나19가 장기화되자, 비대면 소통 플랫폼만으로는 채울 수 없는 갈증이 눈에 띄기 시작했다. 특히, 사람들 사이의 만남이 이뤄지는 '공간'에 대한 갈증이 컸다. 영상과 음성으로 서로 연결되어 있지만, 한 공간 안에 '함께 있다는 느낌'은 느낄 수 없었다. 그래서 이를 보완할 수 있는 가상 공간 '메타버스' 플랫폼이 2021년부터 주목받기 시작했다. 오프라인 공간의 대체재로써 온라인의 가상 공간이 떠오르기 시작한 셈이다. 2020년 비대면 소통이 빠르게 일상이 되었듯, 2021년 메타버스 또한 우리의 일상에 빠르게 녹아들고 있다.

## ∷ 또 하나의 '캠퍼스'에서 대학 생활하는 Z세대

작년과 올해 입학한 대학 신입생은 제대로 된 대학 생활을 즐기지 못한 세대로, 이른바 '코로나 학번'이라고 불린다. 가끔 수업을 듣거나 시험을 치기 위해 캠퍼스를 방문하는 경우를 빼고는 캠퍼스 라이프를 누리지도 못했고, 대학생활의 즐거움 중 하나인 OT와 학교 축제도 이들에겐 먼 이야기다. 그래서 대학은 이런 아쉬움을 조금이라도 채워주기 위해 메타버스 플랫폼을 통해 캠퍼스에서 할 수 있는 경험들을 제공하기 시작했다. 메타버스가 Z세대의 대학 생활에 녹아들기 시작한 것이다.

우선 함께 모이는 공간이 필요한 '학교 행사'에 메타버스가 적극 활용되고 있다. 2021년 3월, 순천향대는 SK텔레콤의 '점프 VR' 앱을 활용해 세계 최초로 메타버스 입학식을 개최했다. 21학번 신입생은 가상의 캠퍼스에서 입학 선서는 물론 교수, 동기, 선배와의 만남과 캠퍼스 투어를 진행해 좋은 반응을 이끌어냈다. 이를 시작으로 다른 대학에서도 적극적으로 메타버스 플

건국대학교 KON-TACT 예술제에서 구현한 가상 캠퍼스에서 소통하는 모습_건국대학교 유튜브.

랫폼을 활용하기 시작했다. 건국대는 VR 게임 기업 '플레이파크'와 협업하여 캠퍼스를 구현한 후 'KON-TACT 예술제'를 치렀다. 실감나는 캠퍼스 안에서 동아리 공연은 물론 전시회와 방탈출 게임으로 재미를 더해, 건국대 전체 재학생 3분의 1에 달하는 5,500명의 참여를 이끌어냈다.•

숭실대는 화상 회의 기능과 2D 그래픽의 가상 공간이 결합된 서비스인 '게더타운(Gather town)'을 통해 온라인 봄 축제인 '숭실타운'을 진행했으며, 동시 접속자 300명을 기록했다. 연세대도 게더타운으로 라이브 동아리 박람회 '모여봐요 동박타운'을 진행하여, 동아리 활동에 관한 정보를 전달하고

• 〈"아직도 마스크 쓰니? 이리와~"… 메타버스(Metaverse), 어디까지 해봤니?〉, 한국대학신문, 2021.07.30

실시간 질의 응답을 통해 신입생들의 궁금증을 해소했다. 대학축제를 메타버스로 진행하려는 다양한 시도와 가상 세계에서 진행된 축제에 대한 Z세대 대학생들의 뜨거운 관심을 통해, 이들이 캠퍼스 공간에 얼마나 목말라 있었는지를 확인할 수 있다.

특정 기간에만 진행하는 행사를 넘어 고려대는 SK텔레콤과 스마트 캠퍼스 구축을 위한 양해각서를 체결하고, 메타버스 플랫폼 '이프랜드(ifland)'를 통해 가상 캠퍼스를 조성한다.● 아바타로 만나 동아리 활동을 하고 팀프로젝트를 하는 등 가상 세계에서 캠퍼스 생활을 즐길 수 있게 되는 것이다. 첫 적용은 지난해는 시행하지 못했던 '고연전'이 될 예정이다. 이처럼 Z세대가 만나는 가상 세계는 일시적인 놀이나 이벤트를 넘어, 상시 교류할 수 있는 가상 캠퍼스까지 확대되며 오프라인 공간의 역할을 대체하고 있다. 일상의 경험을 통해 메타버스 플랫폼에 익숙해진 Z세대는 단순히 실감나는 캠퍼스 구현을 통한 재미를 주는 것을 넘어, 더 효율적이고 발전된 모습을 기대할 것이다.

## ∷ 오프라인 '사무실'이 사라지고 있다

밀레니얼 직장인의 일상에도 메타버스 플랫폼이 들어섰다. 2021년을 살아가는 직장인에게 재택근무는 너무나 자연스러워졌다. 통계청의 〈경제활동인구조사〉에 따르면, 재택 및 원격근무제 근로자 수가 2020년 8월 기준 50

---

● 〈"메타버스 고연전 열린다" SKT, 고려대와 '스마트 캠퍼스' 구축〉, 아시아경제, 2021.07.15

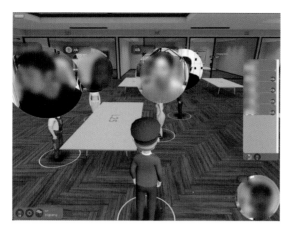

직방의 온라인 가상업무공간 메타폴리스에서 근무하는 직원들_직방 홈페이지.

만 명에 달하며 전년 동기에 비해 약 5.3배 증가했다. 장기화되고 있는 사회적 거리두기로 인해 완전 재택근무로 전환한 기업도 생겨날 만큼, 재택근무는 보편적인 근무 형태로 자리 잡고 있다. 다만 재택근무에도 불편함과 아쉬움은 존재한다. 화상 회의 플랫폼을 통해 필수적인 회의와 업무 진행은 가능하지만, 사무실 공간에서 근무할 때 자연스럽게 이뤄지는 언어적·비언어적 의사소통이 사라져 커뮤니케이션 효율과 소속감이 낮아졌기 때문이다. 이를 해결하기 위해 사무실 출근으로 회귀하는 대신, 메타버스 플랫폼을 통해 새로운 시도를 하고 있는 기업이 등장하고 있다.

부동산 플랫폼 기업인 '직방'은 2021년 6월 강남 본사를 없애고 자체 개발한 메타버스 업무공간인 '메타폴리스(Metapolis)'를 통해 가상 오피스로 출근하도록 하며, 완전 재택근무를 선언했다. 아바타를 통해 다른 사람한테 가까이 다가가면 얼굴도 보이고 목소리도 들리는 등 실제 사무실에서 함께 일하는 느낌을 구현했다. 메타폴리스는 30층 건물로 지어졌는데 4, 5층은 직방이 사용하고, 나머지 공간은 다른 기업에 분양 또는 임대할 계획이다.

　서울시설공단 또한 올해 6월부터 게더타운을 이용한 가상 사무실을 공기업 최초로 도입했다. MZ세대 직장인에게 가상 사무실은 업무만을 위한 도구가 아니라, 직장 동료와 자연스럽게 친밀감과 유대감을 높일 수 있는 기회를 제공한다는 점에서 좋은 반응을 얻고 있다.

　한편, 기업 채용과 교육에서 메타버스 플랫폼을 활용하는 사례도 증가했다. SK텔레콤, LG이노텍, KOTRA 등 다양한 기업이 취업 준비생에게 기업을 처음 소개하는 자리인 채용설명회를 메타버스 플랫폼으로 개최했다. 그뿐 아니라 현대모비스, LG디스플레이, 하나은행 등은 신규 입사자 교육을 메타버스 플랫폼으로 진행해 기업의 소속감을 높이고 동기와 친밀해질 수 있는 시간을 마련하기도 했다. 이미 메타버스 플랫폼에 익숙한 Z세대의 눈높이에 맞춰, 친근하게 다가가려는 기업들의 노력이 눈에 띈다.


## ∷ 메타버스 네이티브 Z세대 vs. 메타버스를 학습하는 밀레니얼 세대

2021년 캠퍼스, 채용설명회, 사무실까지 MZ세대가 많은 시간을 보내는 오프라인 공간들이 메타버스로 전환되고 있으며, 실제로 메타버스 플랫폼을 경험하는 비율도 늘고 있다. 대학내일20대연구소의 조사 결과 메타버스 플랫폼을 인지하고 있는 사람 중, 메타버스 플랫폼을 이용한 경험이 있다고

---

● 〈직방, 메타버스 속 사무실 분양한다〉, 한국금융신문, 2021.07.30
●● 〈메타버스가 대세?…공공기관 차세대 업무환경 도입 시도〉, 아시아투데이, 2021.08.06
●●● 〈[데이터플러스] 미디어·콘텐츠(2021년 7월)〉, 대학내일20대연구소, 2021.07.28

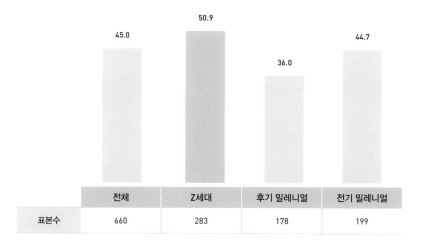

Base: 전국 만 15~40세 중 메타버스 플랫폼 인지자, n=660, 단위: %

| 표본수 | 전체 | Z세대 | 후기 밀레니얼 | 전기 밀레니얼 |
|---|---|---|---|---|
| | 660 | 283 | 178 | 199 |

응답한 비율이 Z세대는 50.9%였으며, 후기 밀레니얼 세대는 36.0%, 전기 밀레니얼 세대는 44.7%였다. Z세대의 경우 인지자 중 절반이 이용 경험이 있는 것으로 나타났으며, 밀레니얼 세대도 3명 중 1명은 경험한 것이다.

하지만 한 가지 기억해야 할 것은 Z세대와 밀레니얼 세대의 메타버스 이용 목적과 인식이 다르다는 점이다. Z세대는 다양한 산업 분야가 메타버스에 관심을 갖고 전환에 나서기 전부터 가상 세계에서 많은 시간을 보내온 '메타버스 네이티브'다. Z세대에게 제페토, 로블록스**** 등 메타버스 플랫

---

•••• 이용자가 직접 게임을 프로그래밍하고, 다른 이용자가 만든 게임을 즐길 수 있는 메타버스 플랫폼이다

폼은 새로운 것이 아니다. 제페토는 2018년부터 10대 사이에서 인기를 끌었다. 아바타로 자신의 개성을 표현할 수 있고, 친구의 아바타와 힙한 인증샷을 함께 찍으며 소통할 수 있기 때문이다. 메타버스판 유튜브로 주목받는 로블록스도 초등학생과 10대들이 많이 즐기던 게임이었다. 이처럼 Z세대는 '메타버스 플랫폼'이라고 불리기 전부터 친구들과 함께 즐기는 소셜 미디어와 게임으로 이를 자연스럽게 즐겨왔다.

그에 비해 밀레니얼 세대는 올해 들어서 메타버스 플랫폼을 처음 인지하고 접속해본 경우가 많다. 뉴스에서 자주 언급될 뿐만 아니라, 직장이나 학교에서 시범적으로 메타버스 플랫폼을 적용하는 등 산업적으로 활용되면서 접하기 시작한 것이다. 때문에 밀레니얼 세대는 메타버스의 개념이 무엇인지 배우고, 필요에 의해서나 새로운 트렌드를 체험하려는 목적으로 이용하는 경향을 보인다.

물론 여러 산업 분야에 메타버스가 다각도로 적용되고 있는 만큼 Z세대도 올해 들어 새롭게 접하거나 이용하게 된 메타버스 플랫폼이 많으며, 이를 새롭고 신선한 플랫폼으로 여긴다는 점은 밀레니얼 세대와 동일하다. 하지만 메타버스를 이용하는 목적은 밀레니얼 세대와 차이가 나타난다. 밀레니얼 세대가 뚜렷한 목적과 필요에 의해 일시적으로 메타버스를 찾는다면, 과거부터 메타버스를 자연스럽게 접해온 Z세대는 소셜 미디어나 게임의 하나로 여기며 메타버스에서 일상을 보내고 있다.

"처음에는 메타버스 플랫폼이 새롭고 신선해서 끌렸는데 그건 벌써 작년이고, 지금은 익숙하고 친숙한 느낌이에요. 보통 하루에 1시간 정도는 제페토에서 시간을 보내요.

주말에는 더 많이 들어가 있고요."

– 제트워크 시즌3 참여자 아리<sub>(R8107)</sub>

메타버스 플랫폼을 이용하는 Z세대와 직접 나눈 대화다. 이처럼 Z세대에게 메타버스는 이미 친숙하고 자연스러운 공간이다. 매일 시간을 할애해서 이용하는 플랫폼이기도 하다. Z세대가 메타버스로 어떤 다채로운 경험들을 즐기고 있는지 조금 더 살펴보자.

## :: 가고 싶었던 그곳으로 '순간이동'하는 방법

2021년 Z세대는 여가와 취미를 위한 공간을 빼앗겼다. 여행은 물론이고 콘서트장, 페스티벌, 브랜드 팝업스토어 등 시간을 보내던 공간이 축소되거나 아예 열리지 않게 되었다. 그래서 Z세대는 오프라인 공간을 재현한 가상 공간, 메타버스 플랫폼을 찾았다.

2020년 11월 한국관광공사는 네이버 Z와 협업해 '제페토'에 한강공원을 구현했다. 편의점에서 라면 먹기, 반포대교 무지개분수 구경, 남산N타워 배경으로 사진 찍기, 서울 밤도깨비 야시장 방문하기, 수상택시 체험까지 맵 구현뿐 아니라 액티비티를 즐길 수 있는 재미까지 더했다. 국내 유저뿐 아니라 글로벌 유저의 높은 관심으로 2021년 7월을 기준으로 한강공원 누적 방문자 수는 2,180만 명에 달했다.• 이를 기점으로 많은 관광 명소들이 제페토

---

• 〈코로나를 기회로⋯관광 디지털 전환 '가속화'〉, 아주경제, 2021.08.03

1. 제페토에서 한강과 파리를 방문한 모습_제페토 앱
2. 아리아나 그란데의 가상 투어 공연_포트나이트 홈페이지

에서 구현되기 시작했다. 전주 한옥마을, 석촌호수와 롯데월드, 제주 포도뮤지엄 등 국내 관광 명소는 물론 파리, 스페인, 일본 등 해외 유명 관광지까지 제페토에서는 모두 방문이 가능하다. 제페토에서는 '빌드잇'을 통해 유저가 맵을 직접 만들 수 있기 때문에, 지금도 새로운 공간들이 만들어지고 있는 중이다.

또한, 메타버스 플랫폼은 국내외 아티스트들의 공연장으로 활용되고 있다. 에픽게임즈의 3인칭 슈팅 게임인 '포트나이트(Fortnite)'가 대표적인 플랫폼이다. 2020년 4월 미국의 힙합 가수 트래비스 스콧(Travis Scott)의 공연은 1,200만 명이 관람해 200억 원 이상 수익을 올리며 큰 화제가 되었다.● 올

---

● 〈'가상 공연'에 몰린 관객들...메타버스 공연이 온다!〉, YTN, 2021.08.16

해 8월에는 미국의 팝 스타 아리아나 그란데(Ariana Grande)가 투어 무대로 활용했으며, 방탄소년단(BTS)도 신곡 '다이너마이트'의 안무 버전 뮤직비디오를 전 세계 최초로 공개했다. 무대 영상처럼 일방적으로 보기만 하는 무대가 아니라, 메타버스 플랫폼 속 자신의 아바타를 통해 콘서트장에 함께 있는 듯한 체험을 주는 무대였기 때문에 Z세대들은 더욱 열광했다.

2021년의 Z세대는 메타버스 플랫폼에서 자유롭게 브랜드 매장을 방문하며 아이템을 구매하고 체험하기도 한다. 제페토에는 구찌, 크리스찬 디올, 나이키, 아디다스, 키르시 등 패션 및 뷰티 브랜드 입점이 이어지고 있다. 그외에도 삼성전자는 '삼성 갤럭시 하우스'에서 도쿄 올림픽 응원장을 만들고, 현대자동차는 '쏘나타 N 라인'을 시승할 수 있는 공간을 구성했으며, CU는 제페토한강점을 설치하는 등 오프라인 팝업스토어가 메타버스 플랫폼으로 옮겨왔다. Z세대는 이렇게 메타버스 플랫폼에서 브랜드를 자유롭게 체험하고 즐긴다.

# Next Level
## : 아바타로 열리는 새로운 세상

가상 세계에서 나를 대신하는 분신, '아바타'도 새로운 개념은 아니다. 밀레니얼 세대는 물론 X세대와 86세대도 누구나 한 번쯤은 자신의 아바타를 만들어본 경험이 있을 것이다. 때로는 나의 모습을 있는 그대로 표현하기도 하고, 때로는 내가 추구하는 모습을 담아낼 수도 있는 아바타의 매력은 메타버스의 세계에서도 유효하다.

Z세대 또한 아바타 꾸미기에 진심이다. 나와 닮은 모습이든 닮지 않은 새로운 모습이든 상황과 목적에 따라 원하는 외형을 선택할 수 있는 재미가 있고, 나를 표현하는 수단으로 활용할 수 있기 때문이다. SNS에서도 자신의 취향과 성향을 콘셉트로 승화해서 표현하기 위해 노력했던 Z세대는, 메타버스에서는 '아바타'를 통해 디테일하고 정교하게 자신의 이미지를 만들어낸다.

> "전 제페토에서도 본계정과 부계정을 나눠서 관리해요! 본계정은 저와 가깝게, 부계정

—
평소에 하기 힘든 스타일링을 시도한 제페토 아바타_제트워크 시즌3 참여자 시니(D8340) 제공

> 은 나와 다른 자아로 사용하죠."
>
> – 제트워크 시즌3 참여자 케이(T8094)

실제 모습을 담은 본 계정과 다른 자아를 담은 부 계정을 나눠 관리하는 Z 세대의 모습은 SNS에서 본 계정과 부 계정을 분리해 타인에게 보여주고 싶은 콘셉트에 따라 꾸미는 모습과도 닮았다. 즉 Z세대에게 메타버스 플랫폼이란 SNS의 연장선으로 볼 수 있다. 이런 관점에서 보면 Z세대가 자신의 자아를 대신하는 '아바타'를 얼마나 중요하게 생각하는지 이해할 수 있다.

## :: AR 필터로 손쉽게 표현하는 또 다른 '나'

2021년 상반기 Z세대 사이에서 화제의 중심이 되었던 인물 중에는 2인조

Love Is an Open Door Kristen Bell, Santino

디즈니 필터(Cartoon 3D Style)를 이용해 촬영한 디즈니 OST 커버 릴스 영상

아이돌 보이 그룹 '매드몬스터(Mad Monster)'가 있다. Mnet 〈엠카운트다운〉, MBC 〈쇼! 음악중심〉, KBS2 〈유희열의 스케치북〉 등에 연달아 출연하며 인기와 화제성을 입증하기도 했다. '매드몬스터'는 진짜 아이돌이 아닌 개그맨 이창호와 곽범이 연기한 가상의 아이돌이다. 유튜브 채널 '빵송국'에서 아이돌 콘셉트 세계관으로 콘텐츠를 제작하며 만들어진 그룹으로, AR 필터 앱의 외모 보정 기능을 매우 과도하게 사용한 것이 특징이다. 평소 Z세대는 스노우(SNOW), 브왈라(Voila), 스냅챗(Snapchat) 등 AR필터 앱을 이용하는 데 매우 익숙하기 때문에, 매드몬스터에 거부감을 갖기보다 재미있고 유쾌하게 받아들였다.

2019년 아기 얼굴로 만들어주는 스냅챗의 '아기(Baby) 필터', 2020년 2D

애니메이션 캐릭터처럼 만들어주는 틱톡(TikTok)의 '만화(Comic) 필터' 등 매년 AR필터는 Z세대 사이에서 '인싸 필터'로 불리며 화제가 되었다. 올해는 디즈니 주인공처럼 얼굴을 바꿔줘 일명 '디즈니 필터'라고 불리는 스냅챗의 'Cartoon 3D Style' 필터와 브왈라의 '3D Cartoon' 필터의 인기가 매우 뜨겁다. 실제 얼굴을 디즈니 캐릭터처럼 바꿔주기 때문에, 필터를 씌우고 친구나 연인끼리 디즈니 영화의 주제곡이나 특정 장면을 따라하는 인증이 쏟아진다.

특히 올해는 틱톡뿐 아니라 유튜브 쇼츠(Shorts), 인스타그램 릴스(Reels) 등 세로형 숏폼 영상 플랫폼이 대세가 되면서, AR필터를 이용한 콘텐츠가 더욱 확산되는 모습이다. 필터를 통해 현실 세계의 '나' 대신, 나와 닮은 '아바타'를 생성할 수 있어 영상 업로드를 위한 부담감을 덜 수 있기 때문이다. 디즈니 필터 외에도 스노우의 '매드몬스터' 필터와 '에스파' 필터 등 특정 인물처럼 변경해주는 필터의 인기도 높은 편이다. 메타버스 플랫폼은 특정 앱을 설치하고 아바타를 직접 만들어야 한다는 번거로움이 있어 이용자가 한정되어 있지만, AR 필터는 순식간에 아바타를 만들어주기 때문에 Z세대가 더욱 쉽게 접근한다는 점에서 주목해볼 만하다.

또한, 최근 AR 기술로 만든 아바타로 소통하는 '버추얼 유튜버'의 인기가 높아지고 있다. 얼굴을 노출하지 않고 목소리만으로 콘텐츠를 제작하던 유튜버나 스트리머가 '아바타'를 만들기 시작한 것이다. 영미권 이슈로 영어 표현을 알려주는 유튜버 '알간지(알고 보면 간단한 지식)'의 빨간 악마 아바타, 뮤직비디오를 해석해주는 유튜버 '김일오(15KIM)'의 토끼 아바타, 게임 스트리머 '세아 스토리'의 3D 애니메이션 아바타 등이 대표적이다. 대학내일의 캐릿(Careet) 유튜브도 캐디터(캐릿 에디터) 아바타가 MZ세대 트렌드를 직접 읽어

1. QnA 영상에서 질문에 답변하는 알간지의 아바타_알간지 유튜브
2. MZ세대 트렌드를 소개하는 캐디터(캐릿 에디터)_캐릿(Careet) 유튜브

주는 콘텐츠를 업로드하고 있다. Z세대는 아바타가 등장해 직접 읽어주는 느낌을 주는 버추얼 유튜버를 한 명의 사람처럼 대하고 팬을 자처하고 있다.

## :: 1998년 사이버 가수 아담이 꿈꾸던 모습, 버추얼 셀럽(Virtual Celebrity)

올해 하반기 큰 화제가 된 광고가 있다. 2021년 8월 기준으로 유튜브 조회수 1천만 회가 넘는 '신한라이프' 론칭 광고다. 특히 광고에 등장해 역동적인 춤을 추고 있는 모델 '로지(ROZY)'가 화제의 주인공이다. 자연스러움 춤 동작과 표정이 모르고 보면 사람처럼 보이지만, 그는 싸이더스 스튜디오 엑스에서 제작한 '버추얼 인플루언서'이다. 로지의 인스타그램에는 운동, 쇼핑,

광고 속에서 춤을 추고 있는 버추얼 인플루언서 로지_신한라이프 유튜브

여행 등 일상이 업로드되어 있으며, 심지어는 환경을 생각하는 용기내 챌린지*를 수행하고 인증샷을 올리기도 한다. Z세대는 실제 사람이 아니라는 점에 집중하기보다, 또 한 명의 인플루언서처럼 존중하고 인정해주는 모습을 보이고 있다. 이미 다른 버추얼 셀럽을 많이 접했기 때문에 비교적 익숙하게 받아들이고 있는 것이다.

로지가 등장하기 전부터 Z세대는 에스파(aespa), K/DA, 아뽀키(APOKI) 등 수많은 버추얼 아이돌의 콘텐츠를 접해왔다. 2020년 11월 데뷔한 SM엔터테인먼트의 아이돌 '에스파'는 현실 세계의 아티스트 멤버와 가상 세계의 아바타 멤버가 서로 교류하며 활동하는 세계관을 가지고 있다. K/DA는 2018

---

● 음식 포장에 무분별하게 사용되는 일회용품을 줄이기 위해 다회용 용기를 들고가서 매장에서 포장을 하는 환경 캠페인이다

달에 착륙하는 모습을 담은 라이브 방송_아뽀키 유튜브

년 11월 라이엇 게임즈의 '리그 오브 레전드' 게임 안에 존재하는 캐릭터로 구성한 버추얼 아이돌이다. 2021년 8월 기준 4.5억 회가 넘는 유튜브 조회 수를 기록했으며, 실제 음반을 내며 활동을 이어오고 있다. 아뽀키는 2019 년 2월 유튜브 채널을 개설한 버추얼 가수로 다른 가수의 커버(Cover)송* 을 부르거나 라이브 방송을 진행한다. Z세대는 버추얼 셀럽의 어떤 매력에 빠 져들었을까?

"따로 논란이 생길 일도 없고 완벽하다는 점? 거기에 오랫동안 지금 모습을 큰 변화 없

● 기존에 발표된 곡을 다른 뮤지션이 새롭게 재연주 또는 재가창하는 것을 의미한다

> 이 볼 수 있다는 점도 매력적이에요. 실제 인물에 비해 여러가지를 시도할 수 있다는 점
> 도 좋아요."
>
> – 제트워크 시즌3 참여자 시니(D8340)

Z세대는 버추얼 셀럽이 오히려 실제 인물이 아니라는 점에 호감을 느낀다. 사생활 논란 걱정 없이 안심하고 좋아할 수 있고, 물리적 한계를 초월해 더 자유롭게 콘텐츠를 생성할 수 있기 때문이다. 실제로 아뽀키는 2020년 12월 라이브 방송 도중 뛰쳐나가 우주선을 타고 달로 떠나면서 소식이 두절되었는데 한 달 후 달에 무사히 착륙한 영상을 업로드했다. 이런 제약 없는 콘텐츠가 Z세대 시청자에게 신선한 재미를 가져다줬다.

## :: 아바타로 영상을 만드는 Z세대 크리에이터

Z세대는 유튜브에 다른 세대보다 비교적 쉽게 영상을 업로드한다. SNS나 블로그에 자유롭게 글을 올리듯이, 유튜브에 직접 촬영하고 편집한 영상을 올리는 것이다. 대학내일20대연구소의 조사 결과 최근 6개월 내 직접 촬영한 영상 업로드 경험자 중 유튜브에 업로드한 비율이 Z세대가 28.2%로 후기 밀레니얼 세대(19.3%)나 전기 밀레니얼 세대(19.7%) 보다 비교적 높았다.** Z세대는 연령 특성상 고가의 영상 장비를 갖추고 있거나 숙련된 편집 기술이 없을 가능성이 높은데, 유튜브에 어떤 영상을 올릴까? 메타버스 플랫폼과

---

●● 〈[데이터플러스] 미디어·콘텐츠(2021년 7월)〉, 대학내일20대연구소, 2021.07.28

—
이세계 아이돌 오디션에서 실시간으로 노래를 부르고 있는 참가자_우왁굳 유튜브

아바타에서 그 답을 찾을 수 있다.

최근 유튜브에서 화제가 되고 있는 웹예능 중 VR챗(VRChat)＊을 이용해 버추얼 아이돌을 뽑는 '우왁굳'의 〈이세계 아이돌(이세돌)〉이 있다. 참가자 모션에 따라 실시간으로 움직이며 노래하고 춤추는 아바타를 이용한 콘텐츠인데, 2021년 8월 기준 75만 회가 넘는 조회 수를 기록하며 폭발적인 관심을 얻었다.

Z세대는 아바타를 이용해 연출한 콘텐츠를 어색하게 여기지 않고 몰입해서 즐긴다. 아바타를 활용하여 실제 인물이 등장하는 콘텐츠보다 높은 자유

---

• VRChat Inc.가 제작한 가상현실 음성 채팅 게임으로 유저들이 유니티 엔진을 통해 직접 모델링하여 아바타와 월드를 만들고, 다른 사람과 음성으로 소통할 수 있다

현실 세계처럼 연출한 봄 일상 브이로그_쏘쏘데이 유튜브

도로 새로운 재미를 느낀다는 시청자 댓글이 많다. 이 밖에도 마인크래프트 (Minecraft)**, 플로타곤(Plotagon)*** 등의 플랫폼을 통해서 아바타 캐릭터를 만들고, 스토리를 연출한 유튜브 콘텐츠가 많다. 이런 콘텐츠를 접해온 Z세대는 제페토, 로블록스 등 메타버스 플랫폼을 활용해서 영상을 직접 제작하는 데 동참하기 시작했다.

대표적인 것이 제페토를 활용한 일상 브이로그 콘텐츠다. 아바타와 가상 세계를 배경으로 활용하여 수영장, 벚꽃 구경, 해외여행 등 특별한 순간을

●● Mojang Studios가 제작한 샌드박스 게임(맵, 아바타 등 높은 수준의 자유도를 제공). 2020년 기준으로 2억 장 이상 판매되어 역대 가장 많이 팔린 비디오 게임이다

●●● 장면별로 아바타, 배경, 대사, 행동, 음성 등을 자유롭게 설정해 영상을 제작할 수 있는 앱이다

연출하거나, 학교 생활, 아르바이트 등 일상을 담아낸다. 보통 10대인 Z세대가 만들면서 놀고 있는데, 가상 세계의 모습을 마치 현실 세계의 브이로그처럼 담아낸다는 게 특징이다. 3D로 구현된 가상의 풍경을 감상하는 시간을 가지기도 하고, 가상 공간임에도 아바타에 마스크를 씌운 모습을 통해 Z세대가 가상 세계를 얼마나 현실처럼 생각하는지 엿볼 수 있다. 메타버스 플랫폼을 활용한 콘텐츠는 시간과 비용 투입이 크지 않고, 개인 정보가 노출되는 부담도 적기 때문에 더 많은 Z세대들이 시도할 것으로 보인다.

그뿐 아니라 Z세대는 메타버스 플랫폼으로 소소한 수익을 창출한다. 주로 '커미션(Commission)'이라고 통칭되며, 아바타 꾸며주기, 3D로 가상의 집 만들기 등 메타버스 환경에서 필요한 디지털 콘텐츠를 제공하고 수수료를 받는다. Z세대는 메타버스 플랫폼으로 영상 제작은 물론 커미션까지, 직접 생산자가 되어 새로운 부가가치를 창출 중이다.

## 현실 세계의 욕망을 반영한
## 메타버스 속 '디지털 자산'

전 세계가 NFT(Non-fungible Token)* 열풍이다. 2021년 3월, 세계 첫 트윗의 소유권을 인정한 NFT가 290만 달러(약 23억 7천만 원)에 낙찰되었다.** 그런가 하면 애플의 창업자 스티브 잡스(Steve Jobs)가 작성한 자필 이력서의 실물 버전과 NFT 버전의 경매 대결이 펼쳐지기도 했다. NFT 시장 분석업체 넌펀 저블닷컴(Nonfungible.com)이 2021년 2월 발표한 자료에 따르면 NFT 시장 규모는 2018년 4,096만 달러에서 2020년 3억 3,803만 달러로 8배 이상 증가했다. 그야말로 실시간으로 규모가 커지고 있는 시장이라고 볼 수 있다.

NFT는 해외뿐 아니라 국내에서도 화제다. 특히 미술계에서 큰 관심을 보이고 있는데, 대표적인 사례로 배우 하정우의 첫 디지털 아트 작품 'The Story of Marti Palace Hotel'은 5,710만 원에 낙찰되어 눈길을 끌었다. 또

---

● 대체 불가능한 토큰. 블록체인 기술을 통해 각 토큰이 서로 다른 가치를 지닌 고유한 자산을 의미하며, 디지털 소유권이 보장되기 때문에 희소성을 지닌다

●● 〈Jack Dorsey's first ever tweet sells for $2.9m〉, BBC, 2021.03.23

—
트위터 창업자 잭 도시(Jack Dorsey)가 올린 세계 첫 트윗_@jack 트위터

한, 간송미술관은 훈민정음 해례본을 개당 1억 원, 100개 한정 NFT로 판매할 계획을 밝혀 논쟁의 대상이 되기도 했다. MZ세대는 비트코인 등 암호화폐가 급속도로 성장한 걸 목격한 이후, 제2의 비트코인이라 불리는 'NFT'에 촉각을 곤두세우고 있다.

또 아직 경제력이 크지 않은 Z세대마저도 'NFT의 잠재 가치'만큼은 인정하고 있다. Z세대는 어릴 때부터 자본주의 환경에 익숙한 만큼, 소비-생산-투자가 미치는 영향을 누구보다 잘 알고 있다. 다음에 이어지는 Z세대의 가상 세계 경제 활동을 살펴보면, 그들의 인식을 더욱 잘 이해할 수 있다.

## ∷ 메타버스에서도 동일한 명품과 한정판의 인기

Z세대 이용자가 다수인 메타버스 플랫폼에 명품 브랜드가 앞다투어 입점 중이다. 제페토에서는 2021년 2월 '구찌 빌라' 맵에서 한정 판매한 패션 아이템 60여 종이 완판되었다. 7월에는 크리스찬 디올의 메이크업 디렉터

가 제안한 메이크업 세트를 선보였다. 로블록스에서는 구찌의 디지털 디오니소스 가방이 동일한 실물 가방보다 비싼 4,115달러(약 465만 원)에 판매되어 화제가 되었다.[•] 루이비통, 까르띠에, 프라다는 블록체인 플랫폼 '아우라(AURA)' 컨소시엄(연합체)을 구성하고, NFT기술을 이용해 정품 인증을 하는 방안을 마련하기로 했다. 실제 Z세대들의 반응도 뜨거웠다. 단순 구매에서 그치는 게 아니라, SNS에 인증하고 자랑하는 모습이 꾸준히 관찰된다.

> "제페토에서 구찌 아이템이 나왔을 때, 결제 직전까지 갔었는데요. 제 중학교 3학년 친척 동생은 벌써 풀(Full) 세트로 장착했더라고요."
>
> – 제트워크 시즌3 참여자 케이(T8094)

한편, 제페토에서 유료 화폐인 '젬(Zem)'으로 구매할 수 있는 나이키 신상 운동화 아이템은 판매량만 500만 개를 돌파했다.[••] 실제로 소유할 수 없는 디지털 아이템임에도 폭발적으로 판매가 이뤄지는 모습이 흥미롭다. Z세대는 영상 스트리밍(OTT), 음원 스트리밍, 지식 콘텐츠 구독 서비스 등 디지털 콘텐츠에 돈을 지불하는 게 자연스러워진 환경에서 성장했다. 그래서 그들은 기꺼이 메타버스 플랫폼 속 아이템의 재화 가치를 인정하고 구매로 이어진다는 인식 변화의 지점도 놓치면 안 될 포인트다. 또, 모든 아이템이 언제 판매가 중단될지 모르는 한정판인 점도 재밌는 포인트이다. 이 때문에 메타

---

- 〈A Virtual Gucci Bag Sold For More Money on Roblox Than The Actual Bag〉, HYPEBEAST, 2021.05.26
- • 〈게임社부터 빅테크까지 '메타버스 골드러시'〉, 한국경제, 2021.05.27

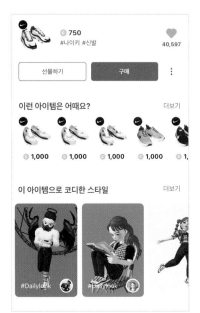

제페토에서 판매하는 나이키 운동화_제페토 앱

버스 플랫폼에도 Z세대의 리셀 문화가 옮겨올 가능성이 높다는 이야기까지 나오고 있다.

현실 세계 Z세대의 욕망이 가상 세계에 투영되는 모습이 눈에 띈다. 이러한 탓에 명품 브랜드가 메타버스 플랫폼에 높은 관심을 보이고 있다. 2020년 12월 발렌시아가(Balenciaga)는 자체 개발한 비디오 게임 '애프터월드: 디 에이지 오브 투모로우(Afterworld: The Age of Tomorrow)'를 출시했다. 게임 속에서 2021 F/W 컬렉션을 자연스럽게 접하는 것을 뛰어넘어 브랜드 세계관을 온전히 경험할 수 있게 한 것이다. 이처럼 앞으로 메타버스 플랫폼은 브랜드가 보여주고 싶은 메시지를 가장 잘 담을 수 있는 쇼룸이자 팝업스토어가 될 가능성이 높다.

## :: 누군가에겐 '거품', MZ세대에겐 '자산'

서울 강남구 일대는 10m²당 35만 원(2021년 8월 22일 기준), 서울 송파구 한강공원 일대는 10m²당 36만 원으로 판매 중이다. 심지어는 청와대(10㎡당 205만 원)와 인천국제공항(10㎡당 40만 원)도 매물로 나와 있다. 가상 부동산 거래 플랫폼 '어스 2(Earth 2)' 이야기이다. 어스 2는 가상 지구를 구현해 가로, 세로 각 10m 크기로 땅을 나누고 이용자들이 달러로 거래할 수 있는 메타버스 플랫폼이다. 2021년 8월 기준 한국인이 어스 2에서 구매한 자산 규모는 100억 원을 돌파했다. 이렇게 MZ세대 사이에서 코인 열풍 이후 다음 투자처로 주목받고 있는 곳이 바로 '가상 부동산'이다. 업랜드(UPLAND), 디센트럴랜드(Decentraland) 등 다른 가상 부동산의 땅값도 계속 오르고 있다.

앞서 언급했던 NFT 거래 플랫폼 또한 MZ세대 사이에서 디지털 자산을 사고 파는 트렌디한 곳으로 자리 잡을 가능성이 높다. 올해 7월 세계 최대 NFT 거래 플랫폼인 '오픈시(OpenSea)'는 기업 가치를 15억 달러(약 1조7,000억

전 세계 땅을 자유롭게 사고 팔 수 있는 어스 2_Earth 2 유튜브

—
판매 27분 만에 999개의 NFT가 완판되어 총 1억 원이 넘는 가격에 팔린 Mr Misang 작가의 작품 'Crevasse #01.'
_클립 드롭스 앱

원)로 평가받으며 유니콘 기업*으로 등극했다.** 국내에서도 2021년 6월 카카오의 블록체인 자회사 '그라운드X(Ground X)'가 NFT 경매 서비스 '클립 드롭스(Klip Drops)' 베타 서비스를 출시했다. 카카오톡의 가상 자산 지갑인 '클립(Klip)'을 통해 이용할 수 있으며, 그라운드X가 개발한 코인인 '클레이(KLAY)'로 NFT를 거래할 수 있다. 또한, '크래프터스페이스(KrafterSpace)' 웹 페이지를 통해 누구나 쉽고 간편하게 NFT를 발행할 수 있는 서비스를 제공한다. 이렇게 NFT는 MZ세대의 관심을 받을 준비를 마쳤다.

---

● 기업가치가 10억 달러(1조 원) 이상이고 창업한 지 10년 이하인 비상장 스타트업을 의미한다
●● 〈NFT market OpenSea hits $1.5 billion valuation〉, TechCrunch, 2021.07.20

제페토 스튜디오 소개_제페
토 홈페이지

메타버스 플랫폼에 소비자가 있으면 생산자도 있기 마련이다. 로블록스
에서는 유튜브처럼 개인이 스튜디오를 이용해 게임을 직접 개발한 후, 게임
에 방문한 유저를 통해 수익을 창출할 수 있다. 2020년 로블록스 1,250명
이상의 개발자가 벌어들인 수익은 평균 1만 달러로, 상위 300명은 10만 달
러를 벌었다고 한다.[•••] 제페토에서도 '제페토 스튜디오'라는 시스템을 통해
개인이 아이템을 제작하고 수익을 창출할 수 있다. 2021년 8월 제페토 스튜
디오 이용자는 70만 명을 넘었으며, 이용자가 제작한 아이템도 2,500만 개

••• 〈How indie game makers turned Roblox into a $30 billion company〉, CNBC, 2021.03.09

이상 팔려, 로블록스와 유사한 모습을 보인다.* 이렇게 Z세대가 직접 생산자가 된다는 지점은 반드시 지켜봐야 할 흐름이다.

## :: '나'라는 존재의 기록

> "저에게 메타버스는 도플갱어예요. 저의 분신이라고 말할 수 있어요."
>
> — 제트워크 시즌3 참여자 시니(D8340)

> "메타버스 속의 저는 '그대로의 나'이자 동시에 '또 다른 나'예요. 현실을 많이 반영해서 내가 '나'인 것 같은 기분이 들면서도, 내가 원하는 욕망을 마음대로 표출할 수 있으니 내가 원하는 '나'가 된 기분?"
>
> — 제트워크 시즌3 참여자 케이(T8094)

Z세대에게 메타버스가 어떤 의미인지 물었을 때 나온 답변들이다. 밀레니얼 세대가 버디버디와 싸이월드에 관한 추억을 이야기하듯, Z세대는 메타버스 플랫폼과 아바타를 특별하게 생각한다. 과거보다 정교해진 기술로 원하는 모습을 마음껏 담을 수 있는 만큼 더 복합적인 감정을 느끼고 있다. 그래서 욕설, 협박, 성희롱 등 사이버 범죄 위험을 우려하는 목소리도 나온다. 너무나 빠르게 변화하고 진화하는 메타버스 플랫폼에 살고 있는 Z세대

---

● 〈'2억 명 메타버스' 네이버 제페토, 한국판 로블록스 만든다〉, 매일경제, 2021.06.08

를 보호할 수 있는 최소한의 안전망을 마련할 필요가 있다.

한편, 2021년 8월 애플은 iOS15(아이폰 운영체제)에서 아이폰 이용자가 사망 시 계정에 접속할 수 있는 연락처를 지정하는 '디지털 유산(Digital Legacy)' 기능을 추가한다고 발표했다.[**] 해당 계정의 사진, 개인 항목, 중요 데이터에 접근할 수 있는 권한을 주는 기능이다. 또한, Z세대는 고인이 된 유명 연예인이 개인 SNS에 남긴 게시글을 찾아가서 꾸준히 추모의 글을 남기는 모습이 관찰된다. 팬들이 그 공간에 모여 함께 기억하고 추억한다는 점에서 '온라인 분향소'라고 할 수 있다. 페이스북과 인스타그램은 '기념계정화(Legacy Contact)' 기능으로 이용자가 사망한 뒤 SNS 계정을 보존할지 삭제할지 직접 선택할 수 있도록 선택권을 제공하기도 한다.

이처럼 Z세대는 형체가 없다고 여겨져온 디지털 자산과 디지털에 남은 흔적에 대해 그 가치를 충분히 인정하고 중시하고 있다. 디지털 네이티브에서 나아가 '메타버스 네이티브'인 Z세대는 앞으로 가상 세계 안에서 만들어갈 자산과 콘텐츠의 가치도 중시할 것이다.

---

●● 〈Digital Legacy in iOS 15: How Apple protects your data after death〉, CNET, 2021.08.06

# 결론

## 인사이트 01 : 온라인과 오프라인 그 경계에 있는 새로운 플랫폼

메타버스 플랫폼에 브랜드가 들어온다는 사실만으로 Z세대에게 신선함을 주는 시기는 이미 끝났다. 그러나 아직 대부분 마케터는 메타버스 키워드와 관련된 높은 관심만 체감할 뿐이다. 아직 명확하게 이해하기도 어렵고 어떻게 실무에 활용해야 할지도 막연한 상황에 처해 있다. 그렇다면 메타버스 플랫폼을 어떻게 활용해야 Z세대에게 긍정적인 반응을 얻을 수 있을까? 그 실마리는 바로 메타버스 플랫폼이 '온라인과 오프라인 그 사이'에 있다는 지점에서 찾을 수 있다.

먼저, 메타버스 플랫폼은 온라인 커뮤니티나 SNS처럼 주변 지인이나 불특정 다수와 함께 대화를 나누고 일상을 공유하는 기능이 핵심이다. 그래서 Z세대는 본 계정과 부 계정을 나눠서 활동하면서, 그 계정 콘셉트에 맞는 친구를 맺고 관계를 확장해나간다. 주목해야 할 부분은 이 모든 과정이 '아바타'를 통해 이뤄진다는 점이다. Z세대는 아바타를 직접 만들고 꾸미기 때문에 쉽게 감정을 이입하고, 자기 자신을 투영하고 있다. 그러므로 현실 세계에서 하고 싶었으나 하지 못했던 취향과 관심사를 아바타를 통해 실현하는 모습을 보인다. 또한, 오프라인처럼 '공간'이 존재한다는 점도 놓치면 안 된다. 실제 공간이 구현된 공간은 물론, 이용자가 직접 공간 배경을 구성할 수 있어서 무궁무진하게 확장 중이다. Z세대는 메타버스 플랫폼에서 자유롭게 이동하며 시간을 보낸다. 특정 공간이 입소문이 나면 Z세대는 자발적으로 친구와 함께 시간을 내어 찾아간다. 마치 익선동, 성수동 등 오프라인에 존

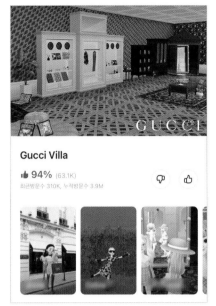

평소 입어보고 싶은 명품 아이템을 자유롭게 입어볼
수 있는 구찌빌라 쇼룸_제페토 앱

재하는 핫플레이스가 메타버스 플랫폼에도 만들어진 모습이다.

이런 특성으로 인해 메타버스 플랫폼을 오프라인으로 넘어가기 전 온라인
에서 '베타테스트 장소'로 활용할 수 있다. 경제력이 낮은 Z세대를 대상으로
어떤 제품과 서비스가 반응이 좋은지 확인하기 좋기 때문이다. 그 점 때문에
수많은 명품 브랜드가 메타버스 플랫폼에 공격적으로 들어오고 있다. Z세
대는 현실에서는 다소 구매하기 어려운 명품을 착용하고, 다른 아이템과 함
께 입어보면서 자유롭게 즐기고 구매한다. 명품 브랜드는 이를 통해 Z세대
의 반응과 취향을 간접적으로 확인한다. 패션 외에도 한강공원 맵에 CU제

페토점을 설치한 유통업계, 글로벌 인기 아티스트 콘서트를 개최한 엔터테인먼트 업계 등 여러 분야에서 Z세대 베타테스터를 확보 중이다. 이렇게 Z세대의 반응을 미리 확인할 수 있는 플랫폼으로 활용해보기를 권장한다.

## 인사이트 02 : 메타버스 First를 고려해야 할 때가 왔다

MZ세대의 주 이용 디바이스가 PC에서 모바일로 넘어간 것과 마찬가지로, 향후 MZ세대 소통의 중심이 SNS에서 메타버스 플랫폼으로 넘어갈 가능성이 높다. 특히 Z세대는 이미 메타버스 플랫폼을 SNS처럼 활용하며 다른 사람과 소통하고 있기 때문이다. 이 점에 주목한 시중 은행은 발빠르게 메타버스 플랫폼을 활용하기 위해 치열한 경쟁을 벌이고 있다. Z세대는 오프라인 점포에 방문해 은행 업무를 처리하는 걸 매우 어색하고 번거롭게 여기기 때문이다. 그래서 신한은행은 자체 메타버스 플랫폼을 구축하고 대학 캠퍼스, 야구장 등 공간을 만들어 확장할 예정이며, 국민은행은 게더타운에 'KB금융타운'을 만들고 비대면으로 방문할 수 있는 점포는 물론 은행원의 업무 공간까지 구축했다. 은행 업계의 핀테크 열풍이 메타버스로 옮겨온 모습으로, 오프라인 점포는 줄어드는 대신 메타버스 플랫폼의 신규 점포는 점차 늘어날 예정이다. 앞으로 Z세대가 메타버스 은행 점포에 방문해 재테크 상담을 받는 모습이 그려진다.

은행뿐만 아니라 의료, 법률 등 전문 서비스를 제공하는 업계에서도 메타버스 플랫폼을 활용하는 모습을 볼 수 있다. 2021년 5월에는 분당서울대

병원에서 이뤄지는 실제 폐암 수술 교육을 메타버스 플랫폼으로 진행했고, 2021년 8월 디케이엘파트너스 법률사무소는 국내 로펌 최초로 제페토에 사무실을 차려 법률 서비스를 제공 중이다. 정치권에서는 2022년 대선 후보가 메타버스 플랫폼에 선거 사무소를 차린 후 Z세대를 대상으로 선거 유세를 하기도 했다. 이용자가 점차 증가하는 만큼 정치, 사회, 경제 등 각계각층에서도 점차 뛰어드는 중이다. 또 다른 일상이 될 가능성이 높은 만큼, 기업도 소비자와 만나기 위해서 메타버스 플랫폼을 가장 먼저 고려해야 할 때가 왔다.

# 2

## 마이크로 트렌드의 출발점 : TTTB°

### 영향력은 메이저인, Z세대의 플랫폼

● 트위터, 트위치, 틱톡, 블로그의 약자

▼

이제 막 떠오르기 시작한 마이크로 트렌드나 Z세대 유행이 궁금할 때는 어떻게 해야 할까? 유튜브에 'Z세대 유행'이나 'Z세대 트렌드'를 검색하거나 인스타그램 피드만 무한 새로 고침하고 있다면 별다른 수확은 없을 것이다. 일단 '트렌드'나 '유행'이라는 키워드를 달고 정리가 된 콘텐츠라면 이미 해당 트렌드가 한바탕 이슈가 되고 난 후일 가능성이 높다. 또 Z세대는 스스로를 'Z세대'로 명명하지 않기 때문에 Z세대 날것의 모습이 담겨 있기보다는 한차례 정리되고 분석된 콘텐츠가 대부분일 것이다. 이런 콘텐츠를 보는 것도 의미 있지만 만약 Z세대 사이에서 급부상하는 트렌드를 빠르게 캐치하는 것이 목적이라면, 이들이 트렌드를 만들고 노는 플랫폼으로 직접 찾아가야 한다.

Z세대들이 만들어가는 새롭고 신선한 트렌드를 볼 수 있는 플랫폼은 따로 있다. 전체 이용률은 유튜브나 인스타그램에 비해 낮아 생소하게 들릴 수 있지만 Z세대에게는 친숙한 플랫폼들이 바로 그 주역이다. 재미있어 보여서 틱톡 챌린지를 따라 하고, 스스럼없이 친구들과 인스타그램 릴스 영상을 찍어 올리며, 트위터 실트에 반응하는 Z세대. Z세대의 놀이터인 이런 플랫폼들은 어떻게 트렌드를 전파시키고, 어떤 영향력을 행사하고 있을까?

# SNS 생태계가
# 변하기 시작했다

현재 사람들이 가장 많이 사용하는 온라인 플랫폼은 무엇일까? 당연히 유튜브와 인스타그램일 것이다. 유튜브는 글로벌 최대 동영상 플랫폼이고, 인스타그램은 페이스북을 제친 소셜미디어계의 강자라는 말을 부정할 사람이 있을까?

하지만 절대 강자란 없는 법. 모바일 앱 분석 기업 '앱애니'의 보고서에 따르면 올해 5월 기준 미국을 비롯한 일부 국가에서는 틱톡 이용 시간이 유튜브 이용 시간을 앞질렀다. 미국의 1인당 월평균 틱톡 이용 시간은 24.5시간으로, 유튜브 월평균 이용 시간인 22시간보다 2.5시간 길었다. 한국에서는 여전히 유튜브 이용 시간이 더 길지만 성장세만 놓고 보면 틱톡이 앞선다.* 한국의 유튜브 이용 시간은 지난해 12월에 비해 15% 늘었지만 틱톡은 2배 이상 성장했기 때문이다. 한때 10대들의 전유물로 여겨졌던 틱톡의 성장세

---

● 〈App Annie Intelligence〉, 앱애니, 2021.07.07

가 심상치 않다. 뿐만 아니라 Z세대 사이에서 떠오르는 라이브 영상 플랫폼인 트위치도 무시할 수 없다. 대학내일20대연구소가 만 15~40세 900명을 대상으로 진행한 조사 결과, 트위치는 Z세대가 선호하는 1인 크리에이터 라이브 영상 플랫폼 2위로 꼽혔으며* Z세대 밈(Meme)**의 근원지이기도 하다.

다른 플랫폼에서도 변화는 눈에 띈다. 새로운 것을 좋아하는 Z세대는 쓰지 않을 것 같았던 블로그의 부활과 트위터의 영향력도 주목할 만한 현상이다. 지금 이 순간에도 끊임없이 변화하고 있는 Z세대의 SNS 생태계를 살펴보자.

## ∷ Z세대가 블로그를 다시 찾은 이유

Z세대는 '멀티'에 익숙하다. 동시에 여러 가지 일을 하는 멀티 태스킹은 물론, 멀티 페르소나***시대에 맞춰 상황에 맞는 부캐를 척척 만들어내기도 한다. 메신저도, SNS 계정도 여러 개를 사용하는 Z세대는 사용 목적에 따라 다양한 SNS를 활용한다.

대학내일20대연구소가 지난 7월 최근 한 달 이내 이용한 SNS를 물어본 결과, Z세대와 밀레니얼 세대 모두 주로 이용한 SNS는 인스타그램-페이스

---

- 〈2021 MZ세대 온라인 영상 시청 트렌드〉, 대학내일20대연구소, 2021.06.24
- 인터넷에서 시작된 유행으로 커뮤니티, SNS 등으로 퍼진 여러 2차 창작물이나 패러디물을 뜻한다. 언어에 국한되지 않고 사진, 영상 등 다양한 미디어를 넘나든다는 점에서 유행어와 차이가 있다
- 다수라는 뜻의 멀티와 페르소나의 합성어로, 다양한 정체성을 가진 개인이 빠르게 달라지는 상황에 맞춰 다른 자아를 표출하는 것을 말한다

Base: 전국 만 15~40세 중 한 달 내 SNS 이용자, n=809, 이용 안함 응답 제외, 복수응답, 단위: %

| | Z세대<br>(n=321) | 밀레니얼 세대<br>(n=488) |
|---|---|---|
| 1위 | 인스타그램<br>78.5% | 인스타그램<br>71.1% |
| 2위 | 페이스북<br>57.6% | 페이스북<br>38.5% |
| 3위 | 개인 블로그(네이버, 다음, 티스토리 등)<br>37.1% | 개인 블로그(네이버, 다음, 티스토리 등)<br>37.7% |
| 4위 | 트위터<br>31.2% | 밴드<br>18.0% |
| 5위 | 틱톡<br>15.9% | 트위터<br>16.8% |
| 6위 | 밴드<br>13.7% | 카카오스토리<br>12.7% |
| 7위 | 핀터레스트<br>10.6% | 틱톡<br>10.5% |

북-개인 블로그 순으로 나타났다. 우선 눈에 띄는 것은 페이스북 이용률의 차이다. 밀레니얼 세대는 38.5%가 페이스북을 이용한다고 답한 데 반해, Z세대의 페이스북 이용률은 57.6%로 19.1%p나 차이가 났다.**** 최근 페이스북은 전성기와 비교했을 때 하락세를 보이고 있다. 영향력 있는 페이지도 줄고 있으며, 기업들도 페이스북을 통한 마케팅을 유튜브나 인스타그램 등 다른 미디어로 전환하고 있다. 이런 상황에도 Z세대의 페이스북 이용률이 높은 이유는 이들이 페이스북을 메신저 용도로 사용하기 때문이다. 또 페이

●●●● 〈[데이터베이직] 미디어(2021년 7월)〉, 대학내일20대연구소, 2021.07.28

스북 그룹과 같은 커뮤니티 활동도 열심히 한다. 이처럼 Z세대는 다른 세대와 다른 목적으로 다양한 SNS를 이용하며 자신만의 생태계를 만들고 있다.

재미있는 부분은 또 있다. Z세대는 사용하지 않을 것 같았던 블로그가 3위(37.1%)로 나타난 것도 주목할 만한 결과다. 밀레니얼 세대의 경우 트위터가 5위, 틱톡이 7위로 나타난 것과 달리, Z세대의 응답에선 트위터(31.2%)가 4위, 틱톡(15.9%)이 5위로 비교적 높게 나타난 것도 눈에 띈다.

블로그라고 하면 떠오르는 이미지는 보통 조회 수를 높이기 위한 제목과 알맹이 없는 부실한 내용이다. 후기도 자세하고 사진 퀄리티도 좋아 열심히 읽었는데 마지막에 나오는 광고나 협찬 문구에 배신감을 느낀 적도 있을 것이다. 불신의 아이콘이자 텍스트 중심 플랫폼이라 약세였던 블로그가 최근 들어 Z세대 사이에서 트렌디한 매체로 부각하고 있다. 한성숙 네이버 대표는 "네이버 블로그의 10·20대 콘텐츠 생산 비중이 40%를 넘었고, 생산량이 꾸준히 증가하고 있다"고 밝히기도 했다.•

Z세대는 블로그를 부담 없고 편한 플랫폼으로 여긴다. 인스타그램처럼 사진과 글자 수 제한도 없고, 하고 싶은 이야기를 구구절절하게 공유할 수 있어서 일상을 기록하기에 부담 없기 때문이다. 대세였던 짧은 글과 동영상, 이미지 위주의 플랫폼과 달리 길고 편한 '투 머치 토크'를 위해 블로그를 찾는다는 점이 재미있다. 또, 밀레니얼 세대에게는 블로그가 광고가 넘쳐 신뢰도가 낮다는 이미지가 있지만, Z세대에게 블로그는 오히려 낯선 SNS이기

---

• 〈광고판이였던 블로그, 1020 일기장으로 부활〉, 머니투데이, 2021.07.27

1. 블로그에 꾸준히 일기를 쓰는 모습_제트워크 시즌3 참여자 범서연
2. 음식 관련 포스팅을 꾸준히 업로드해 전문성을 키우고 있으며, 동일 주제로 인스타그램도 운영하고 있다_
   SOVELY FOOD 블로그, @sovely_food 인스타그램

때문에 새롭고 힙한 플랫폼으로 다가왔다. 광고판으로 변한 인스타그램과 유튜브를 대체할 수 있고, 남들 다 하는 채널이 아니라 특별한 느낌이 드는 것도 Z세대가 꼽는 블로그의 매력 중 하나다.

또 Z세대는 '기록'에 초점을 두기도 한다. 꾸준히 기록하는 데서 얻는 성취감이 좋다는 것이다. 하루 일과부터 취미, 대외활동, 전공 분야까지 그 범위는 다양하다. 이런 모습은 Z세대 사이에서 열풍인 '갓생'** 트렌드와도 닿아 있다. 블로그에 모인 기록은 나를 나타내는 조각이고, 이런 파편이 모여

---

●● God(신)과 생(生)이 합쳐진 단어로, 부지런하고 알찬 삶을 사는 것을 일컫는다

하나의 멋진 포트폴리오가 된다. Z세대는 블로그 활동이 온라인 기록에서 끝나는 게 아니라 연관 직무에 지원할 때 플러스 요인으로 작용하거나, 취미를 키워 커리어를 쌓는 등 실생활에 도움이 될 수 있다는 것을 알고 적극 활용하고 있다.

이처럼 Z세대는 전성기에 비해 하락세를 보이고 있는 페이스북을 메신저 용도로 사용하거나, 지나친 광고로 외면받은 블로그를 기록과 자기 개발 목적으로 다시 찾는 등 사용 목적에 따라 플랫폼을 자유자재로 활용한다. 블로그 외에도 Z세대 픽으로 영향력을 펼쳐가는 플랫폼은 또 있다. 바로 앞선 데이터에서 블로그에 이어 Z세대가 주로 사용하는 SNS로 꼽힌 트위터와 틱톡, 그리고 Z세대 밈의 근원지로 급부상하고 있는 트위치다.

## :: 그때는 과했고 지금은 힙하다

불과 몇 년 전까지 틱톡, 트위터 등 Z세대 이용률이 높은 플랫폼은 대중적이지 않다는 인식이 있었다. 틱톡은 10대들의 전유물처럼 느껴졌고, 트위터는 어린 연령층에 팬들의 공간이라는 폐쇄적인 이미지도 덧씌워져 있었다. 트위치는 더욱 생소한 채널이었을 것이다. 이런 플랫폼은 대중적으로 많이 이용하는 유튜브, 인스타그램과는 감성이 다르다는 생각에 상대적으로 저평가되었다. 하지만 최근 추이를 보면 그 위상이 많이 달라졌다. 틱톡에서 시작한 '숏폼(Short-form)' 콘텐츠는 하나의 트렌드가 되었고, 유명인들은 물론 기업에서도 챌린지[*] 열풍에 올라타며 홍보 수단으로 애용하고 있다. 지난 7월에는 틱톡의 누적 다운로드 건수가 30억 회를 돌파하기도 했다.[**] 게임 이외 앱 중 지금까지 다운로드 30억 회를 넘어선 것은 페이스북 다음으로 틱톡이 두 번째다.

대중성뿐만 아니라 '트렌디한 채널'로 주목받는 것도 플랫폼에 대한 인식을 긍정적으로 변화시키는 데 한몫했다. 틱톡, 트위터에서 시작한 트렌드와 아이템이 타 SNS로 퍼지면서 이슈가 되기도 하고, 트위치 스트리머[***]의 인기가 높아지면서 이들이 향유하는 문화가 다른 채널로 전파되기도 한다.

> "트위터에서 먼저 본 정보가 며칠 후 인스타에 업로드되는 것 같아요! 그래서 '어? 이거 트위터에서 봤는데?'와 같은 상황이 생겨요."
>
> – 제트워크 시즌3 참여자 밥풀이(D8333)

이처럼 '한줌단'인 줄 알았던 플랫폼이 메이저급의 영향력을 행사하고 있다. 특히 Z세대 트렌드는 이런 플랫폼에서 시작되는 경우가 많아 '트렌드 상류'로 꼽히기도 한다. 이런 플랫폼을 Z세대는 어떻게 이용하고 있는지 살펴보자.

---

- 어떠한 행동을 취한 것을 인증한 후, 다음 주자를 지목하여 의도한 행동을 유행시키는 일종의 마케팅 방식
- ● 〈틱톡, 다운로드 30억회 돌파…페북 이후 처음〉, 지디넷코리아, 2021.07.15
- ●●● 스트리밍의 원형인 stream에 행위자를 뜻하는 접미사 –er를 붙인 단어로, 국내에서는 인터넷 방송을 하는 사람에게 쓰이거나 트위치에서 방송하는 인터넷 방송인을 지칭할 때 쓰인다

트위터는 취향과 개성이 뚜렷한 Z세대가 이용하는 SNS라는 이미지가 있다. '트위터를 하는 사람들이 모두 덕질*을 하는 건 아니지만 덕질 하는 사람들은 전부 트위터를 한다'는 우스갯소리도 있다. 실제로 트위터를 시작하게 된 계기가 덕질인 Z세대도 많다. 이렇게 Z세대 사이에서 트위터가 '덕질하기 좋은 플랫폼'이라고 인식되는 데는 크게 두가지 이유가 있다. 첫 번째는 익명성이다. 트위터는 타 SNS에 비해 익명성이 강해 대부분 실제 정보를 숨기고 활동하는데, 오히려 취향이나 관심사 등 공통 분모에 초점을 맞춰 이야기를 터놓고 나눌 수 있어 더 쉽게 덕메(덕질 메이트)**를 만들 수 있다. 두 번째는 다양한 취향과 관심사 관련 소식이 빠르다는 것이다. 공식 계정에서 관련 자료를 신속하게 업데이트 하는 것도 있지만, 같은 취향을 가진 트친(트위터 친구)들이 관련 뉴스를 바로 공유하고, 추가로 떡밥을 풀며 자유롭게 의견을 나누기 때문에 확산 속도가 더 빠르게 느껴지기도 한다.

> "트위터에 '실시간 트렌드'라는 기능도 있는데 그것을 통해 시사 이슈도 접해요! 또, 레시피나 유용한 정보들도 자주 봐요."
>
> — 제트워크 시즌3 참여자 밥풀이(D8333)

> "뉴스 채널이나 외신도 팔로우해놓고 소식 받아보는 편이에요! 외국에서 큰 이슈가 있으면 자연스럽게 피드에 넘어오기도 하더라고요. 트위터에서는 뉴스에 대한 사람들의

---

● 어떤 분야를 열성적으로 좋아하여 그와 관련된 것들을 모으거나 파고드는 행위를 뜻한다

●● 덕질 메이트의 줄임말로, 덕질을 함께 하는 친구를 뜻한다

네이버에 실시간 검색어가 있었다면, 트위터에는 실시간 트렌드가 있다. 트위터에서 지금 제일 많이 이야기되고 있는 키워드를 보여주는 차트다. 실트만 잘 훑어도 트위터에서 이슈가 된 다양한 소식들을 빠르게 확인할 수 있다. 입문은 덕질로 했지만 일상 이야기를 나누기도 하고, 시사 이슈나 생활 정보, 글로벌 이슈 등 다방면의 정보를 트위터로 접한다. 화제가 되는 것들에 대한 정보를 빠르게 받아보고, 사람들의 실시간 반응을 볼 수 있다는 것도 Z세대가 트위터를 사용하는 또 다른 이유다.

'틱톡? 오글거리는 챌린지 영상만 올라오는 곳 아니야?'라는 생각에 설치조차 하지 않았다면 당신은 Z세대 트렌드를 놓치고 있는 것이다. Z세대 사이에서도 틱톡에 대한 이미지가 변화하고 있으며, 앞서 소개한 트위터와 함께 Z세대 마이크로 트렌드의 시작점으로 인식되고 있다. 틱톡에서 유행하고 있는 것들이 곧 다른 플랫폼으로 퍼지면서 유행템으로 자리 잡은 경우가 많다. 흥미로운 아이템이나 레시피, 각종 꾸미기 등 그 분야도 천차만별이다. 이 때문에 일부러 유행을 확인하거나 트렌드를 따라가기 위해 틱톡을 사용하기도 한다.

Base: 전국 만 15~32세 중 최근 한 달 내 1인 크리에이터 영상 시청자, 복수응답, 단위: %

| 증감(%p)<br>('21-'20) | 0.7%p | ▲ 3.9%p | ▲ 6.9%p | 8.5%p |
|---|---|---|---|---|

전체(Z세대 & 후기 밀레니얼) ▶
- 2020년(n=684)
- 2021년(n=526)

| | | 유튜브 | 인스타그램 | 트위치 | 페이스북 |
|---|---|---|---|---|---|
| 2020 | | 93.7 | 33.2 | 17.4 | 31.9 |
| 2021 | | 93.0 | 37.1 | 24.3 | 23.4 |

| 구분 | | 연도 | (Base) | 유튜브 | 인스타그램 | 트위치 | 페이스북 |
|---|---|---|---|---|---|---|---|
| Z세대 | 10대 후반 | 2020 | (146) | 97.3 | 32.2 | 31.5 | 44.5 |
| | | 2021 | (101) | 96.0 | 43.6 | 26.7 | 42.6 |
| | | 증감(%p)('21-'20) | | ▼ 1.2 | ▲ 11.4 | ▼ 4.8 | ▼ 1.9 |
| | 20대 초반 | 2020 | (258) | 94.2 | 38.0 | 18.2 | 35.7 |
| | | 2021 | (220) | 92.7 | 34.5 | 30.5 | 20.9 |
| | | 증감(%p)('21-'20) | | ▼ 1.5 | ▼ 3.4 | ▲ 12.2 | ▼ 14.7 |
| 후기 밀레니얼 | | 2020 | (280) | 91.4 | 29.3 | 9.3 | 21.8 |
| | | 2021 | (205) | 91.7 | 36.6 | 16.6 | 16.6 |
| | | 증감(%p)('21-'20) | | ▲ 0.3 | ▲ 7.3 | ▲ 7.3 | ▼ 5.2 |

> "처음에는 광고 때문에 이미지가 너무 안 좋았는데, 요즘에는 보는 친구들도 많아서 그런지 부정적인 이미지는 아니에요! 재밌는 영상도 많더라고요."
>
> — 제트워크 시즌2 참여자

　최근 틱톡과 유사한 서비스를 제공하는 플랫폼이 많아지면서 틱톡에 대한 거부감이 줄어든 것도 주목할 부분이다. 비교적 대중적인 온라인 플랫폼인 유튜브 쇼츠, 인스타그램 릴스에 틱톡 콘텐츠가 자연스럽게 흘러가면서 인식이 변한 것이다. 심심할 때 킬링 타임용으로 보기도 좋고, 콘텐츠 길이가 짧아 넘어가는 속도도 빠르기 때문에 한번 켜면 홀리듯 보게 된다고 한다. 유튜브 알고리즘에 갇혀 추천 동영상을 계속 보게 되는 것과 비슷한 맥락이다.

틱톡의 이용 시간이 늘어난 것만큼 유의미한 지표가 또 있다. 트위치 이용 경험률이 상승하고 있다는 것. 대학내일20대연구소의 〈2021 MZ세대 온라인 영상 시청 트렌드〉에 따르면 20대 초반 Z세대의 트위치 이용 경험률은 지난해 대비 12.2%p 상승했다. 페이스북(▼14.7%p), 인스타그램(▼3.4%p) 등 다른 플랫폼의 이용 경험률과 비교했을 때 상승률이 눈에 띈다.● Z세대는 트위치로 라이브 영상을 주로 시청하는데, 이들이 좋아하는 스트리머의 주 활동 무대가 트위치인 경우가 많다. 실시간 방송에 적합한 환경과 스트리머를 덕질하기 좋은 플랫폼이라는 점도 Z세대의 마음을 사로잡았다. 특히 트위치에는 충성도 높은 찐 팬들이 모인 것으로 유명한데, 후원 기능 등으로 쌍방향 소통이 가능하다는 점이 큰 매력 포인트다. 트위터가 자신의 최애에 대한 소식이 빠르고 덕질 메이트를 만들기 좋은 플랫폼이라면, 트위치는 실제로 최애와 소통하며 같이 놀 수 있어서 사용한다는 점에서 그 결이 다르다.

## :: 한줌단인 줄 알았던 Z세대 플랫폼의 영향력

앞서 언급했던 플랫폼의 이용률은 높지 않지만, 실제 온라인 생태계에 미치

---

● 〈2021 MZ세대 온라인 영상 시청 트렌드〉, 대학내일20대연구소, 2021.06.24

1. 가족 여행에서 부모님과 함께 틱톡 영상을 찍은 모습_ 백설공주 @snowwhite_u 틱톡
2. 엄마와 함께 옷을 맞춰 입고 춤추는 릴스 영상을 찍기도 한다_@jin_ko.__ 인스타그램

는 영향력은 매우 크다. 바로 Z세대의 '인플루언서블'* 성향 때문이다. 대학내일20대연구소는 2021년의 MZ세대를 대표하는 키워드 중 하나로 인플루언서블 세대를 꼽았다. 자신의 영향력을 분명히 알고 이를 발휘하는 Z세대는 흥미로운 주제가 있으면 참여하는 데 거리낌이 없고, 콘텐츠 제작에도 적극적이다. Z세대는 재미있는 영상을 발견했을 때 단순히 공유하고 끝나는 게 아니라, 친구들과 함께 챌린지 영상을 찍으면서 논다. 콘텐츠를 소비하는 동시에 재생산하는 주체가 되는 것이다. 이런 과정을 힘들여서 하는 작업이 아니라 하나의 놀이로 받아들인다.

---

● 인플루언서블 세대[Influenceable(영향력 있는)+世大(세대)]. 자신의 영향력을 알고 행동하며 변화를 만드는 MZ세대 트렌드를 정의한 키워드

특히 틱톡이나 릴스 같은 숏폼 콘텐츠의 경우, 길이도 짧고 별도의 편집 프로그램을 사용하지 않고 자체 앱만으로도 촬영부터 제작까지 빠르게 가능해 참여의 문턱이 더 낮다. Z세대는 자신들의 문화를 부모 세대와 공유하며, 다른 세대에게도 영향력을 확장해나간다. Z세대는 부모님과 숏폼 영상을 찍기도 하는데, 대체로 친구처럼 지내기 때문에 스스럼없이 함께 찍을 수 있다고 한다. 실제로 Z세대는 부모님과 친하다고 생각하는 비율이 69.6%로 후기 밀레니얼(60.8%), 전기 밀레니얼(58.8%), X세대(58.3%), 86세대(58.8%)등 다른 세대보다 비교적 높았다.[**] 이렇게 Z세대는 다른 세대에까지 영향을 미치는 것이다.

또 새로운 콘텐츠 생태계를 만들어내기도 한다. 틱톡의 '숏폼' 열풍은 콘텐츠의 판도를 뒤집어놓았다. 짧은 러닝타임과 튀는 감성으로 Z세대의 시간을 빼앗은 틱톡이 숏폼 콘텐츠의 대명사로 떠오르자 그 대항마로 유튜브에서는 쇼츠, 인스타그램에서는 릴스를 선보이며 경쟁 구도를 구축했다. 처음 도입될 때는 '틱톡 따라 하냐', '조잡하다' 등 부정적으로 바라보는 시선이 대다수였지만 지금은 심심할 때 보기 좋은 콘텐츠로 자리 잡았다. Z세대도 유튜브 쇼츠와 인스타그램 릴스에 최적화된 영상 콘텐츠를 업로드하기 시작하면서 숏폼 콘텐츠 생태계가 다양해지고 있다.

유튜브 쇼츠에는 쇼츠에 최적화된 크리에이터들이 등장하기 시작했다. 숏폼에서는 한국인이 좋아하는 속도가 살아남는다. 30초 내외라는 짧은 시

---

●● 〈[데이터베이직] 가치관·관계(2021년 6월)〉, 대학내일20대연구소, 2021.06.22

30초 내외의 레시피로 인기를
끌고 있는 '쿠왕'의 콘텐츠_쿠
왕 유튜브

간에 승부를 봐야 하기 때문에 화면 전환과 내레이션이 빠른 경우가 많다.
'쿠왕', '요리용디', '청담언니' 같은 요리 크리에이터가 이런 방법을 활용해
사랑받고 있다. 핵심만 빠르게 뽑아서 보여주면서 내레이션이나 자막으로
적절한 드립까지 가미한다면 금상첨화. 잔잔한 BGM과 인스타 감성의 예쁜
영상미에 속도만 빠르게 돌린 콘텐츠들도 눈길을 끈다. 전후 과정을 빠르게
보여줘서 효과를 극대화하는 것도 특징이다. '진절미'나 '레오제이' 영상처
럼 메이크업 전후를 보여주는 뷰티 콘텐츠가 많다.

　인스타그램 릴스도 처음에는 틱톡의 콘텐츠를 그대로 업로드하는 경우
가 많았으나, 점차 인스타그램 특유의 감성이 녹아든 콘텐츠들이 늘어나고
있다. 특히 사진 보정을 활용한 콘텐츠가 많다. 유행하는 사진 보정법을 짧
은 영상으로 담거나, 흑백 사진과 해당 사진에 색감을 넣은 사진을 번갈아

보여주는 식이다. 인스타그램 스토리를 꾸미는 팁도 자주 올라오는 릴스 콘텐츠 중 하나이며, 인스타그램에는 스토리 꾸미는 팁을 전하는 '인스타그램 스토리 크리에이터'도 새롭게 등장했다.

이처럼 새로운 플랫폼 생태계가 만들어지고, 다른 세대에도 영향을 확산하고 있다. Z세대가 즐기는 플랫폼의 영향력을 이용률만으로 재단할 수 없는 이유다.

# Z세대 트렌드는
# 여기에서 시작된다

'이제 Z세대 플랫폼은 알겠는데, 여기에서 어떤 트렌드가 어떻게 퍼진다는 거야?' 라는 의문이 생겼다면 손가락을 멈춰 이 페이지를 보라. 올해 이슈가 된 트렌드 중 Z세대가 주로 사용하는 플랫폼의 손길이 닿은 것들만 모았다. '팝잇' 같은 장난감부터 '30일 챌린지'처럼 행동을 유발하는 트렌드까지, '이게 여기에서 시작했다고?' 싶은 것들이 꽤 많다. 올해 상반기 Z세대 플랫폼에서 퍼져나갔던 트렌드를 유형에 따라 짚어보려 한다.

## :: 상상도 못할 트렌드 근원지를 찾아서

먼저, '틱톡 유행템', '인스타 유행템' 등 아이템류가 있다. 길거리 가판대에서, 아니면 유튜브에서 한 번쯤 뽁뽁이 모양의 형형색색 실리콘 판을 본 적이 있을 것이다. '팝잇' 또는 '푸시팝'이라고 불리는 제품인데, 뽁뽁이를 누를 때처럼 튀어나온 부분을 누르면 쏙 들어가면서 터지는 듯한 느낌을 주는 실리콘 재질의 장난감이다. 단순해 보이는 이 아이템이 올해 상반기 Z세대 사이에 유행처럼 번졌다. 틱톡 유행템으로 퍼지기 시작했는데 점점 유튜브에

—
1. 올해 상반기 10대 사이에서 인싸템으로 등극한 팝잇_백경민 제공
2. 성공적으로 만든 지점토 트레이_제트워크 3기 참여자 범서연 제공

도 보이더니, 어느 순간 오프라인에서도 판매하기 시작했다. 형태와 크기, 색깔이 다양하며 키링이나 휴대폰 케이스 등 여러 버전으로 출시되어 불티 나게 팔리고 있다.

틱톡, 유튜브 등 영상 플랫폼을 중심으로 퍼지다 보니 시각적으로 눈길을 끄는 독특한 아이템들이 Z세대 플랫폼을 통해 확산되는 경향이 있다. '팝잇' 이나 '말랑이'*처럼 아이템 자체가 눈길을 끄는 것도 있지만, 노는 과정 자체 가 트렌드가 되기도 한다. 지점토 트레이나 레진 아트**, 데코덴***, 보석 십

---

● 고무 안에 말랑거리는 액체가 들어 있는 장난감이다
●● 투명한 레진 소재에 갖가지 꾸밈 재료를 넣어 만드는 공예다
●●● 각종 파츠를 생크림 제형 같은 본드로 붙여주는 꾸미기 방식이다

*☆ *Jewerly Topkku* ★·。

#rt #rt추첨
알티 추첨을 통해 탑꾸 증정 EVENT 💕

팔로우 해주시면 당첨확률 ⬆️⬆️

판매 커미션 문의는 디엠주세요 🖤
질문은 페잉 🙅

데코덴 탑꾸 폴꾸 데코덴탑꾸

2021년 08월 18일 · 4:21 오후 · 에 Twitter for Android 앱을 통해

342 리트윗  3 트윗 인용하기  16 마음에 들어요

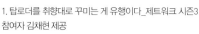
1. 탑로더를 취향대로 꾸미는 게 유행이다_제트워크 시즌3
참여자 김채현 제공
2. 예쁘게 꾸민 탑로더를 판매하기도 하고, 증정 이벤트를
열기도 한다_@jewelry_Topkku_ 트위터

자수˙ 등 만들기도 Z세대 사이에서 유행 중인데, 집에서 쉽게 따라 할 수 있으면서도 SNS에 올리기 예쁜 결과물이 나온다는 게 특징이다. 이런 특성 때문에 만드는 과정과 결과물이 틱톡이나 릴스 같은 플랫폼에 자주 올라오고, SNS에서 트렌드를 접한 사람들이 대세감을 느껴 편승하면서 자연스럽게 유행으로 번진다.

이런 유행은 Z세대의 꾸미기 트렌드와도 연결된다. Z세대는 꾸미기에 진심인 세대다. '다꾸(다이어리 꾸미기)'나 '폰꾸(핸드폰 꾸미기)'는 물론 '폴꾸(폴라로이드 꾸

---

● 비즈로 놓는 십자수를 뜻한다

1. 트위터 레시피를 모아놓은 트위터 계정 _@twt_recipes 트위터
2. 트위터 레시피를 보고 만든 연두두부구이와 그릭복숭아

미기', '탑꾸(탑로더 꾸미기)' 등 꾸밀 수 있는 것은 전부 꾸미고 있다. 특히 폴라로이드나 탑로더는 덕질 문화에서 파생된 것으로, 트위터에서 자주 보인다. 최애의 포토 카드를 폴라로이드 형태로 인쇄해 사진에 스티커를 붙이는 게 폴꾸, 포토 카드를 넣을 수 있는 케이스인 탑로더를 꾸미는 것을 탑꾸라고 칭한다. 꾸미기를 잘하는 금손들은 트위터를 통해 자신이 꾸민 작품을 판매하기도 한다. 게임 캐릭터나 제페토 아바타를 꾸미는 능력을 커미션이라는 이름으로 파는 것도 같은 맥락이다.

트위터나 유튜브에 올라온 소비자 레시피가 트렌드화되는 것도 많다. 메로나로 만든 떡, 뽕따로 만든 지구젤리 등 완제품을 활용한 음식이 여러 플랫폼에 올라오며 인기를 끌었다. 누구나 잘 아는 제품을 보기 예쁜 음식으로 재탄생시켰다는 게 인기 요인. 시각적인 요소가 뒷받침되어야 사진이나 영상으로 올리고 싶은 마음이 들기 때문이다. 이외에도 트위터에서 유행한 연두 두부구이나 순두부 열라면, 틱톡에서 핫한 꿀젤리, 네이처스 시리얼 등 다양한 히트작이 있다. 마이크로 트렌드에서 메가 트렌드로 자리 잡는 과정에서 여러 플랫폼에 동시다발적으로 올라오기 때문에 시작된 플랫폼을 명확하게 따지기 어려울 때도 많다.

각종 챌린지부터 최신 밈까지, 콘텐츠 트렌드의 출발 지점도 Z세대 플랫폼이다. 올해 초 갑자기 등장해 틱톡과 릴스, 쇼츠를 뒤흔들었던 '꿈빛 파티시엘 챌린지'가 대표적인 예다. 한림예고 재학생들이 Z세대 추억의 애니메이션인 〈꿈빛 파티시엘〉의 OST에 어울리는 안무를 만들었고, 댄스 커버 영상을 틱톡에 올린 게 인기를 끌면서 타 플랫폼으로 빠르게 확산되었다. 해당 영상이 화제가 되면서 꿈빛 파티시엘 OST를 배경 음악으로 깔고, 거기에 맞춰 춤을 추는 '꿈빛파티시엘 챌린지'가 유행한 것이다. 꼭 춤이 아니더라도 24시간 동안 만 칼로리를 섭취하는 '만 칼로리 챌린지', 매일의 성취를 돕기 위한 '30일 챌린지' 같은 다양한 챌린지가 틱톡, 유튜브, 인스타그램 등에서 이슈였다. 이처럼 Z세대 플랫폼은 음식이나 장난감 등 물건에 국한된 트렌드뿐만 아니라 행동을 유발하는 보다 넓은 범위까지 영향력을 행사하고 있다.

## :: 국경을 넘어 트렌드를 향유하는 세대

요즘 Z세대에게 SNS는 해외 트렌드를 받아들이는 창구로 사용되기도 한다. 싸이월드나 버디버디 같은 2000년대 초반 플랫폼은 국내에서만 사용하는 메신저였기 때문에 해외 트렌드를 확인하기 어려웠지만, 지금은 인스타

1. 틱톡에서 핫한 노래로 플레이리스트를 제공한다_멜론 홈페이지
2. 미국에서 카페를 운영하는 카페 사장님 브이로그_it's Kathy 유튜브

그램, 트위터, 틱톡 등 전 세계에서 같은 SNS를 이용하기 때문에 검색 몇 번
으로 다른 나라에서 유행하는 것들을 확인할 수 있다. 또, 과거에는 펜팔이
나 이메일 등 다소 아날로그적인 방법으로 외국 친구들과 친분을 다졌다면
이제는 SNS를 통해 편하게 소통할 수 있게 됐다.

글로벌 플랫폼에서 해외 트렌드를 찾아보는 방법은 간단하다. 틱톡이나
인스타그램 피드를 살펴보면 해외 계정에서 업로드한 콘텐츠도 함께 보이
는데, 현재 유행하는 게 있다면 피드에 자연스럽게 많이 노출되기 때문이다.
특히 틱톡의 경우 인기 해시태그와 인기 음악을 확인할 수 있는데, 이를 통
해 지금 인기 있는 게 무엇인지 즉각 확인 가능하다. 하이틴 감성이나 시티
팝 감성도 사실 해외에서 먼저 유행했던 트렌드고, 각종 챌린지나 레시피도

해외에서 유행 중인 것들이 동시에 우리나라에서도 인기를 끄는 경우가 많다. 틱톡이나 릴스는 BGM도 중요한 요소이기 때문에 좋은 노래를 신경 써서 찾을 때가 많은데, Z세대는 이런 영상들을 보고 마음에 드는 음악을 디깅 (digging)˙하는 경우도 많다.

유명하거나 막 뜨고 있는 해외 음악이 우리나라 Z세대에게 틱톡 노래로 유명해지기도 한다. 멜론에는 '틱톡에서 핫한 노래들'이라는 팝송 플레이리스트가 따로 있고, 유튜브에도 틱톡 노래 모음이라는 주제로 플레이리스트가 자주 올라온다. 특별히 관심 있는 분야가 있다면 직접 검색하면 된다. 해시태그로 검색하면 관련 콘텐츠만 모아서 나오기 때문에 한눈에 트렌드를 파악할 수 있다. 전반적인 해외의 라이프스타일이 궁금하다면 그 나라에 거주하는 사람의 브이로그를 찾아보자. 유학생 브이로그나 외국인 브이로그를 보면 생생한 해외 Z세대의 일상을 볼 수 있고, 그 과정에서 자연스럽게 트렌드 확인도 가능하다.

해외 브랜드나 언론사 계정을 팔로우해서 해외 이슈를 빠르게 접하기도 한다. SNS에 탑재된 번역 기능으로 내용을 바로 확인할 수 있고, 실시간으로 해당 뉴스에 대한 사람들의 글로벌 반응을 볼 수도 있다. 전 세계에서 공통으로 관심을 갖고 있는 주제에 대한 소식이라면 더욱 빠르게 퍼진다.

Z세대는 어떤 콘텐츠를 보고 나서 타인의 반응을 확인하는 비율이 높다. 지난 3월 대학내일20대연구소가 조사한 결과, Z세대의 71.6%가 1인 크리

---

● 한글로 직역하면 '발굴'이라는 뜻으로, MZ세대 사이에서는 흥미 있는 분야의 정보를 얻기 위해 이것저것 검색해보는 일을 의미한다

1. 한국 실시간 트렌드에 오른 '브라질 16번'_트위터 앱 캡처화면
2. 브라질 실시간 트렌드에 오른 우리나라 선수들의 이름_트위터 앱 캡처화면

에이터 영상 시청 후 시청자 반응을 확인했다.** 이런 성향은 콘텐츠 전반에서 나타나는데, 같은 주제에 대한 해외 반응이나 국내 이슈가 해외에서는 어떤 평가를 받고 있는지 끊임없이 궁금해한다. 특히 2021년에는 도쿄 하계 올림픽과 관련해 해외 트위터리안의 반응을 국내로 가져오고, 그것에 대해 반응하는 사례가 많았다. 올림픽 개막식에 대한 각국 네티즌들의 반응부터 다양한 경기와 선수들에 대한 반응까지 하나하나가 화제였다. 가장 큰 역할을 했던 건 단연 유튜브와 트위터다. 올림픽 영상들이 바로바로 유튜브에 올라오고, 댓글 반응이 각종 커뮤니티 인기 글과 SNS로 확산됐다. 트위터에서도 선수들의 경기 화면을 캡처해 코멘트를 달아 트윗하는 수가 많았는데, 실시간 트렌드에 그 모습이 고스란히 반영됐다. 대한민국-브라질 배구 경기 때 브라질 선수는 한국 실시간 트렌드에 오르고, 브라질 실시간 트렌드에는

---

•• 〈[데이터베이직] 미디어 · 콘텐츠(2021년 3월)〉, 대학내일20대연구소, 2021.03.29

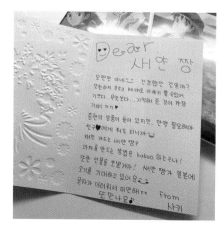

한국 선수에 대한 내용이 올라온 것을 보고 재미있어하기도 했다.

또한, Z세대는 온라인을 통한 관계 형성에 가장 열려 있는 세대이기도 하다. 대학내일20대연구소의 가치관·관계 조사에서 '친구'라고 생각하는 관계의 유형을 물은 결과, Z세대 25.8%가 'SNS 팔로워·구독자·이웃'을 친구라고 생각한다고 응답했다. 이는 후기 밀레니얼 세대(10.0%), 전기 밀레니얼 세대(6.7%), X세대(6.7%), 86세대(6.7%)의 응답률보다 높았다. 이런 성향은 온라인에서 만난 친구와 빨리 친해지고, 활발하게 교류할 수 있는 이유이기도 하다. 최근 몇 년 사이 BTS나 블랙핑크 같은 케이팝은 물론 한국 드라마나 예능, 웹툰 등 K-콘텐츠에 대한 글로벌한 관심이 커지면서 공통 관심사를 기반으로 해외 덕메를 만들고 소통하는 게 훨씬 쉬워졌다. 이들은 SNS를

---

● 〈[데이터베이직] 가치관·관계(2021년 6월)〉, 대학내일20대연구소, 2021.06.22

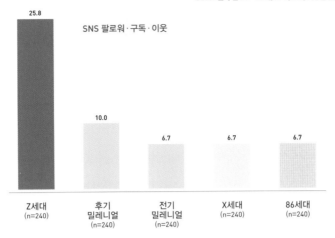

Base: 전국 만 15~60세, n=1,200, 복수응답, 단위: %

SNS 팔로워·구독·이웃

25.8 — Z세대 (n=240)
10.0 — 후기 밀레니얼 (n=240)
6.7 — 전기 밀레니얼 (n=240)
6.7 — X세대 (n=240)
6.7 — 86세대 (n=240)

통해 좋아하는 콘텐츠나 아이돌, 배우에 대한 이야기를 나누며 친해지고, 더 나아가 일상 이야기를 하며 해당 나라의 라이프스타일이나 유행하는 아이템 등 해외 트렌드를 향유한다. 친해진 해외 친구와 택배로 선물을 교환하기도 하고, 받은 택배의 언박싱 영상을 콘텐츠로 만들어 올리기도 한다. 해당 국가에서 유명한 과자나 즉석 식품, 액세서리 등을 담아서 보내주는 게 인기라고 하는데, 실제로 틱톡에서 '선물교환' 해시태그를 검색하면 1,600만 개 이상이 나올 정도다. 역으로 해외 콘텐츠를 접하기도 쉬워졌다. OTT 플랫폼에서 여러 나라의 인기 콘텐츠를 소비할 수 있고, 레딧(reddit)** 등의 해외 커뮤니티를 통해 해외 콘텐츠를 덕질하기도 한다.

●● 우리나라 '디시인사이드'와 비슷한 미국의 커뮤니티로, 각 주제별로 게시판이 나뉘어 있다

# 기업에서 Z세대 트렌드를 활용하는 방법

기업에서는 새롭게 소비시장의 주체로 떠오르는 Z세대를 잡기 위해 혈안이 되어 있다. 그들의 마음을 사로잡기 위해서는 Z세대의 특성을 이해하고, 그들의 트렌드를 활용한 마케팅을 해야 한다는 것을 누구보다 잘 알고 있다. 올해 식품 업계를 강타한 로제 떡볶이 열풍이나, 공포 영화〈랑종〉의 시사회 반응을 활용해 상영관 불을 켜고 영화를 관람하는 '겁쟁이 상영회' 같은 마케팅도 Z세대 플랫폼에서 나온 트렌드를 빠르게 캐치하고 적절하게 적용한 것이다. 트렌드를 어떻게 읽고, 어떤 방식으로 활용하면 좋을지 올해 사례들을 통해 알아봤다.

## :: SNS만 잘 뒤져도 좋은 소스를 얻는다

Z세대 사이에서 유행하는 밈이나 콘텐츠를 가장 빨리 알고 싶다면 트위터만한 곳이 없다. 덕질하기 좋은 플랫폼이라는 명성처럼 드라마, 예능, 웹툰, 음악 등 분야를 막론하고 화제가 된다면 실시간 트렌드에 오른다. 웃긴 포인트가 있다면 밈처럼 사용될 것이고, 좋았던 부분이 있었다면 관련 내용이 자

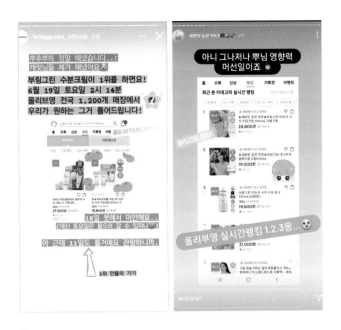

인스타그램 스토리에서 브링그린 수분크림 1위 공약을 말하고 있다_브링그린 인스타그램

세하게 트윗으로 올라올 것이다. 트위터는 Z세대가 필터링 없이 현재 상황과 감정을 실시간으로 공유하는 채널이기 때문에 생생한 반응을 확인하기 좋다. SNS에 소비자가 직접 올린 후기를 기업에서 빠르게 확인하고, 이를 활용해 소통만 잘해도 '일 잘하는' 브랜드로 거듭날 수 있다.

지난 5월 말, 엘르 코리아 유튜브 채널에서 아이돌 그룹 세븐틴의 멤버 승관의 애장품 소개 영상이 올라왔다. 평소에 다이어트, 붓기 관리 등 자기 관리를 잘해서 관리의 아이콘으로 불리는 승관이 직접 사용하는 제품들을 소개해서 눈길을 끌었는데, 영상의 인기에 불을 붙인 건 트위터였다. 한 트위터 사용자가 영상 캡처와 함께 "부승관 수분크림 엄청 좋네. 여기 거 토너랑

같이 샀는데 3일 만에 좁쌀 다 들어감"이라며 트윗을 올렸고, 이 후기가 빠르게 RT(리트윗)되면서 타 SNS와 온라인 커뮤니티에도 확산된 것이다. 화제의 수분크림은 '브링그린'이라는 올리브영 자체 브랜드였고, 마침 올리브영 세일 기간과 맞물려 브링그린 수분크림의 품절 사태가 벌어졌다. 이 과정을 놓치지 않은 브링그린 담당자는 공식 인스타그램에 올리브영 앱의 판매 순위를 캡처로 올리며, "부링그린(부승관+브링그린) 수분크림이 1위를 하면 올리브영 전국 매장에서 세븐틴 노래를 틀어주겠다"고 공약을 걸었고, 실제로 올리브영에 수분크림 부분에서 판매 1위에 오르며 공약을 이행해 더욱 화제가 되었다.

실제 후기를 올린 고객에게 직접 소통하여 홍보가 된 사례도 있다. 한 트위터리안이 라우쉬 샴푸가 좋다고 트위터에 후기를 올린 게 리트윗이 많이 되면서 소소하게 화제가 되고 있었는데, 라우쉬에서 그 게시물을 보고 해당 고객에게 샴푸 선물을 보내줬다. 겉으로 보기에는 멀쩡한 샴푸 세트처럼 보였지만, 안쪽에 주접 문구를 함께 보냈다는 것이 드러났다. 트위터에서는 '은혜 갚은 라우쉬'라며 폭발적인 반응을 보였고, 해당 브랜드에 대한 긍정적인 이미지가 형성됐다. 리뷰를 작성한 것에 대한 리워드를 지급하는 평범한 마케팅인데, 브랜드 홈페이지가 아닌 공개적인 플랫폼에 올린 것을 잘 찾았고, Z세대가 좋아할 만한 주접 문구와 저 세상 디자인의 인쇄물을 선물에 동봉한 유난스러움이 차별점이다.

Z세대의 덕질 문화를 마케팅에 활용하기도 한다. 팬들 사이에서 인스타그램이나 트위터에 맛집 리뷰를 남길 때 최애 이름을 넣은 해시태그를 붙여 게시물을 올리는 게 하나의 놀이 문화였다. '#00아_여기야', '#00이를_

라우쉬에서 보낸 샴푸 세트와 주접 문구 인쇄물_라우쉬 제공

위한_맛집투어'와 같은 형태인데, 자신의 최애가 특정 해시태그를 검색하면 팬들이 올린 맛집 정보들을 한눈에 확인할 수 있게 하기 위해서 시작했다. 이런 해시태그를 알아 두면 맛집 정보를 쉽게 알 수 있어서 '아이돌 팬들이 올려주는 맛집 해시태그 모음'과 같은 게시글이 온라인 커뮤니티에 공유되기도 했다. LG U+의 아이돌Live 앱에서는 이런 팬들의 해시태그 놀이를 활용해 〈맛있는 아이돌 라이브〉라는 웹예능을 만들었다. 팬들이 '#아이돌Live_맛돌라' 해시태그를 붙여 본인이 좋아하는 아이돌에게 맛집을 추천하면, 태그된 맛집 중 몇 군데를 아이돌이 직접 가는 웹예능이다. 지금은 쉽게 찾아볼 수 있는 '구매 시 브랜드 모델 포토 카드 증정 이벤트'도 덕질 문화에서 출발한 사례이다.

유행하는 밈을 적절하게 활용해 콘텐츠를 만드는 것은 알면서도 실행에 옮기기 어려운 과제다. 충주시 공식 인스타그램에서는 지난 7월 13일 트위터에서 퍼진 밈을 사용해 폭염 경보 소식을 알렸는데, 센스 있다는 반응과 함께 타 SNS 플랫폼과 각종 커뮤니티로 퍼져나갔다. 이처럼 SNS에서 화제가 되는 트렌드를 빠르게 확인하는 것만으로도 좋은 마케팅 소스를 확보할 수 있다.

## :: 콘텐츠의 엔터테인먼트적 요소에 진심이다

콘텐츠를 그냥 소비하기만 하는 시대는 지났다. Z세대는 직접 참여하며 가지고 놀 수 있는 요소가 있는 콘텐츠에 반응한다. 각종 꾸미기가 유행하고 다양한 챌린지가 꾸준히 나오는 것도 이런 이유 때문이다. 각종 기업에서 사회 참여형 챌린지도 많이 냈지만 가장 반응이 폭발적인 것은 음원을 활용한 댄스 커버나 노래, 랩 등을 따라 하는 형태의 챌린지 영상이다. 피드를 넘기다가 배경 음악이 좋으면 한 번이라도 더 보게 되고, 관심이 생긴다고 한다. 댄스 커버 챌린지의 경우 지코의 '아무노래 챌린지' 성공 이후 가수들의 대표적인 음원 마케팅 수단으로 자리 잡았는데, 모든 챌린지가 반응이 좋았던 것은 아니다. 음원뿐만 아니라 안무도 따라 하고 싶을 정도로 매력적이어야 하기 때문이다. 스테이씨의 'ASAP' 챌린지와 에스파의 '넥스트 레벨' 챌린지가 중독성 있는 음원과 재미있는 안무로 인기를 끌었다. 특히 넥스트 레벨 챌린지는 카카오프렌즈의 인기 캐릭터 라이언과 춘식이가 참여해 더 화제가 되기도 했다. 캐릭터 특성상 팔이 짧아 안무를 정확하게 구현할 수 없는데, 이런 귀여운 포인트가 Z세대의 취향을 저격했다. 이 영상은 공개된 지 2

준식이 진짜 ㅋㅋㅋㅋ 표정 기가막히넼ㅋㅋ👀👀👀

4.5천 답글
답글 11개 보기

준식이는 진짜 만년돌이다.. 1초동안 표정이 이렇게 다양하게 바뀔 수 있다니..

3.4천 답글
답글 8개 보기

에스파 : I'm on the Next Level
준식 : Almond Next Level

2.2천 답글
답글 6개 보기

라이언 & 춘식의 넥스트 레벨 챌린지 영상에서 팬들이 주접 댓글을 달고 있다_카카오프렌즈 유튜브

주 만에 220만 뷰를 돌파했다. 음원이랑 관련 없는 브랜드라도 이런 방법으로 챌린지를 활용할 수 있다는 것을 보여주는 좋은 사례다.

숏폼 콘텐츠의 배경음으로 사용된 음원이 역주행을 하기도 한다. 래퍼 디핵이 지난해 발매한 '오하요 마이 나이트(OHAYO MY NIGHT)'는 최근 틱톡 크리에이터 '혜다'가 올린 노래 커버 영상으로 유명세를 탔다. 커버 음원이 틱톡이나 릴스, 쇼츠의 숏폼 콘텐츠에 배경 음악으로 사용되는 횟수가 늘어나면서 노래는 점점 유명해졌고, 원곡도 함께 뜨면서 Z세대의 사랑을 받게 됐다. 이렇게 BGM으로 사용된 음악은 멜론, 스포티파이 등 스트리밍으로도 바로 들을 수 있기에 차트 순위 상승과 음원 매출에도 기여한다. '오하요 마이 나이트'는 8월 16일 기준 멜론 차트 9위를 차지하며 인기 상승 중이다.

보정 방법이나 셀카 필터 등 사진이나 영상을 예쁘게 꾸밀 수 있는 요소를 내재한 콘텐츠도 Z세대에게 반응이 좋다. 아이폰 기본 편집 기능을 활용해 사진 보정하는 방법을 짧은 영상으로 만든 '아이폰 보정법'이나 얼굴을 스캔해 디즈니 인물처럼 바꿔 주는 '디즈니 필터' 같은 것들이다. 특히 필터의 경

전후 하늘이 다른 게 특징인 노을 켜기 릴스 콘텐츠_@phororia 인스타그램

우 나와 비슷하지만 실제 얼굴이 아닌 다른 모습으로 바꿔주기 때문에 진입 장벽이 낮은 편이다. 특별한 필터나 보정법을 사용하는 건 아니지만 카메라의 노출값과 초점을 활용해 반전을 극대화하는 콘텐츠도 인기다. 일명 '노을 켜기'로 불리는 콘텐츠인데, 주로 'Summer is for falling in love' 라는 배경 음악과 함께 사용한다. 처음에는 인물에 초점을 맞추고, 인물의 손동작에 따라 하늘에 초점을 맞춰 예쁜 하늘이 보이도록 하는 게 핵심이다. 이렇게 SNS에 올릴 만한 예쁜 결과물이 나온다면 Z세대는 귀찮더라도 기꺼이 동참한다. 과정 자체를 놀이로 생각하기 때문이다.

'참여할 수 있는 콘텐츠'에 집중하는 것도 방법이다. '무기력 극복 챌린지'처럼 작지만 확실하게 행동할 수 있는 동기를 부여하거나, 취향을 고르는 문답 형태도 좋다. 친구와 함께 즐길 거리를 제공하면 자발적 참여가 늘어난

To Do List
1.
2.
3.
4.
5.

**#무기력극복챌린지**
조회수 27.0M회

🔖 즐겨찾기에 추가

🍵30일의 도전🍵 무기력극복챌린지 ✏️
사소한 도전도 좋으니 30일의 계획을 세우고 하나하나씩 실천해 기록을
남겨보자! 너의 첫번째 #무기력극복챌린지 는 뭐야?!🔥

틱톡에서 인기 해시 태그인 무기
력 극복 챌린지_틱톡 캡처화면

다. 친구 소개 챌린지나, 친구들과 함께 릴레이로 상황에 대한 답변을 고르
는 형태의 숏폼 영상이 꾸준히 올라오는 이유도 같은 맥락이다. 이벤트나 프
로모션 기획 시 참고하면 좋을 포맷이다.

## 결론

### 인사이트 01 : 플랫폼마다 문법이 다르다

Z세대는 숏폼을 사랑한다. 유튜브에서 긴 영상을 보고, 트위치에서 라이브 스트리밍도 시청하지만 '아무 생각 없이 보기 좋은 짧은 영상'에 유독 반응한다. 틱톡이 급성장하고 유튜브와 인스타그램에서 이에 대항해 쇼츠와 릴스를 키우는 이유도 그 때문이다. 브랜드 계정에서 꼭 숏폼 콘텐츠를 만들 필요는 없지만 꾸준히 주목해야 할 플랫폼인 것은 확실하다. 커가는 시장인 만큼 다양한 서비스들이 빠른 속도로 업데이트되고 있기 때문이다. 틱톡은 구직자가 자신을 소개한 짧은 동영상을 게시하면 회사 측이 열람할 수 있도록 설계한 '틱톡 이력서' 기능을 시범 운영 중인데, 미국의 일부 기업에서는 이 서비스를 활용해 구직자를 찾고 있다.[•]

하지만 숏폼 시장이 커진다는 게 블로그와 같은 긴 호흡의 플랫폼의 하향세와 동일한 의미는 아니다. Z세대는 여러 개의 플랫폼을 목적에 따라 사용하고, 한 채널에서 만족할 수 없는 부분을 다른 채널을 통해 보완하고 있다. 실제로 2020년 네이버 블로그는 3억 건에 가까운 포스팅을 생산하며 역대 최고를 기록했다. 지난해 새롭게 개설된 신규 블로그는 전년 대비 120% 증가했고, 신규 블로거 중 30%는 20대였다.[••] 올해 상반기 진행된 '오늘일기 챌린지'의 열기가 뜨거웠던 것도 있지만 그전부터 상승세였다는 이야기다. 또

---

[•] 〈동영상 이력서 받습니다"…'틱톡'으로 직원 채용한다는 회사〉, 한국경제, 2021.07.19
[••] 〈'긴 글 찾는 MZ세대'…블로그의 화려한 부활〉, 한경비즈니스, 2021.07.26

---

한 덕질 문화의 성지인 트위터와 트위치도 무시할 수 없다. 그렇기 때문에 하나의 SNS에 집중하기보다는 그 목적에 따라 콘셉트와 타깃을 명확히 나눠서 각 플랫폼의 문법에 맞게 채널을 운영하는 것이 중요하다. 메인 채널이 아니더라도 필요하다면 특성에 맞는 플랫폼에서 프로모션을 진행할 수도 있다. 대부분의 Z세대는 자신의 인스타그램 피드를 예쁘게 꾸미려 노력하기에 직접 게시물을 업로드하는 방식의 이벤트 참여는 진입 장벽이 높은 편인데, 이를 블로그나 트위터로 대체한다면 덜 부담스럽게 느껴질 수 있다.

## 인사이트 02 : Z세대 업종별 트렌드 활용법

모든 SNS 플랫폼을 섭렵하며 트렌드를 확인하는 게 가장 좋지만, 업종별로 트렌드 줍기 좋은 채널이 따로 있다. F&B 트렌드를 빠르게 알고 싶다면 틱톡과 트위터 눈팅이 필수다. 틱톡이나 트위터에서 낯선 음식이 자주 보이거나, 인기 해시태그에 다소 생소한 음식이 등장한다면 그게 마이크로 트렌드의 시작이다. 얼마 후 인스타그램, 유튜브 등 타 플랫폼으로 퍼질 가능성이 농후하다. 트렌드가 전방위로 확산되기 전, 미리 알아보고 반영하여 신상품을 기획한다면 해당 분야를 선점할 수 있다. 특히 식품 쪽은 짧은 레시피, 제조 과정 등 숏폼 콘텐츠로 활용하기 좋다.

Z세대의 취미 생활이 궁금하거나 장난감, 스티커 등 인기 있는 문구·완구 트렌드를 확인하고 싶다면 인스타그램과 틱톡, 트위터를 함께 보는 것을 추천한다. 코로나19 이후 집에서 즐기는 취미가 더욱 다양해지고 있다. 특히

DIY는 틱톡, 트위터에 만드는 과정이나 결과물을 업로드하는 경우가 많다. 레진 아트부터 데코덴 꾸미기, 터프팅(tufting)* 등 각종 공예류가 인기다. 이런 트렌드를 빨리 캐치해 관련 클래스를 개설하거나 키트 등을 만들어 판매할 수 있다.

릴스나 틱톡에 들어가는 음원이 중요하다는 것은 앞에서 충분히 확인했다. 연예인이 나와 춤을 추는 챌린지가 아니더라도 음원 자체를 BGM으로 활용해 잘 확산될 수 있도록 하는 게 중요하다. 숏폼 크리에이터에게 커버 영상을 요청하거나, 노래 가사에 맞는 행동을 접목한 챌린지를 진행하자고 제안하는 것도 방법이다. 지난해 발매된 싱어송라이터 스텔라 장의 노래 '컬러스(Colors)'가 이런 케이스다. 제시카 알바가 노래 가사에 맞춰 다양한 색의 옷을 바꿔 입는 영상이 퍼지면서 가수와 음원이 함께 떴다. 이처럼 엔터테인먼트 요소를 브랜드와 연결 짓는 방법도 있다. 패션, 뷰티는 전후 차이를 확연히 표현해내기 좋기 때문에 음원에 맞춰 메이크업이나 코디를 바꾸는 놀이처럼 접근하면 광고로 받아들여지기보다 재미있는 이벤트로 받아들여질 것이다. 사진에 진심인 Z세대를 잡기 위해 필터를 제작할 수도 있다.

뷰티나 패션 트렌드도 해외에서 들어오는 경우가 많은데, 해시태그를 통해 트렌드를 읽거나 해외 Z세대 일상을 담은 콘텐츠를 통해서도 발 빠르게 확

● 원단에 실을 쏴 원하는 패턴이나 모양을 표현하는 섬유 공예를 뜻한다

에잇세컨즈에서 진행한 8초
모델 챌린지 모집 콘텐츠와
우승자 영상_에잇세컨즈 공
식 인스타그램

인할 수 있다. Z세대들의 생생한 일상을 확인하고 싶을 때는 오히려 유명인
보다 마이크로 인플루언서의 콘텐츠를 보는 게 좋을 때도 있다. '05년생'과
같이 원하는 나이대로 검색하거나 블로그에서 '0월 일상' 등을 찾아보면 날
것의 콘텐츠를 살펴볼 수 있다. 인플루언서블한 Z세대의 특징과 숏폼 콘텐
츠를 활용해 이벤트를 기획하는 것도 좋다. SPA 브랜드 에잇세컨즈는 올해
4월 틱톡에서 소비자 모델을 선발하는 '8초모델 챌린지' 캠페인을 진행했
다. '8초모델 챌린지' 필터를 적용해 포즈를 취하는 영상을 자신의 틱톡 계
정에 업로드하는 게 1차 미션. 2021년 S/S 상품으로 직접 스타일링한 룩북
을 에잇세컨즈 공식 틱톡과 인스타그램 계정에 공개해 좋아요 수를 많이 받

#광고
트위터에 춘식이의 등장이라,,,~!!
다들 만갑부🖤🖤

나..춘식이..
오늘부터 트위터 시작...
#가보자고

2021년 06월 22일 · 2:38 오후 · 에 Twitter for iPhone 앱을 통해

답글 트윗하기

'춘식이 그림일기' 계정을 광고하는 최고심
작가_@gosimperson 최고심 트위터

는 게 2차 미션이었다. 크리에이터가 되고 싶은 사람들이 자발적으로 지원했고, 자사 상품도 함께 노출시킬 수 있었기에 브랜드 인지도와 제품 구매까지 함께 높일 수 있었다. 이벤트를 진행하며 누적 매출 기준 전년 동기 대비 22% 신장했으며, 3월만 비교하면 82% 이상 매출이 증가했다.●

작년부터 이어진 세계관 마케팅을 익숙하지 않은 플랫폼에서 펼치는 것도 새로운 전략이 될 수 있다. 특히 트위터는 덕질하기 좋은 플랫폼이기 때문에 캐릭터를 활용하면 좋은 반응을 이끌어낼 수 있다. 인기몰이 중인 '춘식이의 그림일기' 계정은 내용도 귀엽지만 Z세대에게 캐릭터 짤로 유명한 최고심 작가가 그림을 그려서 더욱 화제다. 적절한 짤과 밈을 활용해 기

● 〈IT'S '8초' Time ~ 에잇세컨즈, #8초모델챌린지 캠페인〉, 동아일보, 2021.04.28

Part 2. Z세대가 이끄는 밀레니얼–Z세대 트렌드 이슈

업 계정을 운영하기 어렵다면 그 분야를 잘하고 있는 크리에이터와 협업해 보자. 이미 있는 캐릭터를 내부에서 만져 만화 형태로 만드는 것보다 인지도 있는 작가의 색에 맞게 묻어가는 것도 좋다. 그 플랫폼에 적합한 문법을 잘 알고 있는 외부 크리에이터의 의견이 내부 직원들의 아이디어보다 훨씬 효과가 좋을지도 모른다.

# 3

## 콘텐츠 시장의
## 새로운 법칙
## : 무기한 무경계

시간과 플랫폼의
경계가 없는
Z세대의 콘텐츠

▼

'Z세대는 더 이상 TV를 보지 않는다'는 말은 이미 많이 들어봤을 것이다. 유튜브나 넷플릭스를 통해 언제 어디서든 내가 원하는 콘텐츠를 바로 시청할 수 있는 환경에 익숙한 Z세대에게 TV는 더 이상 매력적인 전자기기가 아니다. TV 프로그램을 시청하기 위해서 방송 시간과 방송사, 채널 번호를 당연하게 외우고 있어야 했던 그 시절의 모습을 이해하지 못하는 Z세대도 많다.

2020 도쿄 올림픽을 겪으며 Z세대의 콘텐츠 소비 트렌드 변화를 다시 한번 느꼈다. 커뮤니티에 올라온 '양궁 경기 중계 영상을 보고 싶은데 어디서 봐야 해?'라는 질문에 TV채널 번호 대신 링크가 달린다. 유튜브에는 경기 하이라이트나 캐스터와 해설위원의 반응이 올라오고, 화제가 된 선수들의 과거 경기나 인터뷰 콘텐츠들이 알고리즘의 선택을 받아 빠르게 끌올(끌어올리기)된다. 이렇게 현재는 물론 과거에서 끌올된 콘텐츠를 바탕으로 다양한 밈과 짤이 바로바로 만들어져 공유된다. 과거에서 끌어올려진 콘텐츠들이 재해석되고 재생산되어 소비되는 것이 너무나도 당연해졌다.

과거와 현재의 경계뿐만이 아니다. 콘텐츠의 소비와 제작, 주류와 비주류의 경계도 모호해지고 있다. 내가 단 댓글 하나가 얼마든지 콘텐츠가 될 수 있고, 지상파 TV 프로그램에서는 조명받지 못했던 조연이 유튜브나 틱톡 콘텐츠 생태계에서는 주목받는 주연이 된다. 유튜브에서 만들어진 세계관이 플랫폼을 넘어 지상파 TV 프로그램과 광고에서도 인정받는다. 내 취향, 내가 원하는 시공간, 내가 생각하는 세계관을 존중하고 공유하고 싶어하는 Z세대, 이들의 경계 없는 콘텐츠 소비 생태계를 살펴보고자 한다.

# Z세대에게는
# TV가 매력적이지 않다

Z세대가 TV를 보지 않는다는 것은 이미 오래된 이야기다. Z세대의 여가 시간은 유튜브가 차지했으며, TV 프로그램을 볼 때도 TV보다 태블릿PC에서 OTT 플랫폼 앱을 켜는 것이 더 자연스러운 일이 되었다. 이는 데이터로도 확연히 드러난다. 대학내일20대연구소의 조사 결과 최근 한 달 내 TV를 매일 이용했다고 응답한 비율은 Z세대로 갈수록 낮아졌다. 특히 10대 후반 Z세대가 TV를 매일 이용한 비율은 37.9%로 전기 밀레니얼(71.8%)과의 차이가 뚜렷했다. 또 TV를 이용하는 이유를 살펴본 결과, 'TV로 보는 게 익숙해서'라는 응답이 전기 밀레니얼은 54.3%인데 반해, Z세대는 31.8%에 그쳤다. Z세대에겐 콘텐츠를 보기 위해 TV 앞으로 가는 것이 더 이상 익숙한 행동 패턴이 아닌 것이다.

이런 Z세대의 콘텐츠 시청 행태의 변화를 체감할 수 있는 사례가 있다. 바

---

● 〈유튜브 · 넷플릭스 시대, Z세대의 TV 이용법〉, 대학내일20대연구소, 2021.04.29

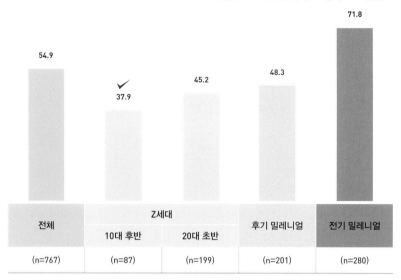

Base: 전국 만 15~40세 최근 한 달 내 TV 이용자, n=767, 단위: %

Base: 전국 만 15~40세 최근 한 달 내 TV 이용자, 복수응답, 단위: %

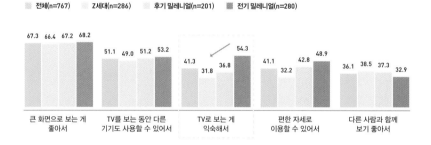

로 동명의 웹툰을 원작으로 한 드라마 JTBC 〈알고있지만,〉이다. 스타덤에 오른 한소희와 송강이 주연으로 출연하고, 20대 대학생들의 고민을 진솔하게 담아 방영일마다 커뮤니티에서 화제를 모았다. 그러나 Z세대가 실감하

는 화제성과는 달리, TV 본방 시청률은 2%대로 토요일 늦은 시간에 방영한 것을 감안하더라도 낮은 수치였다. 그러나 OTT 플랫폼을 기준으로 보면 상황은 달라진다. 스트리밍 영상 콘텐츠 순위 집계 사이트 플릭스패트롤(FlixPatrol)은 JTBC 〈알고있지만,〉이 한국을 포함해 말레이시아, 싱가포르, 필리핀, 베트남, 대만, 태국 총 7개국에서 넷플릭스 티비쇼 카테고리 부문 차트 1위를 석권했다고 밝혔다.[•] TV와 OTT플랫폼의 온도 차가 극명하게 드러난다.

Z세대는 온라인과 오프라인의 구분이 불분명하고 항상 모든 것이 연결되어 있는 초연결시대에서 성장해왔다. 손에 쥔 스마트폰으로 검색만 하면 언제든 내가 원하는 정보와 콘텐츠에 닿을 수 있다. 이런 환경에서 성장한 Z세대는 시간과 공간의 제약 없이 언제 어디서든 콘텐츠를 소비할 수 있는 환경을 선호한다. 그렇다 보니 자연스럽게 콘텐츠 소비 채널의 중심이 유튜브와 OTT 플랫폼으로 옮겨왔다. 실제 Z세대가 최근 6개월 내 가장 많이 경험한 여가 생활은 유튜브(82.5%)였으며, 가장 선호하는 여가 생활도 유튜브(52.2%)였다.[••]

이러한 주 이용 플랫폼의 변화는 Z세대의 콘텐츠 소비 행태에 영향을 미쳤다. TV가 주된 콘텐츠 시청 플랫폼이었을 때를 떠올려보자. 우리는 원하는 콘텐츠를 시청하기 위해서 두가지를 기억해야 했다. 해당 콘텐츠를 방영하는 채널과 시간이다. 당시의 콘텐츠 환경에서는 방송사가 중요했으며, 콘

---

• "네이버웹툰 원작 '알고있지만', 아시아 7개국 넷플릭스 '1위' 기염", 세계일보, 2021.07.15
•• 〈[데이터플러스]여가(2021년 6월)〉, 대학내일20대연구소, 2021.06.28

텐츠의 시의성도 매우 중요한 요소였다. 인기 있는 드라마나 예능 콘텐츠의 경우, 다음날 친구들과 대화를 하기 위해서는 본방사수가 필수였다. 하지만 주 이용 플랫폼이 변화한 지금, 채널과 방영 시간은 의미가 없어졌다. 이제는 채널보다 어떤 플랫폼에서 볼 수 있는지를 더 따진다. 내가 이용하는 OTT 플랫폼에 해당 콘텐츠가 서비스되는지가 중요하다. 또한 본방사수를 하지 못해도 괜찮다. 방송이 끝나고 10~20분 정도만 기다리면 OTT 플랫폼에 업로드되어 시간에 상관없이 자유롭게 볼 수 있다. 재방송 시간을 굳이 기다리지 않아도 되고 내가 원할 때는 검색 한 번으로 언제든 지난 콘텐츠를 볼 수 있게 됐다.

채널과 시간 대신 중요해진 것이 있다면 콘텐츠를 시청하는 나의 취향과 이 취향에 맞춰 콘텐츠를 취사선택하여 추천해주는 '알고리즘'이다. 우리는 이미 알고리즘의 강력한 영향력을 목격해왔다. 일명 '역주행'이라고 불리는 현상이 대표적이다. 2020년 비에게 제2의 전성기를 선사했던 유튜브 알고리즘은, 올해는 해체를 고민하던 브레이브걸스를 다시 주목받게 만들었다. 하루에도 수없이 많은 콘텐츠들이 알고리즘의 선택을 받아 끌올된다. 그 수많은 콘텐츠 중에서도 유독 떡상<sup>•</sup>하는 콘텐츠는 Z세대가 선호하는 코드나 감성과 맞닿아 있다. 비와 브레이브걸스가 다시 주목받은 이유도 거기에 있다. 2017년의 〈깡〉은 오그라들었지만, 2020년의 〈깡〉은 Z세대의 드립을 부르는 유쾌한 댓글 맛집이었다. 2017년의 〈롤린〉은 숨어서 듣는 명곡이었

---

• 물건의 값이나 가치, 주가 등이 갑자기 큰 폭으로 오르는 것을 의미한다

지만, 2021년 〈롤린〉은 진심을 다하면 언젠가는 인정받는다는 감동을 전하는 드라마였다. 그때는 틀렸던 콘텐츠도 지금 Z세대의 취향과 코드에만 맞다면 언제든 다시 소비된다. 그렇다면 이제 Z세대가 어떤 콘텐츠 생태계를 만들어가고 있는지 자세히 살펴보자.

# Z세대가 픽하는 순간
# 다시 시작하는 유통기한

Z세대의 콘텐츠 소비 생태계에서 단연 눈에 띄는 현상은 '끌올'이다. Z세대의 선택을 받은 콘텐츠들이 방영 시점과는 상관없이 다양한 형태로 무한 끌올된다. 디지털 네이티브인 Z세대는 자신이 원하는 영상을 검색하는 것, 이후 검색 결과를 바탕으로 추천되는 알고리즘을 적극적으로 활용하는 것, 그리고 재미있었던 영상을 공유하고 확산하는 것까지 '검색-탐색-공유'로 이어지는 일련의 과정이 매우 자연스러우며 이를 영리하게 이용한다. 이렇게 숨 쉬는 것처럼 자연스러운 탐색 과정을 거쳐 현재 방영되고 있는 콘텐츠뿐만 아니라, 내 취향에 맞는 과거 콘텐츠들을 적극적으로 소비한다. 최근 이슈가 되는 콘텐츠를 보면, 새로운 콘텐츠보다 과거의 콘텐츠가 더 강력한 영향력을 발휘하는 것 같기도 하다.

## ∷ 유통기한 없이 끌올되는 콘텐츠

과거 콘텐츠의 영향력은 2021년 Z세대 사이에서 유행한 짤과 밈을 확인해 보면 극명하게 알 수 있다. 2021년 상반기 Z세대의 단톡창을 휩쓸었던 짤이 있다. 바로 '무야호' 짤이다. 무야호는 '무한도전' 구호를 같이 외치자는 요청에 당황한 일반인 출연자가 '무~야호'라는 뜬금없는 구호를 외쳐 웃음을 준 것에서 비롯됐다. 짤은 물론 조회수 613만 회를 넘긴 '무야호 리믹스', '무야호 알람', '무야호 성대모사'까지 이를 소재로 한 다양한 콘텐츠가 만들어지며 우리에게 큰 즐거움을 줬다. 이처럼 2021년에 큰 화젯거리였던 '무야호'는 MBC〈무한도전〉의 2010년 3월 방영분에서 등장한 발언이다. 무려 10년도 더 된 콘텐츠에서 비롯된 밈인 것이다. 이뿐만 아니라 '~은 ~을 찢어'나 '왜요 제가 ~한 사람으로 보이세요'와 같이 최근 유행하는 밈도 그 유래를 거슬러 올라가다 보면 이미 종영된 지 3년이 넘은〈무한도전〉에서 비롯된 경우가 많다.*

　이외에도〈무한도전〉의 장면들을 캡처해 짤로 활용하는 것도 Z세대 사이에서 유행이다. 오랜 기간 방영해서 그런지 마치 미래를 예측한 듯 현재 상황과 절묘하게 들어맞는 장면이 꼭 하나씩 있어 '한국의 심슨'으로도 불린다. Z세대는 연예계 학폭 논란이나 주식 열풍 등 사회적으로 이슈가 된 사건을〈무한도전〉짤로 설명하기도 하고, 최근 유행하는 콘텐츠와〈무한도전〉의 짤을 엮어 공유하기도 한다. SBS의〈펜트하우스〉의 장면과 '상큼한 학생물로 시작! 회가 지날수록 엽기 살인극'이라는 자막이 담긴 무한도전 짤을 함께 올리거나,〈무한도전〉방영 당시에는 존재하지 않았던〈가짜사나이〉나 피식대학〈B대면데이트〉의 캐릭터 중 한 명인 '이호창'이 언급된 장면들

---

● 본 도서 Part3 2022 Z세대 신조어 위키 306쪽 참고

1 ―
1. 이호창이 등장할 것을 예견한 박
   명수_MBCentertainment, 피식
   대학 유튜브
2. 이호창의 등장을 예견한 박명수
   영상에 달린 댓글_유튜브 댓글

2

개소름 돋는다 이호창...미래전략실 전략본부장....김갑생 할머니 김.....후...방송인들 기
본서가 무도인가....

👍 158  👎  답글

을 공유하며 신기해하는 식이다.

　이렇게 과거의 콘텐츠가 끌올되는 데에는 유튜브의 영향이 크다. 유튜브
는 과거와 현재의 콘텐츠가 공존하고 있으며, 검색 한 번으로 4년 전, 10년
전 콘텐츠도 쉽게 접할 수 있다. 그리고 2~3년 전부터 과거 콘텐츠의 레전
드 장면들을 요약해서 공유하는 유튜브 채널들이 늘어나면서 과거 콘텐츠
를 접하기 더 쉬운 환경이 된 것도 한몫했다. 앞서 소개한 '무야호'의 경우도
2019년 MBC 유튜브 채널 '오분순삭'이 이 장면을 일반인 레전드로 편집해

올리며 주목받기 시작하다가 2021년 상반기를 휩쓴 유행어가 되었다. 이와 유사한 사례를 다른 콘텐츠에서도 찾아볼 수 있다. 2013년 방영된 〈마스터셰프 코리아 2〉의 최강록 도전자가 메뉴를 소개하며 말했던 '제목은 고추장 닭날개 조림으로 하겠습니다. 근데 이제 바질을 곁들인'이라는 표현도 무야호와 비슷한 시기에 밈으로 소비되었다. 이 또한 유튜브 '끌올리브' 채널에 올라온 다시보기 콘텐츠의 영향이었다. 또, 콘텐츠를 보면서 댓글을 바로 달고 소통할 수 있는 유튜브의 콘텐츠 시청 환경도 밈 확산에 큰 역할을 한다. 콘텐츠의 댓글을 통해 마치 커뮤니티처럼 교류하면서 재미있고 공감가는 포인트들을 찾아내고, 이를 다시 공유하면서 밈과 짤을 확산해가는 것이다.

## :: 콘텐츠의 팬덤을 탄탄하게 해주는 끌올 알고리즘

이처럼 '끌올'은 유튜브 콘텐츠 소비의 기본적인 행태로 자리 잡았다. 2021년에 열린 도쿄 올림픽 때도 끌올 현상은 두드러졌다. 이번 도쿄 올림픽에서 여서정 선수가 동메달을 확정 짓는 순간, 유튜브 'KBS 교양' 채널에는 2010년에 방영한 인터뷰 영상이 바로 업로드되었다. 해당 콘텐츠에는 여홍철 해설위원이 '2020년 올림픽에서 여서정 선수가 올림픽 메달리스트가 되는 것이 바람'이라고 이야기하는 모습이 담겨 있었다. Z세대는 끌올 콘텐츠를 통해서 여서정 선수가 어떻게 성장해왔는지, 또 아버지인 여홍철 해설위원이 어떤 마음으로 경기를 지켜보았을지를 간접적으로 확인했다. 현재의 경기 장면만으로는 알 수 없는 과거의 서사를 인지하며 콘텐츠를 더 입체적으로 소비할 수 있게 된 것이다.

그리고 또 하나의 포인트는 굳이 내가 과거 영상을 찾아나서지 않아도 된

탁구 신유빈 선수가 올림픽 출전 시 화제가 된 2014년 MBC 〈무한도전〉 출연과 2021년 MBC 〈놀면 뭐하니?〉 출연 모습_MBCentertainment, 놀면 뭐하니? 유튜브

다는 것이다. 바로 알고리즘의 힘이다. 내가 힘겹게 검색해서 찾지 않아도 유튜브는 알고리즘을 통해 내 관심사의 과거 서사 콘텐츠들을 추천해준다. 도쿄 올림픽 배구 경기가 끝나고 배구 하이라이트 영상을 보기 시작하면 선수들의 과거 경기 영상 및 인터뷰 영상이 알고리즘을 통해 등장한다. 김연경 선수의 5년 전 인터뷰 영상에는 '아니 김연경 영상을 얼마나 찾아봤으면 5년 전 영상도 뜨냐…'라는 공감 가는 댓글이 달려 있다. 이처럼 연관 영상들이 자동으로 추천되기 때문에, 큰 시간과 노력을 들이지 않아도 내가 관심을 가지게 된 주제에 대한 모든 것을 자연스럽게 습득할 수 있는 환경이 되었다.

주목해야 할 것은 이런 끌올 시청 행태가 콘텐츠 팬덤 형성에도 영향을 끼친다는 것이다. 앞서 소개한 올림픽의 사례처럼 내가 알지 못했던 과거 서사를 알게 되기도 하고, 이미 한 번 봤지만 그때는 못 보고 놓쳤던 떡밥*을 발견해 더 깊이 빠지기도 한다. 처음 보는 과거 콘텐츠도, 추억을 곱씹으며 다시 보는 과거 콘텐츠도 모두 새로운 입덕 포인트를 제공한다. 최근 예능 콘텐츠는 시즌제로 제작하는 경우가 많아졌다. 그래서 새로운 시즌이 나오기 전 주목도를 높이고 기존 팬덤을 강화하기 위해 유튜브를 통한 스트리밍 서비스로 제공하기도 한다. 이런 유튜브 스트리밍이 활발하게 운영되고 Z세대도 열심히 챙겨보는 것은 tvN의 〈대탈출〉과 JTBC의 〈크라임씬〉이 대표적이다.

> "〈대탈출〉, 〈크라임씬〉 같은 경우는 스트리밍 할 때마다 챙겨봤어요. 이전에는 사람들이 대화하는 걸 굳이 봐야 하나? 생각했는데, 이미 본 내용이지만 다른 사람들이랑 생각을 공유하면서 그때는 몰랐던 단서 같은 걸 다시 발견할 수 있어서 좋았어요."
>
> ─제트워크 시즌3 참여자 호리(E8210)

시청자들은 유튜브 스트리밍을 통해 함께 콘텐츠를 보며 실시간으로 대화를 나눈다. 추리 예능이기에 제작진이 숨겨놓았던 떡밥에 대해 이야기하거나 등장인물을 분석하는 대화가 주로 진행된다. 얼핏 보면 책을 분석하는 독서모임 같기도 하다. 함께 대화를 나누며 이전에 혼자 시청했을 때는 놓쳤던 새로운 떡밥을 발견하기도 하고, 콘텐츠에 더욱더 과몰입하기도 한다. 이

---

● 낚시할 때 고기를 낚기 위해 쓰는 떡밥에서 유래된 단어로, 숨겨놓은 화젯거리가 될 만한 단서 혹은 주제를 의미한다

런 과정이 콘텐츠의 팬덤을 더욱 탄탄하게 만든다.

## :: 지금의 감성에 맞게 재해석해 즐기다

Z세대가 과거 콘텐츠를 끌올해서 즐기는 이유는 여러 가지다. 과거의 추억을 곱씹기 위해서 보기도 하고, 재미를 검증받은 콘텐츠라는 인식 때문에 다시 찾기도 한다. 또는 접해본 적 없는 새로운 콘텐츠라 호기심을 갖고 시청하기도 하고, 수동적으로 알고리즘의 추천을 받아 접하게 되는 경우도 있다. 이처럼 끌올 콘텐츠를 즐기는 이유는 다양하지만, 이를 즐기는 방법에는 한 가지 공통점이 있다. 바로 원본 콘텐츠를 그대로 즐기기보다는 요즘 감성으로 재편집되거나 재해석된 콘텐츠로 즐긴다는 점이다. Z세대가 공감할 수 있는 요즘 감성이 녹아 있기 때문에 과거에 접한 적이 없는 오래된 콘텐츠도 친근하게 즐길 수 있다.

> "〈런닝맨〉의 독특한 제목 때문에 보게 되었어요. 특히 예전 콘텐츠들을 유튜브에 올릴 때 웃긴 썸네일과 함께 '찬희카감님', '런닝맨ppl' 이런 식으로 간단하고 핵심만 간추려서 올리니까 재밌어서 보게 되었어요."
>
> — 제트워크 시즌3 참여자 잉(N8263)

> "〈롤린〉 노래도 좋지만, 댓글 모음 영상을 더 자주 보게 되는 것 같아요!"
>
> — 제트워크 시즌3 참여자 호리(E8210)

흥하는 끌올 콘텐츠는 지금의 Z세대가 공감할 수 있는 취향과 코드가 녹

1. 2007년 방영된 MBC 〈거침없이 하이킥〉 하이라이트 편집_오분순삭 유튜브
2. SBS 런닝맨 560화 중 '영어 금지 게임'만 편집한 영상 및 출연자가 영어를 쓴 부분만 시청자가 댓글에 타임라인 표기_런닝맨-스브스 공식 채널 유튜브

아 있어야 한다. Z세대가 공감할 수 있는 무언가를 더하는 요소는 매우 소소하다. 콘텐츠의 제목, 자막, 댓글이 바로 그것이다. 런닝맨 유튜브의 위트 있는 제목과 편집, 새로운 자막이 추가되어 재미를 더한 유튜브 채널 '오분순삭'의 〈거침없이 하이킥〉 콘텐츠, 재미와 감동을 더하는 댓글 모음 영상까지. 이처럼 Z세대는 과거의 콘텐츠를 그대로 즐기기보다 편집, 자막, 댓글 등

이 더해져 요즘 감성으로 재해석된 콘텐츠를 즐긴다. 2021년 역주행의 아이콘인 브레이브걸스의 〈롤린〉도 마찬가지다. 〈롤린〉이라는 과거 음원을 댓글 모음 콘텐츠로 재해석했다고 볼 수 있다. 해병대 1사단 위문 열차 공연을 배경으로 브레이브걸스 활동 당시 군 생활을 한 사람들의 댓글이 달리고, '위문 공연에 진심인 그룹'이라는 서사가 새롭게 더해지면서 더 많은 Z세대의 공감과 지지를 얻는 콘텐츠가 될 수 있었다.

Z세대가 과거 콘텐츠를 즐기는 데 재미를 더하는 요소는 또 있다. 바로 취향이 비슷한 또래 친구들과 함께 즐기는 것이다. OTT 플랫폼인 왓챠는 2021년 '왓챠파티'라는 기능을 새롭게 도입했다. 왓챠파티는 함께 스트리밍 콘텐츠를 보며 채팅을 즐길 수 있는 서비스다. 4월 12일 베타서비스를 시작한 후 3개월 동안 총 32만 개 이상의 파티가 열렸다. 혼자 보기에는 무서운 공포 영화를 함께 보며 무서움을 달랜다거나, 〈해리포터〉나 애니메이션 등 덕질할 수 있는 콘텐츠를 함께 보는 독특한 문화가 자리 잡고 있다. 또 눈에 띄는 것은 2000년대 초반 인기를 끈 추억의 콘텐츠가 왓챠파티를 통해 역주행했다는 것이다. 드라마 〈궁〉은 왓챠파티를 통해 기존 대비 재생수가 230% 증가했고, 〈태양의 후예〉 역시 180% 늘었다.● 또한 왓챠에서는 콘텐츠를 감상하면서 다양한 아티스트들의 실시간 음성 코멘터리(해설)를 들을 수 있는 '헐왓챠파티에' 캠페인을 진행하기도 했다. 그중 영화를 제작한 감독이나 번역가가 직접 코멘터리를 진행하는 프로그램을 만들어, 그들과 콘

---

● 〈공포영화 혼자보기 무섭다면 '왓챠파티'로 같이 볼까〉, 미디어 오늘, 2021.07.29

Part 2. Z세대가 이끄는 밀레니얼-Z세대 트렌드 이슈

왓차 앱 내 왓챠파티 서비스 화면_왓챠

텐츠를 같이 보며 비하인드 스토리, 장면의 연출 방법에 대해 이야기를 나눌수 있게 했다. Z세대는 이런 경험을 통해 종영 콘텐츠더라도 몰랐던 사실을 알게 되며 새로움을 느끼기도 한다.

지금까지 Z세대들이 종영 콘텐츠를 어떻게 소비하는지 살펴보았다. 이들에게는 콘텐츠가 언제 나왔는지는 중요하지 않다. 자기 자신이 그 콘텐츠의 유통기한, 즉 바코드를 새로 만든다. Z세대의 소비와 함께 멈춰 있던 콘텐츠의 시간이 다시 흐르는 것이다. SNS와 커뮤니티에서는 종영 콘텐츠의 짤과 밈이 새롭게 생성되어서 공유되고, 유튜브 스트리밍 또는 왓챠의 왓챠파티와 같이 다른 사람들과 함께 즐기며 새로운 떡밥을 발굴하기도 한다. 과거

3. 콘텐츠 시장의 새로운 법칙  147

콘텐츠는 이제 유튜브뿐만 아니라 OTT 플랫폼에서도 쉽게 찾아볼 수 있다. 더불어 어떤 콘텐츠를 어떤 OTT 플랫폼에서 볼 수 있는지 확인이 가능한 앱과 사이트가 생겼다. 종영 콘텐츠를 더욱더 잘 즐길 수 있는 환경이 조성되고 있다.

2004년에 종영한 미국 드라마 〈프렌즈〉는 아직도 넷플릭스 인기 콘텐츠이고 올해 출연진들이 다시 만나서 토크쇼를 진행한 〈프렌즈 리유니언〉의 반응도 뜨거웠다. 한국의 인기 시트콤인 〈거침없이 하이킥〉도 종영 14년만에 출연진이 다시 뭉쳐 토크쇼가 진행된다는 소식에 벌써 각종 SNS 및 커뮤니티에서 반응이 뜨겁다. 이렇게 종영 콘텐츠를 통해 과거를 회상하기도 하고, 새로운 콘텐츠로서 즐기기도 하고, 이런 콘텐츠들을 바탕으로 짤과 밈을 자유자재로 생산하고 공유하는 문화는 앞으로 더욱 확대될 것이다.

·
·

# '일부'가
# 메인스트림을 만든다

한때 지상파 TV 방송을 주류, 유튜브나 아프리카 TV와 같은 온라인 콘텐츠 플랫폼을 비주류로 구분하던 적이 있었다. 연예인이 유튜브를 개설하는 것이 색다른 도전이었다. 유튜브의 인플루언서가 지상파 TV 프로그램에 출연하는 것이 성공의 척도로 여겨지기도 했다. 하지만 이제는 주류와 비주류를 구분하는 것 자체가 무의미해졌다. 연예인 유튜브 채널 개설이 더 이상 특별한 일이 아니고, 유튜브의 콘텐츠가 지상파 TV 프로그램보다 더 큰 파급력을 발휘하기도 한다. 어느 쪽을 주류라고 할 수 있을까? 주류와 비주류의 경계가 흐려지는 사례들을 살펴보자.

### :: 개그 코너의 확장판, 개그맨이 만들어가는 유튜브 세계관

KBS 〈개그콘서트〉를 마지막으로 시청자들의 안방을 지켜오던 지상파 개그 프로그램이 차례차례 폐지 수순을 밟았다. 코미디언들은 설 무대가 사라졌지만 오히려 새로운 가능성을 열었다. KBS와 SBS 출신 공채 코미디언 3명이 결성한 유튜브 채널 '피식대학'이 대표적인 사례다. 피식대학은 그 시

절 추억과 흑역사를 떠오르게 만드는 〈05학번이즈백〉, 주변에 있을 법한 중
년 아저씨들의 캐릭터를 잘 살린 〈한사랑 산악회〉 등 디테일한 세계관을 갖
춘 상황극 콘텐츠로 인기를 끌며 새로운 가능성을 보여줬다.

특히 이슈가 된 콘텐츠는 다단계 직원, 카페 사장, 중고차 딜러, 래퍼, 재벌
3세 등 독특한 캐릭터와 비대면 소개팅을 진행하는 〈B대면 데이트〉다. 코미
디언들은 특유의 뛰어난 연기력으로 독특한 캐릭터를 잘 살려 세계관 콘텐
츠를 선호하는 Z세대들의 과몰입을 불렀다. 〈B대면 데이트〉의 대표 캐릭터
인 카페 사장 최준의 첫 번째 데이트 콘텐츠는 400만 조회수를 기록할 정도
로 인기 있으며, 최준(김해준)과 이호창(이창호)은 광고를 휩쓸었다. 콘텐츠와 캐
릭터만 흥한 것은 아니었다. 이들이 만든 세계관 자체도 확장됐다. 〈B대면
데이트〉의 '김갑생할머니김' 본부장 '이호창' 세계관을 살린 김갑생할머니
김 제품이 실제로 출시되기도 했다. 전략적 제휴 공장 시찰 콘셉트의 매일유
업 바리스타룰스 광고, 김갑생할머니김 ESG 경영발표 콘셉트의 대한민국
외교부 '2021 P4G 서울 정상회의' 광고 등 세계관이 녹아들어 콘텐츠처럼
즐길 수 있는 광고들도 눈에 띈다.

세계관이 확장된 또 다른 사례로 '하이에이치아이(Hi)'라는 유행어를 만든
아이돌 '매드몬스터'도 있다. 유튜브 채널 '빵송국'의 '매드몬스터'라는 가상
아이돌도 유튜브 세계관에만 그치지 않았다. 한국 최초로 블록체인 NFT기
술을 적용해 한정판으로 발매한 디지털 싱글이 리셀 마켓에서 4,500달러에
팔렸다거나, 전 세계 60억 명의 팬덤을 갖고 있다는 가상의 설정에 맞장구
를 쳐준 Z세대 덕에 이들의 세계관은 더욱 확장되어갔다. 실제 아이돌처럼
Mnet 〈엠카운트다운〉과 KBS 〈유희열의 스케치북〉 등 음악방송에도 출연

하고, 음원 플랫폼인 멜론에도 음원이 등록되어 있다. 또 글로벌 팬 커뮤니티 플랫폼 위버스(Weverse)에도 매드몬스터의 커뮤니티가 오픈되기도 했다. 유튜브에서 만들어진 가상의 세계관이 엔터테인먼트 업계 전반에 영향력을 미친 것이다.

기존 개그 프로그램에서도 한 코너마다 세계관이 존재했다. 그 코너 내에서 각 캐릭터가 연기하는 것이 곧 하나의 세계관이었다. 하지만 예전에는 이런 세계관이 하나의 개그 프로그램 안에서 끝나곤 했다. 이제는 유튜브라는 플랫폼을 기반으로 하나의 세계관이 확장되어 다른 지상파 TV 프로그램은 물론 실제 제품 출시까지 이어질 정도로 영향을 끼치는 양상을 보여준다.

## :: 조연이었던 내가, 이 세계에서는 주연?

이전 TV 예능 프로그램에서는 서브 MC나 조연 역할을 주로 맡았던 연예인들이 이제는 자신의 캐릭터와 맞는 플랫폼에서 활발히 활동하며 주연으로 떠오르고 있다는 점도 주목할 만하다. 홍진경은 과거 MBC 〈무한도전〉의 '바보 전쟁' 에피소드에서의 '뇌순녀' 이미지를, 2021년 카카오TV 〈공부왕찐천재〉에서 멋지게 승화했다. 〈공부왕찐천재〉는 배움에 목말랐던 홍진경이 자신처럼 자녀 교육에 고충이 많은 학부모, 재미있게 공부하고 싶은 학생들을 위해 시작한 예능이다. 홍진경의 독특하고 솔직한 캐릭터가 웹예능이라는 포맷을 만나 빛을 발했다. 특히 4부에 걸쳐 펼쳐진 '공부 준비' 콘텐츠가 화제였다. 공부하기 전에 문구류도 사고, 책상 정리를 하는 등 공부 시작을 미루기 위해서 핑계를 대는 솔직한 모습이 공부를 해봤던 모든 이들의 큰 공감을 샀다.

달라스튜디오의 웹예능 〈네고왕〉 시리즈에서도 새로운 캐릭터의 MC가 주목받았다. 〈네고왕〉 시즌 1에서 솔직함으로 사랑받은 광희에 이어, 시즌 2의 장영란도 적극적인 소통으로 호평을 받았다. 길거리에서 시민들에게 편안하게 다가가는 모습이나 시청자의 입장에서 사장님들과 과감하게 네고를 하는 모습이 호감을 산 것이다. 〈네고왕〉 시즌 2 마지막 화에서 장영란은 '마흔네 살에 주인공을 처음 해봤다'는 소회를 밝히기도 했다. 기존 TV 프로그램 생태계에서 솔직한 캐릭터는 감초에 그쳤지만, 유튜브나 OTT 플랫폼, SNS 등 콘텐츠 생태계에서는 메인이 될 수 있는 매력적인 요소로 평가받고 있다.

또 TV 프로그램에 나오지 않더라도 Z세대들에게는 막대한 영향력을 미치는 사람들이 있다. 바로 유튜브, OTT 플랫폼, 인스타그램을 통해 새로운 이미지를 보여주고 있는 가수 비비(BIBI), 미노이(meenoi), 이영지다. 우선 비비는 JTBC 디지털 스튜디오 룰루랄라의 웹예능 〈워크맨〉에 한 달에 한 번 제철 알바생으로 등장해 장성규와 다른 친근한 매력으로 Z세대의 인기를 얻었다. 티빙 오리지널 콘텐츠 〈여고추리반〉에도 등장하며 매력 있는 가수뿐만 아니라 재밌고 유쾌한 이미지를 보여주었다. 미노이도 딩고 뮤직의 채널 'dingo freestyle'에서 〈미노이 상담소〉를 운영하며 이전에는 없던 엉뚱하고 독특한 매력을 보여주고 '힙'한 스타로 떠오르고 있다.

마지막으로 이영지는 Mnet 〈고등래퍼3〉의 우승자로 재치 있는 인스타그램 라이브 방송으로 Z세대 사이에서 인기를 끌었다. 밸런스 게임 같이 팬들과 이야기를 나눈 것이 유튜브에 레전드 영상으로 돌아다닐 정도로 인기다. 무물(무엇이든 물어보세요)의 인생 관련 질문에는 진지하게 대답을 해주고, 밤에는 떡볶이를 먹을지, 곱창을 먹을지 물어보는 친근한 모습을 보여주거나, 또 본업인 랩을 할 때는 멋있는 모습을 보여주는 등 라이브 방송을 통해 진솔한 모습을 보여준 것이 인기를 견인한 요소였다.

웹예능이 Z세대 타겟의 주 홍보채널이 되기도 한다. 기존 유튜브 내 웹예능은 팬들을 위한 서비스 개념의 콘텐츠가 주를 이루고 메인 홍보는 TV 프로그램 출연을 통해 진행되었다. 그러나 이제 웹예능은 Z세대에게 효과가 큰 매력적인 홍보채널로 바뀌었다. 스브스뉴스에서 제작하는 웹예능 〈문명특급〉의 '개봉 맛집' 코너에서는 복습 코너를 통해 배우의 이전 필모그래피를 다루고, 예습 코너를 통해 개봉 예정인 작품들을 다루며 배우들의 이야기를 듣는 코너순으로 진행된다. 특히 이 예능은 배우들의 필모그래피 또는 촬영에 대한 에피소드, 연기관에 대해 진지하면서 재미있게 다뤄 배우들이 나오고 싶어 하는 홍보채널이 되었다. 또 과거 컴백하면 TV 음악방송에서 신곡을 소개했다면, 이제는 유튜브에 뮤직비디오나 웹예능을 공개하는 것이 기본이 되었다. 전 세계 누구나 볼 수 있는 글로벌 플랫폼인 유튜브는 오히려 세계 팬들에게 파급력을 미칠 수 있는 주류가 된 것이다.

## ∷ 이제는 OTT 플랫폼 유입을 이끄는 오리지널 콘텐츠

과거 OTT 플랫폼의 오리지널 콘텐츠는 유명한 영화나 드라마를 다 보고 심심풀이로 보았던 것이었다면, 이제는 플랫폼 이용을 주도하는 핵심 콘텐츠가 됐다. 기존 TV 프로그램에서는 볼 수 없었던 다양한 주제와 연출 방법이 화제를 불러일으키고 있다.

기존 연애 프로그램은 새로운 사람들끼리 만나는 설정이 주를 이루었다면, 2021년 화제가 된 것은 이미 헤어진 커플, 또는 헤어지는 걸 고민하는 커플이 등장하는 예능이다. 티빙 오리지널 〈환승연애〉는 다양한 이유로 이별한 남녀 각 4명이 등장하는 연애 프로그램이며, 카카오TV 오리지널 〈체인지 데이즈〉도 이별을 고민 중인 세 커플이 등장하는 자극적인 소재를 다루었다. 방영 전에는 자극적인 콘셉트로 '나만 유교걸이냐' 등 우려 섞인 반응도 많았으나, 막상 시작하니 헤어진 커플의 대화나 새로운 인연을 만나는 과정에 공감된다는 반응이 주를 이루며 수많은 과몰입러가 양산되고 있다.

OTT 플랫폼의 오리지널 콘텐츠에 새로운 시도가 눈에 띈다. 예능에서 '유니버스'가 등장한 것이다. 바로 tvN 〈DTCU(DaeTalChul Universe−대탈출 유니버스)〉다. 기존 드라마나 영화에서 만든 세계관과 유니버스는 계속 있어왔다.

미국 인기 드라마 〈빅뱅이론〉의 주인공 셸든 쿠퍼가 어렸을 때의 이야기를 담은 〈영 셸든〉이라는 스핀오프 드라마가 있다. 〈빅뱅이론〉 내 성인 셸든이 단순히 만화를 좋아하는 캐릭터로 나온다면, 〈영 셸든〉에서는 셸든이 어떻게 만화를 좋아하게 되었는지 서사를 소개하며 팬심을 자극한다. 또한, 영화에서도 마블 시네마틱 유니버스와 같이 하나의 세계관을 공유하는 시도가 있어왔다. 이런 세계관 개념을 예능에 접목한 사례가 바로 〈DTCU〉이다. 대탈출 유니버스에서 〈대탈출〉과 〈여고추리반〉은 세계관을 공유한다. 각각 다른 예능이지만 수면제인 '졸리G' 아이템과 인물도 동일하게 등장한다. OTT 플랫폼 오리지널 웹예능의 새로운 시도에 시청자는 더 흥미를 느끼고 있다.

# 하나로
# 정의할 수 없는 나

대학내일20대연구소는 2019년 MZ세대 트렌드 키워드의 하나로 '마이싸이더*'를 꼽았다. 사회가 정의한 성공의 기준에서 행복을 찾는 것이 아니라 평범해도 내가 좋아하고 잘하는 것에서부터 행복을 찾는다는 뜻이다. 지금도 이러한 트렌드는 이어지고 있다. 최근 여러 개의 직업을 가진 사람들이 많아졌다. 회사원이자 인플루언서이자 콘텐츠 크리에이터처럼 말이다.

'텔레비전에 내가 나왔으면 정말 좋겠네'는 이제 옛말이다. 텔레비전 외에도 인스타그램, 틱톡, 유튜브 등 나의 개성을 발휘할 수 있는 플랫폼이 많아졌다. 이런 채널에서 주목받아 TV프로그램에 출연하는 흐름도 나타나고 있다. 물론 TV에 출연을 안 해도 상관없다. 솔직하고 진실한, 그리고 다양한 삶에 대해 관심이 많고, 이에 대한 공감을 하는 사람이 늘어났으며, 자신들의 삶, 그리고 작품들을 세상에 공개한다.

---

● '마이싸이더[My(나의)+Side(〜을 중심으로 한)+er(사람)]. 내 안의 기준을 따르고 세우는 MZ세대의 트렌드를 정의한 키워드

## :: 경계가 없어진 일반인, 인플루언서, 연예인, 연출가의 구분

과거 '재재'가 처음 '연반인(연예인+일반인)'이라는 단어로 자신을 소개했다. 처음에는 이 단어가 생소했지만, 이제는 연반인 수식어를 붙일 만한 사례들이 많아졌다. 일반인이나 인플루언서가 TV에 나오는 것, 또 연예인이 유튜브에 나오는 것이 더 이상 특별한 일이 아니게 되었다. 연예인이 유튜브 채널을 개설하고, 일반인 및 인플루언서가 TV 프로그램의 MC를 맡거나 출연하는 게 자연스러운 일이 됐다.

MBC〈아무튼 출근!〉이라는 프로그램이 있다. 유튜브의 인기 콘텐츠 유형 중 하나인 '직장인 브이로그'를 TV로 옮겨온 프로그램이다. 출근부터 실제 업무를 하는 모습까지, 브이로그 형식으로 보여주며 회사 및 직무를 소개하기도 한다. 이전에는 연예인이 직업을 체험하는 예능이 주를 이루었지만, 〈아무튼 출근!〉은 다양한 직업을 가진 일반인들이 직접 자신의 직업 및 직장을 소개하고, 이들의 리얼한 일상을 볼 수 있다는 점에서 MZ세대의 호응을 받고 있다. 이처럼 Z세대는 직접 그 삶을 살아가고 있는 사람의 일상이 담기는 것에 더 공감한다.

반대로 TV에서 먼저 주목을 받고, 유튜브 채널을 만든 사례도 있다. 바로 MBC〈전지적 참견 시점〉에서 먹방으로 유명해진 개그우먼 홍현희의 시매부 '천뚱'이다. 그는 TV 출연 이후, 바로 유튜브 채널 '천뚱TV'를 개설했다. 억지로 연출된 상황이 아닌 좋아하는 음식을 맛있게 먹는 것이 인기 비결인 먹방 콘텐츠로 개설 3개월 만에 72.2만 명(2021.08.15기준)이 구독하는 채널로 성장했다.

또한, 이달의 소녀 '츄'의 채널인 '지켜츄'에서 환경 보호 콘텐츠 중 하나로 구제 매장에서 스타일링하는 콘텐츠를 진행했는데, 해당 콘텐츠에 유튜버 'Free지아'가 등장해 코디를 해준다. 이처럼 연예인과 인플루언서가 협업해서 만드는 콘텐츠도 증가하고 있다. 정해진 활동 범위가 아닌 다양한 플랫폼에서 일반인, 인플루언서, 연예인, 연출가의 구분 없이 그 사람의 개성을 발휘한 콘텐츠가 만들어지는 사례들이 더욱 늘어날 것이다.

## :: 1인 크리에이터가 만드는 예능과 드라마

2021년 MZ세대 사이에서 화제가 되었던 〈가짜사나이2〉, 〈머니게임〉, 〈이과장의 좋좋소(이하 좋좋소)〉, 〈반차〉 등 콘텐츠의 공통점은 1인 크리에이터가 만들어 유튜브에 공개한 콘텐츠라는 것이다.

웹예능 〈가짜사나이2〉는 유튜브 채널 '피지컬갤러리'에서 제작했다. 유튜브 콘텐츠에서 시작해 영화로도 만들어진 웹예능으로, 모든 교관이 특수부대 출신으로 구성된 보안컨설팅업체 '무사트'에서 교육하는 UDT 특수훈련 과정을 체험하는 프로그램이다. OTT 플랫폼인 왓챠에 웹예능 확장판, 제작 비하인드, 영화까지 모두 공개되어 있다. 이어 〈머니게임〉은 동명의 웹툰 〈머니게임〉을 바탕으로 유튜버 진용진이 기획한 웹예능으로 밀폐된 공간에 모여 2주 동안 한정된 생활비를 나눠 사용하며, 최후에 남은 사람이 남은 금액을 상금으로 나눠 갖는 서바이벌 형식이다. 1회부터 8화까지 모든 회차가 500만 조회수를 넘을 정도로 화제였다. 기존 TV 프로그램과 차별화되는 참신한 기획이 인기 요인이었다. 다만 두 웹예능 모두 출연진 관련 논란 등의 리스크 관리는 해결해야 할 숙제로 남았다.

〈좋좋소〉와 〈반차〉는 현실에 가까운 이야기가 주는 처절한 공감으로 인기를 얻은 웹드라마이다. 〈좋좋소〉는 여행 유튜버 '빠니보틀'이 기획하고 연출한 콘텐츠로 중소기업에서 일어나는 상황들을 현실적으로 담아냈다. '내가 겪었던 중소기업 면접이랑 똑같다', '현실고증 대박이다'라는 MZ세대의 공감 댓글을 쉽게 찾아볼 수 있다. 〈좋좋소〉도 유튜브뿐만 아니라 OTT 플랫폼 왓챠에서 확장판을 볼 수 있다. 또한, 〈반차〉는 재테크 유튜버인 '신사임당'이 기획한 부동산 드라마로 1화는 예비 신혼부부가 집을 구하는 과정을 담았다. 남자친구 혼자 반차를 내고 부동산을 찾아가는 것으로 시작한다. 이는 첫 부동산 거래를 앞둔 사람이라면 간접 경험을 위해 추천하는 콘텐츠라는 후기가 많다. 두 웹드라마 모두 TV 프로그램에서는 다루지 않는 참신하면서도 현실적인 주제로 MZ세대의 공감을 샀다.

또한, 유튜버가 제작한 콘텐츠는 배우 오디션 장면, 대본 작성 및 리딩부터 비하인드 방송까지 A to Z를 볼 수 있는 파생 콘텐츠도 공개하는 경우가 많다. 여행 유튜버 '여락이들'은 작년에는 〈인도행 티켓〉, 올해는 〈열아홉, 로그아웃〉이라는 웹드라마를 제작하며 제작하는 과정부터 그 과정에서 어려웠던 점도 콘텐츠로 승화했다. 이는 팬들에게 드라마를 보며 공감하게 해주고, 몰입감을 주며 콘텐츠에 집중하게 만들었다.

이 같은 웹예능과 웹드라마는 방영 시간이 짧아 집중도 있게 볼 수 있으며, TV 드라마나 예능에서 다루기 힘든 소재와 연출 방식도 인기 요인 중 하나다. 유튜브뿐만 아니라 OTT 플랫폼에서도 확장판이 공개되며 콘텐츠 크리에이터가 창작한 것에 대한 신뢰도가 과거에 비해 증가하고 향후 결과물에 대한 기대도 높아졌다. 그리고 현재 웹예능 〈머니게임〉의 기획자, 유튜버 진용진이 기획에 참여한 〈피의 게임〉이 MBC를 통해 방영 예정이다. TV 프로그램에 단순히 출연하는 것을 넘어, 프로그램 기획에도 참여하며 1인 크리에이터들의 참여 영역이 넓어지고 있는 것을 확인할 수 있다.

# 결론

## 예측 01. 시간: 과거–현재–미래 폭넓은 시각으로 콘텐츠를 만들어야 한다

어떤 콘텐츠와 인물이 언제 어떻게 뜰지 모르는 알고리즘의 시대이다. 잘 만들어진 콘텐츠, 또는 Z세대가 공감하는 코드나 취향을 잘 녹인 콘텐츠는 결국에는 알고리즘을 탄다. 과거의 잘 만들어진 콘텐츠들이 레전드 영상으로 올라와 인기 영상이 되는 것만 봐도 그렇다.

그러나 과거 그대로의 콘텐츠를 좋아하는 Z세대도 있지만, 현재의 감성을 더한 것이 더 인기인 경우가 많다. 그 예로, 런닝맨 콘텐츠 중에 제목에 ZIP을 붙인 것들이다. 'ZIP'은 데이터를 압축한 파일을 뜻하는 확장명이다. 이를 적용하여 〈형을 다질 순 없잖아.ZIP(feat.꾹이의 드립)〉, 〈모를 땐 재석이형.zip〉 등 각각 다른 회차이지만 같은 상황끼리 모아 놓은 콘텐츠들을 즐기는 모습이 보인다. 그리고 편집자가 재밌는 한 마디를 더하는 자막, 이 콘텐츠를 본 사람들의 댓글 반응을 통해 더 즐겁게 콘텐츠를 소비하고 있다.

그렇다면 앞으로 콘텐츠를 어떻게 만들지 궁금증이 생길 것이다. 콘텐츠를 기획하는 단계부터 설정이 필요하다. 이전에 만들어진 것, 현재 만들고 있는 것, 앞으로 어떻게 진행될 것인지에 대한 설정이 섬세해야 한다. 스토리의 디테일, 앞으로 진행 방향의 단서가 되는 떡밥 등을 미리 기획하고 콘텐츠 방영을 시작해야 한다. 이렇게 만들어진 콘텐츠는 시청자로 하여금 더 몰입하게 만들고, 향후 미래의 스토리를 추측하게 만든다. tvN 〈응답하라 시리즈〉는 여주인공의 남편을 찾는 과정을 그린다. 마지막 회에 여주인공의 남편이 누구인지가 밝혀질 때까지 한 회 한 회 시청자들은 떡밥을 찾아 추리를

—
SBS 런닝맨 유튜브에서 제공하는 zip 콘텐츠 및 댓글로 회차 정보 제공_런닝맨–스브스 공식 채널 유튜브

이어 나간다. 이렇게 몰입감 있는 스토리 진행은 콘텐츠 팬덤이 만들어지는 여러 조건 중 하나임이 분명하다.

## 예측 02. 공간: 받아들이는 공간의 영역이 넓어진 MZ세대

대학내일20대연구소는 2020년 MZ세대 트렌드 키워드의 하나로 '판플레이[*]'를 꼽았다. 그리고 2021년 키워드로는 '컨셉친[**]'을 꼽았다. MZ세대는 2020년부터 하나의 판을 새롭게 만드는 것, 그 판에서 정해진 콘셉트를 지켜 소통하는 것을 즐거워하고, 그 콘셉트에 과몰입해왔다. 과거 하나의 플

● 판플레이[판 (놀 거리의 집합) + Play (놀다)] 참여할 수 있는 '판'을 열고 노는 MZ세대의 트렌드를 정의한 키워드

●● 컨셉친[Concept (콘셉트) + 親 (친구)] 취향에 맞는 콘셉트 세계관 속에서 콘텐츠로 소통하는 MZ세대의 모습을 정의한 키워드

김갑생활머니김 이호창 본부장이 김 공장 시찰하며 상품 출시 예정이라는 콘텐츠 및 성경김 네이버스토어와 구매 후기_피식대학 유튜브, 성경김 네이버스토어

랫폼, 하나의 콘텐츠 안에 세계관이 머물렀다면, 이제는 그 콘텐츠 속 콘셉트와 세계관이 인정받는 범위가 확장되고 있다. 예를 들어, 유튜브 영상 중 〈ASMR 여왕 컨셉으로 공부하기〉를 보면서 여왕 세계관에 빙의되어 공부를 하다가도 그 콘텐츠를 닫고 나오면 그 콘셉트는 끝나는 것이다. 그러나 이제는 다르다. 유튜브 콘텐츠를 닫고 플랫폼 밖으로 나오더라도 이들이 만드는 세계관이 인정받는다. 다른 플랫폼의 콘텐츠끼리 세계관을 공유하는 것이 받아들여지고, 더 나아가 현실로 넘어와서 실제 시장에서 판매하고 있는 제품에서도 같은 콘셉트를 찾아볼 수 있다. 이 콘셉트를 존중해주는 것이 힙하게 되었다.

유튜브에 '매드몬스터'를 검색하면 다양한 매체에 출연한 영상이 다 나온다. 매드몬스터를 만든 유튜브 채널 빵송국에서는 신곡 녹음 현장을 공개하고, 음악 방송에도 출연하며, 유튜버 비디터VIDITOR가 제작한 〈매드몬스터_내루돌프_댓글모음〉 콘텐츠도 찾아볼 수 있다. 실제로 아이돌들이 찍는 영상들이 올라오는 것이다. 유튜브를 통해 정교한 세계관을 만들기 쉬워졌으며, 또한 이 세계관이 현실을 넘어 확장되기도 쉬워졌다. 다수의 인정과 호응을 받은 세계관은 현실과 비슷하다. 앞으로 만들어질 현실과 비슷한 어떤 세계관이 만들어질지 더욱 기대된다.

# 4

## 현 시대를
## 관통하는 감각
## : ESG 감수성

생존과 공존을 위한
MZ세대의 환경 감수성과
다양성 존중

▼

2017년에 정의로운 예민함으로 세상을 바꾸려고 노력하는 MZ세대의 특성을
'화이트불편러'라는 용어로 설명한 적이 있다. '불편러'는 별것도 아닌 일에
과하게 반응하는 사람을 부정적으로 지칭하는 의미가 담겨 있긴 했지만
한편으로는 불편러가 많아서 긍정적인 면도 있었다. 이런 불편함 속에서 사회
문제가 제기되고 해시태그 운동, 불매 운동과 같은 MZ세대의 사회 참여를
이끌어냈기 때문이다. 2021년에는 불편함이나 예민함 대신 감수성이라는
단어가 많이 쓰이고 있다. 감수성의 사전적 의미는 '외부 세계의 자극을 받아들
이고 느끼는 성질'이다. 상대방과 내가 다른 생각을 하고 있을 때 그것을
'불편해한다'고 여기지 않고 서로의 감수성이 다르다고 받아들이는 시대가
다가오고 있다.

최근에는 사회적 감수성, 언어 감수성, 인권 감수성 등 특정 주제를 앞에 붙이며,
그 주제에 민감하게 반응하고 잘 이해하는 정도를 설명하는 용도로 사용된다.
이를테면 언어 감수성이란 어떤 단어나 표현을 사용할 때 청자가 어떻게 받아들
일지에 대해 생각하고 조심하는 것을 의미한다. 지금부터는 MZ세대가 중요하게
여기는 감수성에 대해 이야기하려 한다. 미래의 지속가능성을 위한 일이 아닌
현재 생존의 문제로 다가온 환경 감수성이 그 첫 번째이며, 소외된 사람 없이
모두가 공존할 수 있는 다양성 존중과 사회적 감수성이 그 두 번째이다.

## 지속 가능성 아닌
## 생존 가능성

최근 이상 기후 현상이 세계 곳곳에서 관찰되고 있다. 2021년 여름, 폭염으로 인한 유례없는 대규모 산불이 세계 곳곳에서 일어났다. 캐나다에서는 50도가 넘는 폭염에 수백 명이 사망했으며, 한 해안가에서는 해양 생물이 최소 10억 마리 폐사한 것으로 추산됐다. 하얀 눈과 얼음이 가득하던 북극권 지역의 변화도 심상치 않다. 추운 지역으로 유명한 시베리아에서는 남한 면적의 1.6배가 되는 규모의 숲이 불타 사라졌다. 국토의 85%가 얼음으로 뒤덮여 있는 그린란드는 단 하루 동안 녹아내린 얼음의 양이 약 85억 톤을 기록했다.˙ 많은 기후 전문가들이 더 이상 기후 변화는 미래를 위한 경고가 아니라고 말한다.

우리도 환경이 지금 당면한 우리의 이야기라고 느낀다. 친환경은 이제 생존을 위한 일이며, 일상의 매 순간 챙겨야 하는 의무다. 그리고 그 의무는 제

---

˙ 〈지난달 27일 그린란드 얼음 하루만에 85억t 녹았다〉, 동아사이언스, 2021.08.01

품·서비스를 제공하는 기업에게도 마찬가지로 요구된다. 그럴듯해 보이는 마케팅이 아니라 생산 단계에서부터 기업이 책임질 것을 요구하는 목소리가 커지고 있다.

## :: 일상에서 즐기는 MZ세대만의 환경 지키기

《밀레니얼-Z세대 트렌드 2021》에서 MZ세대의 사회 참여 행동 중 하나로 '용기내 캠페인'을 소개한 바가 있다. 다회용기의 '용기'와 겁내지 않는다는 의미의 '용기'를 모두 떠올리게 하는 이름의 이 캠페인은 대형 마트에서 장을 볼 때 챙겨온 다회용기에 담아 달라고 요청해 일회용 포장재 사용을 줄이자는 취지를 담고 있다. 보통 챌린지 형식의 사회 참여는 단기간 진행되는 게 일반적이다. 하지만 이 용기내 챌린지는 시작한 지 1년도 넘게 지난 지금, 잊혀지기는커녕 대형 마트를 넘어 식당·카페 등 일상적으로 방문하는 곳에서 실천할 수 있는 일상적인 친환경 행동의 하나로 자리 잡았다. 인스타그램에 '#용기내' 해시태그를 검색해 보면 떡볶이, 케이크, 빵, 김밥 등이 다회용기에 담겨 있는 인증샷이 한가득 올라와 있다. 해물찜, 피자, 아이스크림처럼 다양한 배달 메뉴에 도전하듯이 참여하는 유튜브 브이로그도 심심치 않게 볼 수 있다. 이들은 후기 끝에 음식 종류에 따라 적합한 용기 재질이나 용량을 정리해 올리거나, 배달앱의 사진 후기를 미리 보고 반찬의 구성과 크기를 가늠한 후 맞는 용기를 챙겨 가라는 팁을 공유하기도 한다. 용기내 챌린지를 받아주는 프랜차이즈나 식당, 카페를 리스트업하기도 한다. 다회용기 포장에 도전한 후기 콘텐츠가 또 다른 MZ세대의 실천 계기가 되는 자발적인 선순환을 통해 챌린지가 일상에 자리 잡게 되었다.

직접 챙겨온 다회용기에 음식을 포장한 모습_제트워크 3기 참여자 홍다슬 제공

"불필요한 이메일을 바로바로 삭제하고, 유튜브를 볼 때 일부러 저화질로 시청해요. 웹사이트나 SNS를 볼 때는 다크모드를 이용해요."

무슨 이야기인가 싶겠지만 MZ세대 사이에서 새롭게 떠오르고 있는 친환경 행동이다. 오프라인보다 온라인에서 더 많은 시간을 보내는 MZ세대는 인터넷 사용 환경을 바꾸어 친환경을 실천하는 방법인 '디지털 환경 보호'에도 관심을 갖는다. 우리가 인터넷을 사용할 때 데이터 센터에 연결이 되는데, 이 곳의 발열을 식히는 과정에서 막대한 양의 이산화탄소가 발생하기 때문이다. 앞서 이야기한 대로 이산화탄소 발생량을 조금이라도 줄이기 위해 이메일이나 웹하드에 올린 자료를 삭제하고, 영상 콘텐츠를 저화질로 시청하는 불편도 감수한다. 사소한 성취에 보람을 느끼는 MZ세대가 일상에서 단 몇 초만 투자하면 되는 이 쉽고 가벼운 친환경 행동을 지나칠 수 있을 리가 없다.

여가를 즐기며 할 수 있는 친환경 행동이 '힙한' 트렌드로 떠오르기도 한
다. 달리거나 걸으면서 길가의 쓰레기를 줍는 '플로깅(또는 줍깅)'과 해변(beach)
을 빗질한다(combing)는 뜻을 가진 '비치코밍'이다. 비치코밍은 바다에 떠내
려온 쓰레기를 줍는 것을 의미한다. 둘 다 외출할 때 가방 안에 재활용 가능
한 봉투와 집게, 장갑만 담으면 준비는 끝이다. 등산이나 조깅, 여행과 같은
여가를 즐기면서 10~20분 정도 가볍게 하고 나면 오염의 심각성도 깨닫고
환경을 지켰다는 뿌듯함도 얻을 수 있어 실천하는 사람들이 늘고 있다.

실제로 대학내일20대연구소에서 MZ세대가 실천하고 있는 친환경 행동
을 조사한 결과, 앞서 소개한 '디지털 환경 보호'는 40.2%가 실천 경험이 있
다고 응답했다. 적극적인 행동이 수반되는 용기내 챌린지 같은 '환경 관련
챌린지·캠페인(21.5%)'과 플로깅 같은 '친환경 레저 활동(10.2%)'의 경험률은
높진 않았다. 하지만 향후 실천 의향은 '환경 관련 챌린지·캠페인'은 47.3%,
'친환경 레저 활동'은 31.0%로 경험률보다 2배 이상 높았다. 일상에서 사회
참여를 즐기는 MZ세대에게 환경 관련 챌린지와 친환경 레저 활동은 매력
적인 친환경 행동인 것이다.[*]

"완벽한 비건 1명보다 불완전한 비건 지향인 100명이 더 가치 있다."[**]

환경을 위해 주 1회 채식을 하고 있다는 Z세대의 실천 계기는 어떤 인터
넷 글에서 본 단 한 마디였다. 내가 환경을 위해 많은 것을 포기하거나 바꾸

---

● 〈2021 MZ세대 친환경 실천 및 소비 트렌드〉, 대학내일20대연구소, 2021.08.19

●● 〈나의 비건 라이프〉, 엘르코리아, 2020.04.10

지 않아도, 내가 하는 행동이 세상을 바꿀 만큼 대단한 일이 아니라도 괜찮다. 모두가 같은 마음으로 조금씩 실천한다면 큰 변화를 가져올 수 있음을 믿는다. 직접 용기를 가져가서 음식을 포장해오거나, 좋아하는 음식을 일주일에 한 번쯤은 포기하는 것, 그리고 여가 생활을 즐기면서 환경을 위해 약간의 노력을 투자하는 것. MZ세대는 완벽한 환경주의자가 아니더라도 괜찮다는 생각으로 일상 속에서 하나둘 친환경을 위한 재미있는 도전을 하고 있다.

## :: 친환경, 그게 최선인가요?

환경 문제가 생존의 문제로 여겨지고 MZ세대에게도 친환경 행동이 일상이 된 만큼 기업들도 소비자의 눈높이에 맞춰 친환경 경영 활동에 적극적으로 나서기 시작했다. 기업들이 가장 많이 신경 쓰는 부분이 바로 제품 용기의 개선이다. 포장이나 제품 용기 개선을 통해 소비자에게 직관적으로 친환경 경영 활동을 보여줄 수 있음은 물론이고, 실제 MZ세대도 분리배출과 같은 친환경 활동에 가장 적극적으로 참여하고 있기 때문이다. 대학내일20대연구소의 친환경 행동 관련 보고서에 따르면 일상 속에서 한 번이라도 실천해본 환경 보호 행동은 '분리배출'이 80.3%로 가장 많았고, 이어서 '일회용품 줄이기'가 74.3%로 나타났다.[***] 이에 따라 기업에서도 포장 및 제품 용기의 개선에 노력을 기울이고 있다. 제품 용기를 친환경 소재로 바꾸기도 하

---

●●● 〈2021 MZ세대 친환경 실천 및 소비 트렌드〉, 대학내일20대연구소, 2021.08.19

고, 식품 배송은 물을 얼린 친환경 보냉팩을 사용한다. 음료에 빨대나 비닐 라벨을 제거하며, 택배를 보낼 때 종이 테이프나 생분해 비닐을 이용하기도 한다. 이처럼 용기나 포장재를 바꾸는 것 외에도, 소비자에게 기업의 친환경 활동을 인식시키기 위하여 자사 제품을 재활용한 '업사이클링 굿즈'를 만들 거나 공병 수거 캠페인을 하는 마케팅도 많아졌다.

   과거 같으면 이런 친환경 경영 활동에 나섰다는 사실만으로도 박수 받았 겠지만, 지금은 되려 논란이 되는 경우도 생겼다. MZ세대 소비자들의 눈높 이가 높아지면서 기업의 친환경 경영 활동을 평가하는 기준도 깐깐해졌기 때문이다. MZ세대 소비자들은 기업의 친환경 마케팅을 꼼꼼히 검증하며 환경에 크게 도움이 되지 않고 소비자에게 주목받기 위한 목적이 더 컸던 기 업 마케팅 사례를 문제 삼기도 한다. 용기를 개선했다는 제품이 알고 보니 다른 재질이 포함된 일체형 용기라 재활용이 되지 않는다거나, 재활용 목적 으로 수거한 공병이나 제품의 활용처를 명확히 밝히지 않는 기업이 이슈가 되었다. 또 한 IT 기업에서는 생산 제품의 충전기를 제품 박스 구성에서 제 외하게 됐는데, 탄소배출량을 줄이기 위한 결정이라고 발표했지만 소비자 의 반응은 차가웠다. 충전기가 빠졌음에도 제품의 가격이 크게 달라지지 않 았기 때문이다. 비용 절감을 위한 행동을 환경을 위한 것처럼 포장했다는 비 판을 받았다. 이처럼 기업이 환경과 무관한 결정을 마치 환경을 위한 것처 럼 포장하거나 실제 들였던 노력보다 과장해서 홍보하는 행위를 그린워싱 (Greenwashing)이라 한다.

   2021년에는 친환경 마케팅이 늘면서 친환경 굿즈도 많이 출시되었다. 제 로웨이스트 라이프를 돕는 에코백, 텀블러, 다회용 빨대를 굿즈로 제공하거나, 여기서 더 나아가 페트병을 재활용해서 만든 의류나 소품, 플라스틱 쓰레기가 발생하지 않는 고체 샴푸나 세제를 증정하는 경우도 있었다. 또 소비자가 공병이나 병뚜껑을 가지고 오면 폐플라스틱을 녹여 만든 키링이나 튜브짜개를 증정하여, 일회용품이 순환되는 과정을 직접 경험할 수 있도록 하는 체험형 마케팅도 인기였다. 이렇게 MZ세대가 선호하는 마케팅 방법 중 하나인 굿즈나 체험 행사를 활용한 친환경 마케팅은 기업의 친환경 활동을 효과적으로 인식시켰다.

하지만 앞으로도 이런 친환경 굿즈 마케팅이 유효할지는 미지수다. MZ세대 소비자가 생각하는 친환경의 기준이 점점 더 높아지고 있기 때문이다. 굿즈에 대한 인식도 변하고 있다. 환경적으로, 환경을 위해 만들었다 해도 그 물건이 필요 이상으로 많아지면 결국 다시 환경을 해친다. 또 굿즈란 대개 일정 기간에만 얻을 수 있는 이벤트성이 짙어 불필요한 소비를 자극하기도 한다. 최근 친환경 빨대 도입, 일회용 컵 없는 매장 도입으로 MZ세대의 호응을 얻은 한 커피 전문 브랜드가 그린워싱 논란에 휩싸인 것도 주기적으로 출시하는 굿즈 때문이었다. 쓰레기를 재활용해 새로운 제품을 만들어내는 업사이클링 굿즈도 마찬가지다.《플라스틱은 어떻게 브랜드의 무기가 되는가》(김병규 지음, 미래의창)에서 저자는 기업이 홍보용으로 만드는 업사이클링 굿즈가 기업 이미지에는 도움이 될지 몰라도, 환경에는 도움이 되지 않는다고 말했다. 재활용 제품을 만들어도 기업이 배출하는 재활용 불가 쓰레기가 더 많다면 그린워싱이나 다름없다는 이야기다. 잠깐의 이벤트성 제품을 만드는 것보다, 이미 팔리고 있는 제품을 재활용 가능하도록 바꾸는 것이 더 중요하다는 인식이 자리 잡고 있다.

S

뭔가 순서가 뒤바뀐거 같어
기업들이 제품을 만들때부터 재활용하기 쉽게
만들어야 정상 아닌가

👍 4.4천　👎　　📋 60　　　　⋮

답글 60개

P

기업과 정부는 조금도 변하지 않았으면서 책임은
전부 소비자에게 떠넘기는 식임.
일반인이 재활용 가능 비닐과 그냥 연료용 비닐을
어떻게 구분하냐? 이제는 소비자가 소재까지
외우고 다녀야 함?

👍 101　👎　　📋　　　　⋮

소비자에게 올바른 분리배출을 요
구하기 전에 기업과 정부가 생산 과
정에서부터 책임져야 한다는 댓글_
스브스뉴스 유튜브

　재활용률을 높이기 위한 분리수거 방법이 여러 차례 개선되었지만 여전히 분리수거는 까다롭고 어렵다. 많은 기업이 페트병을 둘러싸고 있는 라벨을 쉽게 분리하기 위해 접착식이 아닌 절취식으로 개선했지만, 절취선을 따라 뜯어도 제대로 뜯어지지 않는 경우가 많아 결국 칼이나 가위를 이용하게 된다. 또 플라스틱은 하나하나 설거지해서 버려야 재활용률이 높아지는데 빨간 양념은 쉽게 지워지지 않아 햇빛 설거지*를 해야 한다. 올해 들어 올바른 분리배출법을 소개하는 콘텐츠가 많아졌는데 각각 주장하는 바가 다른 것도 문제다. 어떤 영상에서는 페트병과 페트병 뚜껑을 분리해 유색 플라스

---

● 햇빛이 잘 드는 곳에 플라스틱 용기를 두면 산화 작용이 일어나 빨간 양념 자국이 없어지는데 이 과정을 설거지에 비유한 단어이다

틱과 투명 플라스틱을 따로 모아야 한다고 하는데, 어떤 영상에서는 페트병의 오염을 방지하기 위해 뚜껑을 닫은 채로 버리라고 한다. 분리배출 표시가 되어 있어서 그동안 플라스틱으로 분류했는데, 사실 재활용되지 않는 제품 용기에 대한 정보도 많다. 이렇다 보니 분리수거법을 알려주는 영상에는 '왜 소비자가 그것을 다 기억하고 실천해야 하는 건지' 불만을 토로하는 댓글이 많다. 애초에 정부는 재활용률을 높이기 위한 가이드라인을 제정하고, 기업은 가이드라인에 따라 재활용되기 좋은 제품을 생산하면 될 일이라는 것이다. 이처럼 기업의 본질적인 구조 개선에 대한 목소리가 커지고 있다. 기업이 먼저 노력하는 부분 없이 소비자의 참여를 독려하는 캠페인, 마케팅에만 전념한다면 소비자에게 책임을 전가하는 것으로 오해를 받을 수 있다.

## :: 용기를 시작으로, 유통까지 완전하게

친환경은 마케팅만의 영역이 아니다. 아무리 캠페인을 잘 만들어도 기업의 본질적인 구조 어딘가에 반(反)환경적인 부분이 있다면 친환경 브랜드로 인지되기 어렵다. 소비자에게 진정성을 인정받기 위해서는 기업이 다소 손해를 보더라도 생산 및 경영 구조를 개선하는 움직임을 보여야 한다. 화장품 브랜드 아로마티카는 소비자의 요구나 법적 규제가 있기 전부터 자사의 제품을 재활용 가능한 용기로 바꾸는 데 힘쓴 브랜드다. 재활용 가능 플라스틱과 유리로 만들어진 모든 제품의 용기에는 '재활용 우수'가 적혀 있다. 분리배출을 위해 노력하는 소비자를 위해 모든 용기에는 구성요소별 소재와 분리배출 방법을 기재하고 QR코드를 달아 영상으로 쉽게 확인할 수 있도록 했다. 자사 쇼핑몰에서도 제품 사진 다음으로 바로 나오는 정보가 재활용에

제품 상세 페이지에 용기 구성 요소
별 분리 배출 방법을 소개하고 있다_
아로마티카 홈페이지

대한 안내인데, 링크를 누르면 용기 제조 과정과 분리배출 방법을 더 자세하게 안내해 재활용에 진심인 모습을 느낄 수 있다.

제품 판매 수익의 일부를 취약 계층에 기부하는 화장품 브랜드 시타는 초등학생이 던진 질문 하나로 아예 화장품 생산을 중단했다. "시타는 지구에게도 좋은가요?"라는 질문을 통해 미래 세대를 위한 환경에 관심을 갖게 되었고, 재활용이 어려운 플라스틱 튜브 대신 모든 상품을 친환경 소재로 대체하기 위한 결정이었다. 따라서 기존에 남아 있는 재고를 모두 할인 판매하고 수익금은 해양 단체에 기부하기로 결정했는데, 큰 할인 폭과 환경을 위한 과감한 결정이 화제가 되었다. 시타는 모든 제품의 판매를 중단했다가, 지난 9월 100% 생분해 수지 원료로 만든 용기를 선보여 화제를 모았다.

최근 식품업계와 유통업계에서도 환경을 위한 새로운 변화가 일어났다. 유통기한 대신 소비기한을 표시하는 법률 개정안이 국회 본회의를 통과한 것이다. 소비기한이란 표시된 보관 조건을 준수했다는 가정하에 소비자가 식품을 먹어도 안전에 이상이 없다고 판단되는 최종 기한을 의미한다.[●] 유통기한은 소비자에게 '판매'가 허용되는 기간이기 때문에 소비기한이 더 길다. 식품업계에 따르면 두부와 우유는 유통기한 14일이 소비기한으로 변경될 경우 17일로 늘어나고, 액상 커피는 77일에서 88일로, 슬라이스 치즈는 180일에서 205일로 늘어날 것이라 예상했다. 실제 소비 기간이 늘어나는 만큼 이유 없이 버려지는 음식은 줄어들 전망이다. 그동안은 유통기한이 경과하면 판매처에서 음식의 상태와 관계없이 폐기를 했기 때문이다. 또 소비자들도 유통기한이 소비기한과 같지 않다는 것은 알지만, 얼마나 지난 것까지 괜찮을지 판단할 수 있는 기준이 없어 찝찝한 마음으로 유통기한이 지난 음식물을 버려왔다. 변질된 음식을 먹을 수 있다는 우려의 목소리도 있지만, 환경을 생각하면 좋은 결정이라는 긍정적인 반응이 많았다. 가정에서도 구매한 음식의 명확한 소비 기준을 알고 소비할 수 있기 때문이다. 이처럼 편리함이나 안전이 우선시되던 영역에서도 환경을 중시하는 움직임이 점점 커지고 있다. 환경이 인류의 생존을 위협하고 있기 때문이다.

버려지는 음식에 대한 문제의식과 관련해 최근 GS리테일은 당근마켓과 협업하여 마감할인판매 서비스를 시작했다. 당근마켓 '내 근처' 메뉴에서 'GS마감할인'을 입력하면 내 위치 근처에 유통기한이 임박한 상품의 할인 정보가 떠서 원하는 제품을 선택할 수 있다. 해당 제품을 결제하면 매장에서

---

● 〈소비기한 표시제 도입 및 편슈머 식품 판매 금지〉, 식품의약품안전처 보도자료, 2021.07.26

제품을 수령할 수 있는 QR코드를 전송받고, 매장에서 QR코드를 활용해 수령한다. 업계 입장에서는 폐기되는 제품을 줄일 수 있고 소비자는 저렴하게 구매하면서 환경을 위할 수 있다는 점에서 긍정적인 반응을 얻었다.

# '보통 사람들'을
# 응원하다

ESG 경영이 화두로 떠오르기 이전에도 기업은 환경과 사회에 기여하는 의무를 지고 있었다. 환경은 생존을 위해 그 중요성이 점점 커지는 중이고, 사회적 기여는 인권, 사회적 생존권을 포괄하는 더 큰 개념으로 확장하고 있다. 과거에는 소외계층에 대한 지원, 지역사회 발전과 같은 문제가 주요 공헌 분야였다면 최근에는 다양성 존중과 사회적 책임을 요구하는 목소리가 커지고 있다.

다양성 존중이 새로운 이야기는 아니다. 대학내일20대연구소는 2019년에 MZ세대의 특성을 '다만추세대', 즉 다양한 삶을 만나는 것을 추구하는 세대라고 정의하며 직업관, 가족관, 세대관에 대한 달라진 인식을 다룬 적이 있다. 특히 2020년에는 유튜브와 SNS를 통해 다양한 삶의 모습을 접할 수 있게 되면서 이에 대해 이야기하는 것이 전보다 더 자유로워졌다. 하지만 MZ세대가 새로운 삶을 받아들이는 방식은 주로 당사자의 목소리를 통해서였다는 한계점이 있었다. 그러나 최근에는 당사자 개인이 아니라 미디어와 기업, 정부가 나서서 인식을 바꾸려는 움직임이 많아졌다.

## :: 가족 예능이 변화하고 있다

아빠의 육아를 관찰하는 KBS 예능 〈슈퍼맨이 돌아왔다〉는 2021년 5월 새로운 가정을 출연시키면서 프로그램의 방향성을 확장했다. 자발적 비혼모로 화제가 됐던 일본 출신 방송인 사유리가 고정 출연하게 된 것이다. 방송 취지와 맞지 않다거나 비혼을 부추긴다며 출연을 반대하는 목소리도 있었다. 그러나 제작진은 그가 비혼모를 결심하게 된 계기를 짚어주면서 '한쪽으로 치우치지 않고 다양한 시선을 보여주는 것이 방송의 역할'이라는 입장을 밝혔다.• 아무리 부모가 되고 싶어도, 나와 잘 맞는 동시에 내가 사랑하는 사람을 만나는 기적이 누구에게나 일어나지는 않는다. 임신이 가능한 나이에 그것을 이루는 일은 더더욱 어렵다. 자발적 비혼모는 부모가 되기 위해 사랑하지 않는 사람과 급하게 결혼하고 싶지 않았던 사람이 선택한 가정 형태이다. 그리고 해당 프로그램은 그저 모든 게 처음인 엄마와 아이의 성장을 담담하게 바라볼 뿐이다.

　　JTBC 예능 〈내가 키운다〉는 이혼 후 혼자 육아를 하는 엄마들의 일상을 보여주는 프로그램이다. 아이의 성(姓)을 바꾸고, 모든 일에서 아이를 혼자 케어해야 하고, 아이를 위해 아빠에 대한 감정을 감추는 일처럼 그들이기에 겪을 수밖에 없는 고민을 다룬다. 그러나 식욕이 없는 아이 밥 먹이기, 치과 데려가기와 같은 일상적인 에피소드를 보면 다른 육아 예능과 비교해 특별할 것이 없다. 이처럼 그동안 미디어에서 다뤄지지 않았던 다양한 가족 형태

---

• 〈자발적 비혼모 사유리씨의 출연에 절대 반대합니다〉 답변내용, KBS 시청자권익센터, 2021.04.15

Base: 전국 만 15~60세, n=1,200, 7점 척도, 단위: 긍정응답률(Top3)%

| 전체 | (Base) | 비혼출산 | 분자가족 | 비혼주의 | 딩크족 |
|---|---|---|---|---|---|
| Z세대 | (240) | 51.3 | 42.9 | 69.6 | 68.8 |
| 후기 밀레니얼 | (240) | 46.3 | 39.2 | 67.5 | 68.3 |
| 전기 밀레니얼 | (240 | 40.4 | 38.3 | 69.2 | 65.0 |
| X세대 | (240) | 28.3 | 31.7 | 57.9 | 51.7 |
| 86세대 | (240) | 26.7 | 30.8 | 49.2 | 38.8 |

가 조명되고 있다. 정부에서도 이와 같은 흐름에 맞추어 지난 4월 27일 달라진 건강 가정 기본계획을 발표했다. 기존에 결혼과 혈연, 입양으로 규정되어 있었던 가족의 개념을 생계와 주거를 함께하는 대상으로 넓히는 것이 주요 골자다. 그리고 '건강 가정'이라는 단어도 가치중립적인 단어인 '가족'으로 변경하겠다고 밝혔다. 건강하고 정상적인 가족의 형태를 따로 규정하지 않고 어떤 형태든 가족으로 인정하겠다는 의미이다. 이에 따르면 결혼하지 않은 동거인이나 룸메이트, 위탁인도 가족의 범위 안에 들게 된다. 또 자녀 이름은 아버지의 성을 따르는 부성 우선주의를 없애 부부가 협의해서 정하도록 하는 내용도 개정 내용으로 포함되었다.

대학내일20대연구소에서 가족관에 대한 세대별 생각 차이를 알아보기 위해 조사한 자료에 따르면 비혼출산이나 분자가족의 경우 세대 중 Z세대가 가장 긍정적으로 받아들이는 모습을 보였다.● 처음에는 소수자였던 비혼주의나 딩크족은 이제 X세대도 과반수가 이해할 수 있는 하나의 라이프스타일로 자리 잡았다. 비혼주의가 그랬던 것처럼, 지금은 소수였던 가족 형태가 앞으로는 당연히 선택할 수 있는 삶의 방식으로 자리 잡을 것이다.

## :: 이 시대의 왼손잡이를 위하여

아이의 주 양육자가 된 아빠의 이야기를 그린 일상툰 '닥터앤닥터'의 한 일화에서, 작가는 성별이 남자라는 것만 제외하면 다른 육아 웹툰과 다를 것이 없다는 이유로 연재를 망설인다. 그러나 부 양육자 역할을 하는 아내는 그렇기 때문에 할 수 있는 이야기가 있을 것이라고 말한다. 실제로 웹툰 댓글에는 대부분 엄마들이 공감하는 내용이 많다. 누구나 겪는 평범한 육아 고충을 그린 에피소드를 보다 보면, 아빠가 아이를 키우면 뭔가 다를 것이라는 막연한 생각이 깨진다. 오히려 어려움은 다른 데 있다. 남성이 들어갈 수 있는 시설에 기저귀 교환대가 없어 화장실에서 갈아야 했던 일, 평일에 아이를 데리고 나온 남자를 무능력하게 바라보는 시선을 그린 에피소드는 사회적 편견이 남성 육아에 더 큰 장애물임을 보여준다. 그는 주변 사람에게 특이한 존재로 인식됐지만, 그를 그런 존재로 만드는 것은 그가 하기로 결정했던 역할이 아니다. 그 역할을 바라보는 사람들의 시선이었다.

  BTS의 〈Permission to Dance〉 뮤직비디오에 국제수어가 안무로 등장

---

● 《[데이터베이직] 가치관 · 관계(2021년 6월)》, 대학내일20대연구소, 2021.06.22

'즐겁다'는 의미를 국제수어로 표현한 안무_BTS 'Permission to Dance' 뮤직비디오

했다. 국제수어는 주로 음에 가사가 없는 부분에서 나타난다. 더 정확히 말하자면 국제수어를 가사로 사용했다는 표현이 맞겠다. '즐겁다', '춤추다', '평화'를 의미하는 국제수어를 활용해 밝은 표정으로 춤을 추는 이 노래에 대한 반응은 매우 뜨겁다. 이를 본 외국의 청각장애인이 '오 나한테 춤추라고 하는데!'라며 즐거워했다는 후기가 커뮤니티에 퍼졌다. 또 WHO 사무총장도 본인의 트위터에 '15억의 청각장애인이 음악을 즐기는 데 도움이 될 것'이라며 감사의 메시지를 올렸다. BTS의 안무가 세계적인 호응을 받은 이유는 그들이 장애인을 '배려'해서가 아니다. 장애인과 비장애인의 구분 없이 '누구나' 즐길 수 있는 노래를 만들었다는 점에 있다. MZ세대는 소외되는 이 없이 모두가 평등한 이 노래를 진심으로 존경하고 환호했다.

얼마 전 유튜브 채널 '크랩 KLAB'에서 왼손잡이를 향한 차별이 만연했던 90년대 영상을 정리해서 올린 것이 화제가 됐다. 왼손잡이는 말을 듣지 않는 불효자라는 인터뷰, 오른손으로 글씨를 쓰도록 연습시키는 글씨교정학

원, 왼손잡이의 권리를 보장하기 위한 모임을 보면서 2020년대에 사는 우리는 기이함을 느낀다. 누구도 왼손잡이라는 이유로 사람을 차별하지 않고, 왼손잡이를 특별한 존재로 바라보지 않기 때문이다. 마찬가지로 지금 우리가 당연하다 생각하는 일들 중 어떤 것은 나중에 이상하고 말도 안 되는 차별이 될지 모른다. 특별하고 나와는 다른 존재라고 여기던 것조차 차별로 인식되는 날도 올 것이다. 주류에 집중하는 것도 좋지만, 소외되고 있었을 '왼손잡이'를 찾아 먼저 손 내미는 기업이 되어보는 건 어떨까.

# 누구도 상처받지 않는
# 마케팅을 위하여

MZ세대가 다양성에 대해 목소리를 낸다는 것은, 다시 말하면 기업 입장에서는 더 다양한 소비자를 고려해야 한다는 것을 의미한다. 결정하는 것을 어려워하는 사람을 가리켜 '결정 장애'라고 표현하는 것이 장애를 가진 사람에게 상처를 줄 수 있듯, 기업 SNS나 광고 이미지에 들어간 단어가 어떤 소비자에게 상처를 준다면 곧바로 비판을 받는다. '상처를 받을 수 있는 소비자'에 대한 범위가 넓어져서, 최근 마케팅 업계에서는 누구도 상처받지 않는 마케팅을 하기 위해 언어 감수성을 높이는 것이 중요한 이슈다. 반대로, 상처받은 소비자를 외면하지 않고 기업이 나서서 도와주는 것도 기업의 중요한 사회적 책임 중 하나로 대두되고 있다.

## :: 누구도 소외되지 않는 단어를 찾아서

환경만큼이나 사회적 측면에서도 기업에게 요구하는 기준이 높아졌다. 이제는 기업에서 잘못된 용어를 사용했을 때 '몰랐다'는 변명이 잘 통하지 않는다. 트렌드와 소비자 반응에 누구보다 민감해야 할 업계에서 왜 충분히 고려하지 못했는지 묻기도 한다. 광고물 카피, 콘텐츠, 이벤트 등 모든 분야에서 말과 글로 언어를 표현해야 하는 마케터에게 단어 사용은 갈수록 어려운 영역이 되어가고 있다.

올해는 남성 커뮤니티에서 특정 용어 사용에 논란을 제기하면서 온라인에서 여성과 남성의 대립이 커지기도 했다. 최근 젠더 갈등에는 콘텐츠가 큰 영향을 미치고 있다. 과거에는 주로 뉴스에서 나오는 사건이나 사회 현상이 남녀 갈등의 시작점이었다면, 최근에는 주로 마케팅이나 콘텐츠에서 불거지고 있기 때문이다. 실제로 한국리서치가 2021년 2월 만 18세 이상 남녀 1,000명을 대상으로 젠더 문제에 대해 조사한 결과 인간관계에서 성차별을 느낀 경험이 26%이고 성차별 표현을 사용한 콘텐츠를 접한 경험은 36%로 조금 더 높았다. 성차별 경험 콘텐츠의 종류는 '동영상 콘텐츠(62%)', '온라인 커뮤니티(52%)', 'SNS(49%)' 순이었다. '광고물(33%)'이나 '공공기관 간행·홍보물(26%)'에서 성차별을 느꼈다는 응답도 있었다.•

어린이를 미숙한 존재로 여기는 인식에도 변화가 생겼다. 인터넷 방송에서 어린 연령층을 비하할 때 사용되던 '잼민이'라는 단어를 쓰지 말자는 인식이 퍼진 것이다. 과거 '초딩'이라는 단어도 유사하게 미성숙한 행동을 비난할 때 사용되었다. 하지만 이제는 최근까지 별 문제없이 쓰였던 것과는 다른 양상을 보인다. 어린이 대상 프로그램을 내보내는 방송사에서 이 용어의 의미를 모르고 사용했다가 비판을 받기도 했다. 특히 논란이 된 이유는 어린

---

• 〈[기획] 우리 사회 젠더 문제의 진단과 해결 노력 성별, 세대별 차이를 중심으로〉, 한국리서치 여론 속의 여론, 2021.03.03

186    Part 2. Z세대가 이끄는 밀레니얼-Z세대 트렌드 이슈

이를 위한 애니메이션 관련 홍보글에 썼기 때문이다. 주 소비층이 어린이이고 교육을 목적으로 한 만큼, 어린이를 표현하는 용어에서는 더 주의를 기울였어야 한다는 반응이 많았다. 비슷하게, 어린이의 '린이'를 마치 접미사처럼 이용해 주린이(주식+어린이), 헬린이(헬스+어린이) 등 특정 분야에서 초보, 미숙한 사람을 의미하는 용어로 사용하는 것을 지양해야 한다는 목소리도 나타났다. 어린이가 성인에 비해 아직 익숙하지 못한 부분이 많은 것은 사실이지만, 모든 문제에 있어 초보자라는 편견을 줄 수 있는 의미를 담은 단어를 함부로 사용해서는 안 된다는 것이다.** 이에 대한 대중의 의견은 아직까지 분분하나, 이를 통해 우리는 언어가 가지는 의미가 생각보다 넓을 수 있고, 유행어라고 무분별하게 사용해서는 안 된다는 교훈을 얻을 수 있다. 유행어의 사용은 MZ세대 소비자와의 거리를 줄이고 가깝게 소통하기 위한 방식 중 하나다. 그런 만큼 단어의 유래나 활용 예를 검색해 나쁜 의미로 활용된 적이 있는지 확인하는 것이 좋다.

최근 카카오에서는 ESG 경영 활동의 일환으로 관련 전문가와 협업을 통해 만든 〈카카오 증오발언 대응 정책 녹서〉를 외부에 공개했다. 뉴스와 검색 플랫폼으로서 소비자에게 노출될 수 있는 차별과 혐오를 방지하려는 목적이다. 이에 따라 서비스 금지와 관련된 운영 정책을 변경해서 국가, 외양, 사회·경제적 상황, 성정체성 등 금지되는 차별의 범위가 넓어졌다. 뉴스레터 스타트업 '뉴닉'에서는 사내에서 모두가 차별받지 않고 자유롭게 근무할 수

---

●● 〈[어떻게 생각하십니까] "ㅇ린이는 혐오 표현" 지나친 불편함일까요〉, 한국일보, 2021.05.01

있는 분위기를 만들기 위해 제정한 '레인보우 가이드'를 공개했다. 이 가이드에는 '여자친구', '남자친구'처럼 관습적인 표현 주의, 성적 지향을 단정 짓는 발언 지양, 성별과 관련된 농담 지양과 같은 내용이 담겨 있다. 기업에서 먼저 차별적 표현을 연구하고 노력하는 경우가 늘고 있다.

## :: 폭력에 분노한 '탈덕' 러시

기업이 먼저 피해 입은 소비자를 보호하는 적극적인 사회 참여도 눈에 띈다. 연초에 스포츠계 및 연예계에 있던 유명인에게 학교 폭력을 당했던 피해자들의 폭로가 이어졌다. 과거에는 논란된 유명인이 일명 자숙 기간을 가졌다가 복귀하는 일이 비일비재했지만 최근에는 그러기 어렵다. 팬이라고 눈 감아주지 않고 더 냉정하게 대처하기 때문이다. MZ세대 팬은 우선 폭로 글이 올라오면 '중립 기어 박는다'*는 댓글을 단다. 그리고 사건과 관련된 글을 주시하고, 비슷한 정황이 있었는지 과거 자료를 찾아내기도 한다. 사실임이 밝혀지면 성명문을 통해 피해자에 대한 제대로 된 사과를 요구한다. 물론, 사과를 했으니 용서해준다는 것은 아니다. '반성 충분히 하고 다시 돌아오지 말라'며 등을 떠민다. 아이돌 그룹 내 특정 멤버에게 이슈가 생기면, 나머지 멤버들을 위해 빨리 탈퇴하라며 소속사를 압박하기도 한다.

팬들의 태도가 이렇다 보니 해당 유명인을 광고 모델로 기용하고 있는 기

---

● 어떤 사건을 접했을 때 일단 누구의 편도 들지 않고 상태를 살펴보는 것을 자동차의 기어에 빗댄 말이다

           Part 2. Z세대가 이끄는 밀레니얼−Z세대 트렌드 이슈

체육계에 만연한 폭력을 꼬집은 '새로운 미래' 캠페인 광고_나이키

업도 빠르고 신속하게 대응하는 추세다. 소속사에서 사실 확인 중이라 발표를 띄워 아직 확실한 일이 아니더라도 우선 모델이 나온 매장 판촉물을 가리거나 SNS에서 광고를 비공개로 전환한다. 피해를 받은 소비자에게 상처가될 수 있기 때문이다. 애써 집행한 광고와 캠페인을 회수하는 것에는 금전적손실이 클 수 있으나, 이를 감수하고 최대한 빠르게 대응한다. MZ세대는 이런 기업의 태도를 절대 과하게 여기지 않는다. 오히려 지지하고, 진정 소비자를 위한 일이라고 생각한다.

　　패션 기업 라카이코리아는 어린이날을 맞아 직접 학교 폭력 피해자를 돕는 프로젝트를 진행하기도 했다. 게시판을 통해 학교 폭력 구제 신청을 하면 검토 후 변호사 선임 등 소송 비용 전반을 지원하겠다는 것이다. 실제로 1개월 후 한 학생을 위해 변호사를 선임했고 법적 지원을 하고 있다는 공지를 올렸다. 폭력처럼 피해자가 분명히 존재하는 문제에서는 이처럼 기업이 선제적으로 나서서 피해자를 위한 목소리를 내는 것도 좋은 방법이다.

# 더 강력해진 온라인
# 태그연대

코로나19로 비대면이 일상이 되면서 온라인으로 사회 참여하는 방식이 전보다 더 다양해졌다. 이제는 온라인 추모 공간에 헌화 버튼을 누르고 메모를 작성해 업로드하고, 화면 속에서 행진하는 아바타를 통해 사회적 행사에 참여하는 일이 낯설지 않다.

온라인 사회 참여 행동은 밖으로 나가는 것과는 조금 다른 노력이 필요하다. 지나가는 행인에게 자연스럽게 노출되는 일은 불가능하기 때문이다. 해시태그 운동을 통해 내 주변 사람의 파도를 타거나, 커뮤니티에 퍼다 나르거나, 알고리즘의 선택을 받아야 한다. 2021년에는 조금 더 직접적인 효과를 얻기 위한 새로운 방법이 생겨났다. 해시태그를 달기보다 모금 방법을 알리고, 돈을 모아 광고를 하고, 문제가 된 곳의 자금처가 되는 기업을 압박하기도 한다. 비대면 상황에 포털 실시간 검색어도 사라진 지금, 다른 사람에게 사회 이슈를 알리고 변화를 이끌어내려는 MZ세대의 노력이 점점 다양해지고 있다.

## :: 비대면 시대에 행동으로 나서는 법

올해 초 게임 이용자들 사이에서 가장 핫했던 단어는 '트럭'이다. 한 게임 회사에서 운영하는 게임의 이벤트를 예고 없이 중단했고, 이에 분노한 게임 유저들이 항의하기 위해 트럭 시위를 한 일 때문이다. 이런 시위 방식은 이전에도 있었으나, 게임에 대한 불만이 많으면서도 집결의 움직임은 없었던 게임 팬덤 내에서 벌어졌다는 점에서 MZ세대 사이에서 크게 화제가 됐다. 트럭 시위는 시위 문구가 적힌 대형 LED 전광판을 탑재한 트럭을 시위 대상이 있는 장소로 보내는 비대면 시위 방식이다. 직접 장소에 가는 대신 시위에 사용될 트럭 비용을 모금하는 방식으로 참여할 수 있다. 항의 대상이 되는 기업의 모든 직원이 볼 수 있고 업계와 관련 없는 일반 소비자의 시선도 끄는 장점이 있어 비대면 시위 방식의 하나로 자리 잡았다.

2020 도쿄 올림픽의 여자배구 8강전 터키와의 승부 후, 대규모 산불 피해를 입은 국민들에게 위로를 전하고 싶었던 터키 선수들의 이야기가 들려왔다. 이 사실이 국내에 알려지자 누군가 트위터에 '김연경 선수의 이름으로 터키에 묘목을 기부하는 것이 어떻겠냐'는 트윗을 올렸다. 이 트위터는 12시간 만에 2만 번 리트윗을 기록했다. 단순 해시태그 운동에 그치는 것이 아니라 실제로 도움이 될 수 있는 일에 집중한 것이다. 해외라고 어려울 것은 없었다. 터키에 묘목을 기부할 수 있는 단체를 찾아 기부하고, 인증샷과 함께 기부 방법을 공유했다. 기부를 가장 많이 받은 터키 비영리단체 환경단체 연대협회(CEKUD)에 따르면 총 12만 그루의 묘목이 기부되었다고 한다. 이 단체는 홈페이지와 인스타그램을 통해 감사 인사를 남기고 기부받은 나무로 우정의 숲을 만들겠다는 약속을 했다.

ROOTED IN
OURSELVES

12만 그루의 묘목으로 한-터키 우정이 뿌리를 내린다!

터키 산불이 계속되는 가운데 한국 배구대표팀
김연경 주장과 국가대표팀의 묘목 기부 요청에 수만
명의 한국인 자연 애호가들이 웹사이트
www.dikiliagacimvar.com을 통해 12만 그루 이상의
묘목을 터키에 기부했다. 자연을 사랑하는 한국인
친구들에게 감사의 인사를 전한다.

새로운 묘목으로 우정을 굳건히 합시다...

www.dikiliagacimvar.com/en

CEKUD

green
HOMELAND
is ours
dikiliagacimvar.com

좋아요 161개
dikiliagacimvar 12만 그루의 묘목으로 한-터키 우정이
뿌리를 내린다!

한국인들의 묘목 기부에 한글로 쓰인 감
사 편지를 남겼다_터키 비영리단체 환
경단체연대협회(CEKUD) 인스타그램

각자 원하는 시간과 장소에서 봉사활동을 하고 온라인에서 인증만 올려 뜻을 모으는 형태의 사회 참여도 있다. 그린피스 서울사무소에서 진행한 어스앤런 플로깅(Earth and Run Plogging) 챌린지가 그 예이다. 러닝 앱 런데이를 켜고 달리거나 걸으면서 주변의 쓰레기를 줍는 플로깅을 수행하는 방식이다. 약 한 달의 챌린지 기간 동안 매회 1km 이상, 총 180분 동안의 참여가 기록되면 참여 회수나 달린 거리에 따라 온라인 배지와 완주 인증서를 준다. 플로깅 사진을 인스타그램에 인증해 올리면 나무로 만든 실물 배지를 주기도 한다. 다 같이 모여서 참여할 수 없었음에도 이 챌린지에 1만 4천여 명이 참

비대면 마라톤 행사인 어스앤런 플로깅 챌린지 _
그린피스 서울사무소 공식블로그

가했고, 총 6만 801km를 달려 지구 한 바퀴 반만큼의 거리를 청소했다.[*] 비
대면 시대에 사회 참여 방식은 단순히 오프라인에서 온라인으로 바뀐 것만
이 아니다. 더 많은 사람이 더 작은 노력으로 더 큰 효과를 내는 효율적인 방
식으로 변한 것이다.

## :: 금융치료만큼 효과적인 것은 없다

MZ세대의 대표적인 사회 참여 방식인 해시태그 운동은 그 효과가 강력하
지만 모든 사회 문제를 해결해주진 않는다. 이해관계가 복잡하게 얽혀 있는
경우에는 더욱 그렇다. 그러나 2021년 MZ세대는 자신의 영향력을 높일 수
있는 새로운 방법을 찾아냈다. 바로 '금융치료'이다. 금융치료는 잘못된 행

---

• 〈한빛소프트, 런데이 '어스앤런 플로깅 챌린지' 성료〉, 현대경제신문, 2021.07.02

동을 한 사람에게 고소나 신고를 통해 경제적 손해를 보게 할 때 사용되는 단어다. 때로는 부정적인 심리 상태였는데 월급 등의 수익으로 기분이 좋아지는 상황을 표현할 때 쓰이기도 한다. 두 경우 모두 금전적인 손익이 가장 효과적인 수단이라는 의미를 내포한다.

금융치료가 사회 참여 방식으로 나타난 것은 한 드라마의 역사 왜곡 논란에서 시작됐다. 시청자들은 문제가 된 장면을 꼬집으며 시청자 게시판과 국민청원에 방영 중지를 요청했다. 그러나 제작진은 입장문을 통해 "상상력이 가미된 부분이며 특별한 의도는 없었다, 향후 방송 제작에 유의하겠다"고 밝혔을 뿐이었다. 방영 중지는 어려워 보였다. 보통 역사적 사실과 무관한 허구임을 드라마 앞에 밝히기 때문에 법적으로 역사 왜곡이라고 판단하기 어려워서였다. 소비자들은 해당 드라마를 후원하는 기업에게 시선을 돌렸다. 해당 드라마의 제작 지원 및 광고 브랜드 리스트를 정리해 공유한 뒤 해당 브랜드의 공식 SNS에 찾아가 항의하고, 라이브커머스를 하고 있다면 찾아가서 광고를 중단해달라는 채팅을 남겼다. 광고나 제작 지원을 중단한 브랜드는 빠르게 리스트에서 제외하고 응원하는 댓글을 달았다. 결과적으로 대부분 제작 지원 및 광고가 철회됐다. 촬영 장소 협조도 어려워지면서 방영 나흘 만에 폐지가 결정됐다. 폐지가 결정되었다는 뉴스에는 "자본주의에는 금융치료가 답이다"라는 댓글이 달렸다. 국가에 의한 규제나 법의 처벌은 시간이 오래 걸리고 대중의 호소가 큰 영향력을 발휘하지 못한다. 소비자로서 기업에 영향력을 행사하는 것이 더 확실하고 빠른 방법임을 배운 것이다.

MZ세대는 기업이 어떤 것을 중요하게 여기고, 어떤 방식으로 의사 결정

| 분류 | 브랜드명 | 현재 상황 | 링크 |
|---|---|---|---|
| 제작 지원 | 쌍방울 TRY | 지원 중단 | 🔗# |
| | 탐나종합어시장 | 지원 중단 | 🔗# |
| | 호관원[41] | 지원 중단 | 🔗# |
| | 금성침대 | 광고 중단 | 🔗# |
| | 혼다코리아주식회사 | 광고 중단 | 🔗# |
| | 한국간편결제진흥원[42] | 광고 중단 | 🔗# |
| | 블랙야크 | 광고 중단 | 🔗# |
| | 쿠쿠 | 광고 중단 | 🔗# |
| | 삼성전자 | 광고 중단[43] | 🔗# |
| | 시몬스 | 광고 중단 | 🔗# |
| | 웰빙푸드[44] | 광고 중단 | 🔗# |
| | 아이엘사이언스[45] | 광고 중단 | 🔗# |
| | 씨스팡 | 광고 중단 | 🔗# |
| | 반올림피자샵 | 광고 중단 | 🔗# |

제작지원 및 광고 리스트를 만들고 실시간 상황을 공유한다_나무위키

이 이뤄지는지 잘 알고 있다. 특히 밀레니얼 세대는 연령 특성상 직장인 비율이 높아 업계별 특성과 기업의 이해관계를 파악하기 어렵지 않다. 따라서 기업의 어떤 논란을 대충 얼버무리고 넘어가면 오히려 기업에 대한 이미지가 나빠진다. 최근에는 한 패스트푸드점에서 유효기간이 지난 식자재를 사용한 사건을 알바생 개인의 잘못으로 전가하는 보도가 나왔다. 여론은 이에 대해 '떠넘기기'라며 해당 기업을 더 비판하는 쪽으로 흘렀다. 비슷하게 대행사, 외주업체 책임으로 돌리는 경우 '그쪽에 정말 결정권이 있는가'를 열띠게 토론하기도 한다. 이슈가 생겼다면 급급하게 책임을 돌리거나, 변명하

려 하지 말아야 한다. 잘못된 부분은 분명히 인정하고, 피해자가 있다면 진정성 있는 사과와 보상을 마련하며, 재발을 방지하기 위한 개선책을 보여줘야 한다. 그러면 오히려 MZ세대가 진심으로 사랑하는 브랜드가 될 수 있다.

# 결론

## 인사이트 : 높아진 감수성에 먼저 대응하는 브랜드 액티비즘

MZ세대가 민감하게 생각하는 주제에 조심해야 하는 이유는 '끌올' 특성이 있기 때문이다. MZ세대는 어떤 기업이나 인물에 이슈가 있으면 바로 과거 행적을 좇는다. 과거 비슷한 문제가 있었다면 자신만의 가중치를 부여해 더 엄중하게 판단한다. 선행을 하거나 적절한 대처를 했던 기업도 마찬가지다. 좋은 소식이 들려오면 더 칭찬하기 위해 끌올한다. 비슷한 시기 비슷한 이슈가 일어났음에도 어떤 기업은 부정적 여론이 흐지부지 사라져 버리고, 어떤 기업은 회복하지 못하는 이유가 여기에 있다. 반면 어떤 기업에 대해서는 '갓(God)'을 기업명의 접두사로 붙이며 환호하기도 한다.

MZ세대는 높아진 환경 감수성과 사회적 감수성만큼 기업에게 요구하는 기준이 높아졌다. 끌올 특성과 자본주의에 대한 높은 이해는 기업이 정말 사회 문제를 해결하기 위해 진정성 있게 노력하는지 파악하는 도구가 된다. 따라서 MZ세대가 어떤 감수성을 요구하는지 빠르고 정확하게 파악하고, 진정성 있게 다가갈 수 있는 방법을 찾는 일이 앞으로 ESG 시대 기업의 중요한 숙제가 될 것이다.

다만 ESG 열풍으로 MZ세대는 너무나도 많은 기업의 사회적 메시지에 노출되어 있고, 비슷한 메시지를 반복해서 보게 되어 피로감을 느끼고 있다. 앞서 분리배출 사례에서 소개했듯이 지나치게 소비자에게 책임을 전가하면 오히려 반감을 사게 된다. 기업이 올바른 일을 추구할 때는 조금의 손해를 보거나 품이 많이 들어도 기업이 먼저 나서는 것이 좋다. 그러면 기업의 좋은 행동에 '동참'하고 있다고 느낄 것이다. 비슷한 이유로 챌린지의 남발도 주의해야 한다. 너도 나도 다 하는 챌린지에는 특별한 소속감을 느끼기도 어렵고, 신선함보다 지루함이 더 클 가능성이 높다. MZ세대는 자발적으로 행동할 때 더 큰 시너지를 내는 세대이다.

# 5

## 직원 경험이 곧 브랜딩이 되다
### : EX(Employee experience) 시대

MZ세대를 사로잡는
HR전략

▼

'사람을 향합니다', '사람이 미래다' 당신이 밀레니얼 세대라면 제법 익숙한 기업
PR(Public relations) 광고 카피일 것이다. 광고를 통해 기업의 브랜드와 이미지를
전하는 시대가 있었다. 기업이 추구하는 가치나 방향성이 한 편의 영화처럼
사연으로 전해질 때 경험한 감동이 곧 기업의 이미지로 자리 잡곤 했다.
요즘은 분위기가 달라졌다. 기업 PR 광고를 제작하는 대신 기업이 추구하는
사회적 가치를 광고로 담아내는 추세이며, 기업 PR 광고도 소비자의 마음에
예전과 같은 감동을 선사하긴 어렵다. MZ세대는 광고 문구나 스토리가 아닌,
기업 내부의 직원 목소리로 기업 브랜드를 이해하기 때문이다. MZ세대는 익명
플랫폼을 기반으로 직장 속 '진짜' 이야기를 자유롭게 나눈다. 또 직원의 브이로
그 영상을 보며 기업의 조직 문화를 간접 경험하거나, 기업이 추구하는 가치와
방향이 실제 경영활동과 일치하는지 따져보며 향후 '일할 만한 회사'인지
평가한다. 더불어 직원에게 잘하는 기업을 진짜 좋은 기업이라 여긴다.
이렇게 MZ세대가 정의하는 기업 브랜딩은 외부 고객이 아닌 내부 고객
'직원'으로부터 출발한다. 잠재적 지원자이자 고객인 MZ세대가 처음 채용 광고
를 보는 순간부터 퇴사하는 순간까지, 보고 배우는 모든 경험이 중요해진 시대
다. 좋은 인재를 찾고 유치하려는 인재 전쟁이 그 어느 때보다 치열하다. 조직이
필요한 인재에게 금전적 혜택을 제공하는 것만으로는 그들이 스스로 기업에
애정을 갖고 업무에 몰입하지 않기 때문이다. 이런 환경 속, 직원 경험(Employee
Experience)은 최근 HR 트렌드를 예측하는 데 빠지지 않고 등장하는 주요 개념
이다. 이미 해외에서는 HR 직무 타이틀을 'EX'로 빠르게 전환하고 있다.
비즈니스 소셜 네트워크 서비스인 링크드인(Linkedin)에서 직무 타이틀을
'Employee Experience'로 검색하면 약 25만 개*가 나오는 걸 보더라도,
직원 경험이 제법 보편적 키워드로 자리 잡고 있음을 알 수 있다. EX는 직원을
바라보는 시각을 UX(User Experience)나 CX(Customer Experience)의 관점으로
해석한다. 마케팅에서 고객의 경험을 중요시하듯 HR에서 직원의 경험을 매우
중요하게 생각하는 것이다. MZ세대의 특성과 트렌드를 다루는 도서인 만큼 EX
를 하나의 HR전략 기술로 나타내기보단, MZ세대의 어떤 특징으로 인해 EX가
새로운 트렌드로 떠올랐는지, MZ세대가 필요로 하는 EX가 무엇인지에
집중하여 소개하고자 한다.

● 링크드인 'Employee Experience' 키워드 검색 결과 (2021년 8월 18일 기준)

# 임플로이언서(Employee+Influencer)<sup></sup> 가
## 가 나타났다

과거 기업 브랜딩의 주체가 홍보팀과 PR팀이었다면, 요즘은 직원 한 사람이 기업 브랜드를 대표하기도 한다. 직원으로서 기업의 브랜딩과 이미지에 영향력을 미치는 이들이 바로 임플로이언서다. 이들은 기업이 직접 말하기 어려운 제품이나 서비스의 장단점을 말한다. 평소 회사 생활이나 조직 문화를 비교적 과감하고 솔직하게 꺼내기도 한다. 이로 인해 소비자는 기업과 제품, 서비스에 대한 이미지와 평판을 더욱 빠르게 구축하고, '겉'이 아닌 '속' 사정을 들여다보게 된다. 한 가지 중요한 사실은 임플로이언서가 직장인 브이로그 유튜버와 같은 콘텐츠 크리에이터만을 지칭하지 않는다는 점이다. 물론 그들이 임플로이언서의 가장 대표적인 사례가 될 순 있겠으나, 우리가 주목해야 할 트렌드 시드(seed)로서의 임플로이언서는 조직 구성원 개개인에 해당한다. 직원이 목소리를 낼 수 있는 채널과 플랫폼이 다양해짐에 따라 MZ

---

●● 직원을 의미하는 '임플로이(Employee)'와 영향을 주는 사람인 '인플루언서(Influencer)'를 합쳐 부르는 신조어다

세대는 그 안에서 누구보다 익숙하게 기업의 속살을 드러내며 타인과 소통하고 있다.

광고 아닌 콘텐츠는 없다고 할 만큼 광고가 넘치는 세상에서 성장해온 MZ세대는 제품 정보는 물론 기업 정보에서도 찐 정보를 적극적으로 찾아 나선다. 그런 의미에서 MZ세대가 임플로이언서에게 기대하는 바는 딱 하나, 바로 경험을 기반으로 얘기해줄 수 있는 '진솔함'이다.

## ∷ 그 회사, 디깅해봤어?

취업을 준비했던 시절을 떠올려보자. 모집 공고를 보고, 기업 홈페이지를 들어가 보았는가? 채용 상담회나 설명회에 방문했을지도 모른다. 취업 준비를 위한 기본적인 정보 수집 채널은 과거와 비슷하다. 채용 공고를 보고 기업을 검색하는 과정도 여전히 유효하다. 하지만 MZ세대가 채용 정보를 수집하는 채널은 달라졌다. 기업의 숨은 정보까지 보다 구체적이고 정확히 찾아 디깅하기 위해 다양한 채널을 살핀다. 2021년 5월 대학내일20대연구소가 국내 4년제 대학교 취업 준비생 900명을 대상으로 진행한 조사 결과, 응답자의 64.2%가 기업 현직자의 영상 콘텐츠를 이용해본 적 있다고 응답했다. 임직원이 직접 알려주는 기업 문화나 업무 정보를 적극적으로 수용하고 있는 것이다. 현직자 유튜브를 시청하는 데 끝나지 않는다. 오픈채팅방에 들어가 지원자끼리 주요 이슈를 나누며 궁금증을 해소하고, 큐레이션된 뉴스레터를 받아보는 등 기업 정보를 적극적으로 수집한다.

이들은 정보를 찾는 데 그치지 않는다. 실제 사내 분위기나 기업 문화까지 간파하는 검증 단계를 거친다. 검증 단계에서는 크레딧잡, 잡플래닛, 블라인

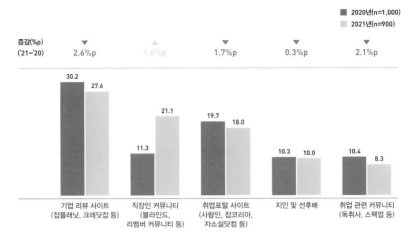

**기업 관련 정보 확인 시 가장 유용한 채널 연도별 비교**

Base: 전국 4년제 대학교 3학년 이상 취업준비생, 단위: %

■ 2020년(n=1,000)
□ 2021년(n=900)

| 증감(%p)<br>('21–'20) | ▼<br>2.6%p | ▲<br>9.8%p | ▼<br>1.7%p | ▼<br>0.3%p | ▼<br>2.1%p |

- 기업 리뷰 사이트 (잡플래닛, 크레딧잡 등): 30.2 / 27.6
- 직장인 커뮤니티 (블라인드, 리멤버 커뮤니티 등): 11.3 / 21.1
- 취업포털 사이트 (사람인, 잡코리아, 자소설닷컴 등): 19.7 / 18.0
- 지인 및 선후배: 10.3 / 10.0
- 취업 관련 커뮤니티 (독취사, 스펙업 등): 10.4 / 8.3

드와 같은 기업 리뷰 사이트를 주로 이용한다. 실제 대학내일20대연구소의 데이터를 보더라도 취업 준비를 위한 정보탐색 채널로 블라인드, 리멤버 커뮤니티와 같은 직장인 커뮤니티 채널이 유용하다는 응답이 작년(11.3%) 대비 9.8%p 상승한 21.1%를 차지했다.* MZ세대가 가장 궁금해하는 입사 후 업무와 회사 생활 정보를 직원의 경험과 목소리로 확인하는 경향이 높아졌음을 보여준다. 잡플래닛이나 블라인드는 직장인 인증을 거쳐야 이용할 수 있는 플랫폼인 만큼, 미취업자인 대학생들의 접속이 어렵다고 생각할 수 있다. 그러나 잡플래닛은 유료 멤버십을 결재해 필요한 기업 정보를 확인할 수 있

---

● 〈2021 취업 트렌드 및 국내 10대 그룹 이미지〉, 대학내일20대연구소, 2021.07.27

입사 2주년을 챙겨주는 기업을 개인 SNS로 자연스럽게 인증한다_토스 직원 개인 인스타그램

다. 제휴 대학의 학생은 학교 메일 인증으로 이용이 가능하다. 블라인드도 인턴 경력으로 생성한 ID를 이용하거나, 학교 게시판으로 재직 중인 선배를 찾는 등 다양한 방법을 통해 적극적으로 활용한다.

인스타그램에서 '00기업', '00회식'과 같은 해시태그를 통해 직접 직원의 계정을 검색하기도 한다. 보통 기업의 구성원이라면 자기 개인 SNS에 기업 얘기를 꺼내는 것이 조심스럽기 마련이다. 그런데도 많은 MZ세대들은 기업명이 드러나는 해시태그를 활용하며 좋든 나쁘든 회사의 경험을 기록으로 남겨두기 때문에 이를 역으로 활용하기 쉽다. 직원 개인의 SNS는 회사에서 어떤 기업 문화를 제공하고 있는지, 직원의 복지를 얼마나 신경 쓰는지 세심히 살펴볼 수 있는 좋은 기회다. 이렇게 재직자가 증명하는 '진실'은 말로만 복지와 문화를 내세우는 기업이 아니라는 걸 확인시켜주고, 함께 일해보고 싶은 조직으로서 차별적인 매력을 드러낸다. 직원의 경험이 곧 기업을 근데 직원이 팀장한테 저런말을 면전에서 서슴없이 한다는 건 그만큼 팀장이 정말 잘해주고 부하직원들과 친하다는거임 ㅎㅎㅎㅎ

👍 5.5천  👎  💬 18  ⋮

가까이 있는 인턴을 챙기시는 결정 너무 멋져요. 우리 회사도 아닌데 눈물나네요. 일 벌이는거 보다 내실을 다지는 결정! 크게 응원합니다!! 제가 인턴이라면 진짜 행복할거 같아요. 진짜 최고의 회사 인정합니다!

👍 9  👎  💬  ⋮

―
워크맨 기업 탐방 콘텐츠에 대한 댓글 반응_워크맨 유튜브 댓글

평가하는 가장 중요한 수단이 된 것이다.

기업의 속사정을 알고 싶어 하는 트렌드에 발맞춰 제작된 예능 방송도 인기다. 2019년 7월부터 방영한 JTBC 스튜디오 룰루랄라의 웹예능인 〈워크맨〉은 '세상 모든 직업을 알려주겠다'라는 콘셉트로 시작한 방송으로 방영 2년 만에 구독자가 370만 명을 넘을 만큼 큰 인기다. 〈워크맨〉은 출연자가 직접 직업을 체험하는 형태의 예능으로, 2020년 11월부터 2021년 5월까지 직접 기업을 탐방하고 장단점을 소개하는 콘텐츠를 제작하기도 했다. MBC는 2021년 3월부터 실제 직장인들의 삶을 심층 취재하는 예능 프로그램인 〈아무튼 출근!〉을 방영 중이다. 물론 방송을 통해서도 기업 문화와 상세한 업무를 들여다볼 수 있지만, MZ세대가 주목하는 건 콘텐츠 자체보다는 콘텐츠에 달린 실제 직원의 댓글이다. 방송에 등장한 우리 회사, 우리 기업의 모습을 본 직원 반응을 살펴보는 게 목적이기 때문이다. 좋은 기업 문화만 편집해서 보여준 건 아닌지, 업무의 난이도나 방식이 왜곡된 게 아닌지, 직

원이 직접 단 댓글을 보면서 기업의 문화를 평가한다.

MZ세대가 회사를 디깅하는 이유는 이들이 비단 취업 준비생이기 때문만은 아니다. 잠재적 지원자이자 고객인 만큼, 다양한 채널로 찾은 정보를 통해 어떤 문화와 가치를 지닌 기업인지, 이 기업에서 만든 제품과 제공하는 서비스를 믿고 이용할 수 있는지까지 살펴본다. 블라인드 같은 익명 플랫폼은 물론, SNS와 유튜브의 댓글까지 기업과 조직에 대해 솔직하게 이야기할 수 있는 통로가 점점 많아지면서 직원이라면 누구나 임플로이언서가 될 수 있는 환경이다. 그렇다 보니 한두 명의 직원만 관리한다고 기업의 리스크를 완전히 막을 순 없다. 기업 조직 문화와 직원 경험 전반을 체계적으로 설계해야 할 필요성이 커지고 있다.

## :: 기업의 일하는 방식이 곧 브랜딩이 되다

세계적인 컨설팅 회사인 가트너(Gartner)에서는 직원 경험을 높이는 것이 조직 구성원의 몰입과 성과를 높이고, 차별화된 고객 경험을 창출할 수 있다고 언급했다.* 때론 기업이 직접 나서서 내부 직원의 목소리를 들으며 고객 관점으로 접근해 브랜드 마케팅 전략을 끌어내기도 한다. 대표적인 사례가 리버스 멘토링**이다. MZ세대 고객과 직원의 니즈를 파악하기 위해 국내 기

---

- ● 〈Improve the Employee Experience〉, Gartner, 2019
- ●● 선배가 후배를 가르치는 멘토링의 반대 개념으로, 저연차 사원이나 대리가 선배나 고위 경영진의 멘토가 되는 것을 의미하는 용어다

업들도 리버스 멘토링을 도입하며 적극적으로 노력해오고 있다.••• 삼성전자 무선사업부는 MZ세대 임직원과 경영진이 직접 소통할 수 있는 '밀레니얼 커미티(Committee)'를 2018년부터 운영해오고 있다. 현대오일뱅크도 지난해 10월부터 1~2년 차 신입사원과 대리급 직원이 멘토가 되어, 임원진을 대상으로 월 2회씩 4개월간 리버스 멘토링을 진행했고, LIG넥스원도 지난 4월부터 월 1회 이상 리버스 멘토링을 진행하고 있다. 한때 '비싸고 촌스러운 브랜드'로 젊은 고객이 외면했던 명품 브랜드 구찌가 MZ세대가 선호하는 힙한 명품 브랜드로 자리매김할 수 있었던 성공적인 배경에도 고객 니즈 파악을 위해 20~30대 직원들의 의견을 경청하는 노력이 숨어 있었다.

기업이 스스로 한 명의 임플로이언서가 되기도 한다. 요즘 MZ세대에게 힙한 디자인 브랜드로 큰 인기를 끌고 있는 '모베러웍스(Mobetterworks)'를 운영하는 모빌스 그룹(Mobills Group)이 대표적인 사례다. 모베러웍스는 가능한 빨리 해달라는 의미의 ASAP(As Soon As Possible)를 비튼 As 'Slow' As Possible, 적게 일하고 많이 벌자는 의미의 'Small work Big money' 등 일에 관한 유쾌한 표어를 훌륭한 캐릭터 디자인으로 선보여 큰 주목을 받았다. 또한, 모빌스 그룹은 단순히 디자인 제품만 만들고 판매하지 않는다. 브랜드를 만들어가는 과정을 통해 새롭고 자유롭게 일하는 업무방식과 직업관을 이야기한다.

모빌스 그룹이 운영 중인 유튜브 채널 'MoTV'는 기업이 성장하는 과정

---

••• 〈CEO가 사원에게 배운다 '리버스 멘토링'…SNS 고수된 金 사장님 "MZ 멘토 덕이죠〉, 매경ECONOMY, 2021.07.26

1. 일을 대하는 새로운 방식과 생각을 담은 모베러웍스의 굿즈_모베러웍스 인스타그램
2. 브랜드와의 협업 과정을 공개한 영상 콘텐츠_MoTV 유튜브

과 히스토리를 쌓아가는 저장소다. 어느새 5만 명에 가까운 구독자를 보유할 만큼, 브랜드를 만들어가는 과정을 응원하고 관심 있게 지켜보는 고객층이 두꺼워지고 있다. 모빌스 그룹은 구성원들과 협업하여 브랜드를 만들어가는 일련의 과정을 유튜브로 가감 없이 보여준다. 영상만 보더라도 모빌스 그룹이 말하고자 하는 문화와 일에 대한 방식, 가치관 등이 무엇인지, 어떤 일을 추구하는 기업인지 단번에 알 수 있다. 유튜브에 담긴 업무 과정을 보면 대체로 행사 하나를 기획하더라도 구성원 모두가 투명하게 소통하고 자기 생각을 나누고 있다. 이렇게 수평적이고 열린 조직 문화를 간접적으로 경

험함으로써, 영상을 보는 이들이 브랜드에 애정을 갖고 신뢰하게 만들어준다. 하나의 브랜드 팬덤이 형성되는 순간이자, MZ세대가 이들의 일하는 방식을 동경하고, 이들처럼 일하고 싶어 하는 이유다.

모빌스 그룹은 자신들의 브랜드를 만들어가는 과정뿐만 아니라 오뚜기, 닥터지(Dr.G), 롯데월드 등 기업과 협업해 브랜딩을 진행하는 과정 또한 유튜브 콘텐츠로 담아낸다. 때문에 모빌스 그룹이 특정 브랜드와 협업을 하면 해당 기업의 업무 방식이 드러나기도 한다.

채용 과정에서도 기업의 일하는 방식을 브랜딩으로 보여줄 수 있다. 기업의 근로자 수 및 입·퇴사자 수 등을 누구나 알 수 있도록 공식적으로 발표하는 HR공시가 대표적인 사례다. HR공시는 기업의 HR 정보를 충실히 제공함으로써 잠재적 지원자의 알 권리를 충족시키고, 채용의 투명성을 보장하여 기업의 책임을 높이는 데 그 목적이 있다. 채용과 관련한 허위 정보들의 확산을 막고, 잠재적 지원자와 솔직하게 소통할 수 있다는 점에서 HR공시의 역할은 매우 막중하다. 규모가 작은 기업은 HR공시가 부담이 될 수 있으나, 객관적인 데이터를 신뢰하고 검증하는 게 중요한 MZ세대에게 투명하고 믿을 만한 기업으로 브랜딩할 수 있는 기회가 될 수도 있다.

:
.

# 채용 공고를 보는 순간부터
# 회사를 떠나는 순간까지, 지속되는 직원 경험

'배나 비행기에 탑승한다'는 사전적 의미를 지닌 온보딩(On-Boarding) 프로그램은 신입이나 경력 등 신규 입사한 직원이 조직에 잘 적응할 수 있도록 업무에 필요한 정보나 기술 등을 교육하는 과정이다. 기업이 과거 대규모 공개 채용 과정에서 합숙이나 집합 교육을 통해 회사의 사상과 정신을 직원에게 주입했다면 요즘은 이 온보딩에 집중한다. MZ세대 눈높이에 맞는 온보딩 프로그램을 통해 입사자가 회사와의 첫 만남을 특별한 이벤트처럼 느끼도록 준비하고, 직무나 업무에 잘 적응해서 안정적으로 조직에 정착할 수 있도록 세심하게 신경 쓴다. 정기 공채에서 수시 및 상시 채용으로 전환하면서 바뀐 풍경이기도 하다. 또한 과거와 달리 평생직장의 개념이 약하고, 얼마든지 이직과 퇴사를 할 수 있다고 생각하는 MZ세대를 기업의 일원으로 받아들이고 지속해서 함께하기 위한 노력이다. 보통 회사에 입사하면 온보딩으로 시작해 다양한 교육과 승진을 거치며 구성원이 성장해나가기 마련인데, 온보딩 한 번으로 MZ세대 직원의 애사심과 업무의 몰입을 기대하기는 어렵다. 처음 회사를 알게 되는 순간부터 회사를 떠나는 순간까지, 직원 경험을 통한 채용 브랜딩은 더욱 중요해졌다. 기업은 경쟁사보다 우수 인재의 눈에 띌 만한 차별화된 요소를 더욱 밀도 있게 설계해야 한다.

## :: 좋은 인재는 첫 만남부터 헤어짐까지, 모두가 중요하다

요즘 많은 기업에서 신규 입사자에게 웰컴 키트를 제공하고 있다. 엔씨소프트(NCSOFT)는 입사를 환영하면서 기업 미션을 강조하고 소속감을 더하는 차원으로 김택진 대표의 메시지를 함께 건넨다. 새로운 금융에 대한 기업 철학과 문화를 디자인한 카카오페이의 웰컴 키트는 주요 국가의 화폐를 모티브로 삼아 만들어졌다. 여기에는 새로운 발상과 시도로 금융 패러다임을 변화시킨다는 철학이 담겨 있다.* 이처럼 웰컴 키트는 기업이 추구하는 가치와 아이덴티티를 담아 회사를 처음 만나는 입사자의 시작을 응원한다.

웰컴 키트는 회사의 이미지와 조직 문화를 간접적으로 보여주면서 조직에 쉽게 적응할 수 있도록 도와준다. 직원이 새로운 환경에 쉽게 적응할 수 있도록 도와주고, 잠재적 지원자에게는 기업의 문화를 이해하는 데 도움을 주는 매개체나 다름없다.

웰컴 키트 못지않게 첫 출근을 특별한 장면으로 만들어주는 직원 경험도 있다. 블라인드 커뮤니티에 한 카카오모빌리티 직원이 첫 출근날 카카오 T비즈 블랙 서비스를 이용하도록 지원받았다는 긍정적 경험을 게시했다. 카카오 T비즈 블랙은 VIP 고객의 이동을 지원하는 프리미엄 서비스다.

---

• 〈회사별 신입사원 '웰컴 키트'는?…디테일 속 숨은 기업 철학〉, 한경Business, 2020.06.10

엔씨소프트의 웰컴 키트_엔씨소프트 공식 블로그

2,800cc 이상의 고급 차량으로 중요한 고객이나 임원의 이동이 필요할 때 기업에서 주로 사용하는 이 서비스를 자사 직원의 첫 출근 시 제공한 것이다.

직원의 첫 경험만큼 마지막 경험도 중요하게 생각하는 기업도 있다. 바로 11년 전 퇴사한 직원에게 '한우 꽃등심'을 선물로 보낸 전자제품 기업 컴퓨존이다. 지난 6월 온라인 커뮤니티에 '퇴사한 지 11년 된 회사에서 연락 왔네요.' 라는 제목의 글이 게재되었고, 게시자는 회사가 보내준 편지와 한우 인증 사진을 올려 화제가 되었다.

> "우리 컴퓨존은 00님께서 근무하실 때의 노력과 수고를 자양분으로 성장을 거듭하고

---

● 〈전자제품 기업인 '컴퓨존'이 11년 전 퇴사한 직원에게 '한우 꽃등심' 선물을 보냈다〉, 허핑턴포스트, 2021.06.07

> 있습니다. … 이와 같은 성공은 00님의 땀과 노력, 희생이 바탕이 되어 가능했습니다."
>
> – 컴퓨존 대표의 편지 내용 중 일부 발췌

여기서 주목해야 하는 건 무엇을 보상해주었냐가 아니다. 회사의 성공에 바탕이 된 11년 전 퇴사한 과거 직원의 노력까지 폭넓게 이해하고, 직원 개개인을 소중하게 생각하는 기업과 대표의 철학이다. 기업은 직원의 입사와 퇴사의 순간에 단편적인 이벤트를 제공해주는 데 그쳐선 안 된다. 기업에 대한 긍정적 감정을 연장해줄 수 있는 지속 가능한 직원 경험을 제공해야 한다. MZ세대가 꽃등심이 아닌 편지에 감동을 한 이유가 바로 그것이다.

## :: 몰입을 높이는 지속적이고 주기적인 경험을 설계하다

요즘 MZ세대가 취업하고 싶은 꿈의 직장이 '네카라쿠배당토'** 라는 말을 들어봤을 것이다. 그중 하나인 토스(toss)도 최대 60명을 뽑는 개발자 공개 채용에 일주일 동안 5,300명이 넘는 지원자가 몰리기도 했다.*** 토스는 조직 문화가 뚜렷한 기업으로 잘 알려져 있다. 모바일 금융 서비스 플랫폼 토스를 운영하는 비바리퍼블리카는 조직 문화를 기업의 생존 전략이자 승리 전략으로 받아들인다. 이 조직을 들여다보면, 직원이 누릴 수 있는 특별한 경험을 업무 과정 전반에 촘촘히 설계해 놓은 것을 알 수 있다. 그리고 모든 직원에게 동등한 경험을 선사할 수 있도록 노력하기 위해 조직 문화를 담당하는

---

●● 네이버, 카카오, 라인, 쿠팡, 배달의 민족, 당근마켓, 토스를 통칭하는 말이다.

●●● 〈'구인난 없었다' 토스, 개발자 채용에 5000명 몰려…경쟁률 88대1〉, 블로터, 2021.08.10

직무 타이틀을 컬처 에반젤리스트(Culture Evangelist/CE)*로 정의했다.

　토스는 직원을 선발하는 과정부터 남다르다. 일반적인 서류와 면접이 아닌 기업 문화 적합성을 확인하기 위해 온갖 질문을 나누는 '컬처 인터뷰'를 진행한다. 회사에 들어와 입사 후 3개월간 일하는 방식과 속도, 기대하는 결과물까지 가능한 구체적인 피드백을 주고받으며 온보딩에 집중한다. 또한, 자신이 맡은 업무에 모든 결정권을 가질 수 있는 DRI(Directly Responsible Individual)를 줘 직원이 일을 스스로 책임을 갖고 주도할 수 있도록 만들어준다. 개인의 책임이 중요하다 보니 업무 강도가 높다거나, 동료를 평가하는 시스템**에 대한 부정적 시각도 존재한다. 하지만 회사가 추구하고 지향하는 바가 명확하고, 온보딩 과정과 조직 문화가 그 지향점과 맞닿아 있다는 점에서는 긍정적인 평도 많다. 매주 진행되는 '전사 위클리 미팅'을 통해서도 끊임없이 정보를 공유하고 함께 토의하며 직원의 성장을 서로 도모한다. 이러한 토스의 직원 경험은 직무 역량을 뾰족하게 만들어주며, '함께 배우고 성장하는 우수한 동료'로서 자신의 가치와 동기부여를 높이고 다른 기업으로의 이탈을 막는 하나의 자산이 된다.

　대학내일20대연구소에서 2020년 7월 전국 만 19~59세 직장인을 대상으로 조사한 결과는 세대별 업무를 통해 추구하는 가치에 대한 인식이 다름

---

● 토스 팀원들이 일상 속에서 기업의 문화를 자연스럽게 느낄 수 있도록 도와주는 역할을 수행하는 조직 문화 담당자를 의미한다

●● 업무상 부정을 저지르거나, 팀에 피해를 주는 등 함께 일하기 힘든 동료에게 줄 수 있는 스트라이크 제도로 3회 경고 받으면 권고 퇴사다.

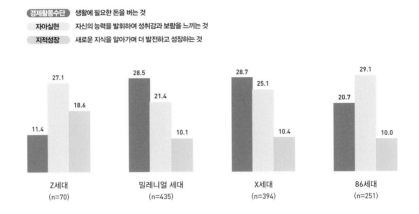

**Base:** 전국 19~59세 직장인, 1순위 응답, 단위: %

을 보여준다.*** 생애주기적 특성과 맞물려 경제적 가치를 중시하는 밀레니얼과 X세대에 비해 사회초년생인 Z세대 직장인은 자기 능력을 발휘하여 성취와 보람을 느끼려는(27.1%) 목적이 뚜렷하고, 성장(18.6%)하고자 하는 욕구 또한 높다. 능력을 발휘하고 성장할 기회를 제공해야 하는 시기인 것이다.

대학내일은 구성원이라면 누구든 당장 써먹을 수 있는 업무 스킬과 지식을 나누는 〈당써먹 스터디〉를 운영하며 개인의 강점을 조직의 강점으로 전환하고 있다. 직무나 경험, 지식과 업무 노하우 등 직원이 필요한 주제가 HR팀을 통해 취합되면, 해당 역량을 공유해줄 수 있는 '스님(스승님)'과 제자가 구성된다. 연차에 상관없이 직원 누구나 '스님'과 제자가 될 수 있으며, 점심시

●●● 〈[데이터베이직]일 · 직업 · 직장(2020년 7월)〉, 대학내일20대연구소, 2020.07.30

간을 활용해 스터디를 진행하는 만큼 간단한 점심도 제공된다. 사내 직원이 직접 강사가 되어 조직 구성원의 성장에 필요한 지식과 역량을 나누다 보니 실무에 직접적으로 도움이 되는 정보가 공유되어 참여자의 만족도가 높다. 멘토 역할인 '스님'으로 참여하는 구성원도 자신의 노하우와 인사이트를 정리하는 기회가 되며, 성취감도 얻을 수 있다.

직원 경험은 개인의 성장과 보상, 일하는 방식 등 여러 가지 항목이 총체적으로 결합되어 있다. 재직자의 입사와 승진, 교육과 평가, 재활성화 등을 아우르는 물리적 기간 내 이들의 총체적인 경험을 제대로 설계하는 일이 필요하다. 직원에 따라 직업과 직장, 업무를 통해 추구하는 가치와 조직 내 기대하는 역할의 발전 속도도 다르다. 따라서 조직은 직원 개개인에게 어떤 부분에서 차별적인 경험을 제공할 수 있는지 기회를 잘 들여다보아야 한다.

## :: 사실 '조기 퇴사자'가 아닌 '일잘러'가 되고 싶다

MZ세대 구성원이 회사를 너무 쉽게 떠난다는 얘기를 아마 자주 들어봤을 것이다. 구인·구직 매칭 플랫폼인 〈사람인〉에서 2021년 6월 500개 기업 담당자를 대상으로 진행한 설문조사에 따르면 MZ세대의 조기 퇴사 비율이 높다고 응답한 비율이 49.2%로 나타났으며, 조기 퇴사하는 MZ세대들은 평균 5개월 이내 퇴사를 결정하는 경우가 가장 많았다고 한다.[**] MZ세대가 이전 세대보다 조기 퇴사하는 비율이 높아진 건 사실일지 모르나, 사실 이들은 환경만 잘 갖춰진다면 누구보다 열정적 일잘러가 되어 자신과 회사의 가치를 높일 준비가 되어 있다. 이들이 일을 잘하고자 하는 목적은 생존이나 승진, 높은 급여가 아니라 개인의 성장을 주체적으로 모색하는 데 있다. 불확실한 미래를 대비해 어디서든 유연하게 일할 수 있도록, 자기 자신을 하나의 브랜드로 인식하고 그 가치를 높이려는 니즈가 크다.

> "퇴근하고 강의도 들으러 가고, 퍼블리 같은 구독 서비스도 정기 결제해서 이용해요. 일이 끝난 후 업무 외 시간도 일을 잘하기 위해 투자하는 거죠. 이렇게 하면 열심히 산다는 생각이 들어 뿌듯하기도 하고, 결국 회사가 아니라 나에게 도움이 된다고 생각해요. 제가 레벨업되는 거니까요!"
>
> — 직장인 인터뷰 발췌, 캐릿[***]

---

● 일 잘하는 사람을 의미하는 신조어다

●● 〈'MZ세대' 조기퇴사에 '골머리'… 평균 5개월내 결정〉, 헤럴드경제, 2021.06.06

●●● 〈'일잘러'되는 게 트렌드? MZ세대 열일하게 만드는 환경7〉, 트렌드 미디어 '캐릿Careet', 2021.07.20

'일 잘하는 사람의 특징' 영상은 15만 조회 수를 기록하며, 일잘러를 꿈꾸는 MZ세대의 공감을 샀다_드로우앤드류 유튜브

　　2021년 7월 기준, 비즈니스 콘텐츠 플랫폼인 '퍼블리'의 멤버십 유료 이용자 3만 2000여 명 중 5년 차 이하 직장인 비율은 53.2%를 차지하고 있으며, 지난해 말부터 이용자가 급격히 늘어났다.[●] 분명 얼마 전까지 워라밸을 꿈꾸던 MZ세대가 갑자기 일을 잘하기 위해 노력하는 걸까? 이들이 일잘러를 꿈꾸는 이유는 조직보다 개인의 성장을 중시하는 세대 특성과 밀접한 연

---

● 〈"이왕이면 갓생"…MZ세대가 '일잘러'를 꿈꾸는 이유〉, 이데일리, 2021.08.07

관이 있다. 본인의 삶의 일부인 '일'도 잘 해내는 것을 자신의 가능성과 역량을 높이는 투자로 인식하기 때문이다. 그러한 맥락에서 우리가 알고 있는 워라밸은 사실 퇴근 후 자신의 미래를 준비하거나, 자기 성장 관점에서 이들에게 꼭 필요한 것이었다.

또한, MZ세대 직장인들은 사회생활과 개인 생활을 모두 열심히 사는 또래 유튜버나 직장인 인플루언서 콘텐츠를 자주 접하며 동기 부여와 자극도 받는다. 또래의 삶을 비교해볼 기회가 많아지면서 자연스럽게 이들을 롤모델로 여기며 갓생을 실현하게 되는 것이다. 이밖에도 직무 관련 스터디에 참여하거나, 전문 자격증을 취득하는 등 일잘러가 되기 위해 시간과 비용을 아끼지 않는다.

그런데도 MZ세대가 왜 퇴사하는지 궁금하고 고민이라면, 이들에게 충분한 성장 기회를 제공하고 있고, 지속해서 양질의 직원 경험을 제공하고 있는지 고민해봐야 한다. 직원은 여러 이유와 상황으로 언제든 떠날 수 있다. 그러나 어떤 단계에서 회사를 떠나고자 결심을 했고 그 이유가 무엇인지 자세히 알아보는 일이 더 중요하다. 이는 현재와 미래의 구성원을 위한 조직의 직원 경험을 개선하는 기회가 될 수 있기 때문이다.

# 직원 경험 설계의 핵심,
# 일의 가치와 일하는 방법을 정의할 것

조직 내에는 다양한 세대가 있다. 그중 86세대와 X세대는 현재 조직 내에서 가장 큰 영향력을 발휘하며 주요 의사 결정권을 가졌다. 밀레니얼과 Z세대는 향후 조직의 중심이자 경쟁력을 좌우할 집단으로, 머지않아 가장 큰 영향력과 의사 결정권을 가질 것이다. MZ세대가 이끌어가는 미래의 기업 문화를 고민해야 하는 시점이다.

직원 경험을 설계한다는 건 결국 기업의 업무 환경과 조직 문화를 점검하는 일과 같다. 스타트업처럼 직원 수가 적고 규모가 작은 회사만 가능한 일이라고 생각할지 모른다. 물론 직원 수가 적을수록 밀도 높은 경험을 제공하는 게 쉬울 수는 있다. 그러나, 직원 경험은 조직 규모와 상관없이 MZ세대와 함께 일하기 위해 반드시 필요한 과정이다.

## ∷ 나의 기여에 대한 조직의 가치판단이 중요하다

2021년 주요 대기업을 중심으로 일어난 성과급 이슈를 떠올려보자. 과거에도 대기업의 성과급은 늘 이슈였다. 하지만 올해 유독 직원들의 불만이 세상

밖으로 드러난 이유가 무엇일까? 이를 이해하기 위해서는 사회적 이슈에 침묵하지 않고 세상에 화두를 던지는 MZ세대의 방식을 우선 살펴볼 필요가 있다. 대학내일20대연구소에서는 《밀레니얼-Z세대트렌드2021》을 통해 사회 이슈를 대하는 가치관을 '선한 오지랖'이란 키워드로 정의했다. 즉, MZ세대에게 성과급 이슈는 기업의 특정 사안에 대한 입장이나 피드백을 적극적으로 요구하는 정당한 유난이자, 회사와 나의 거래에서 당연히 논의되어야 하는 협상 과정이다. 이처럼 과거 급여나 승진과 같이 직장에서 결정하는 사안에 대해 그냥 받아들이는 분위기였다면, MZ세대를 중심으로 문제라고 생각하는 사안에 목소리를 높여 이의를 제기하는 문화로 변해가고 있다. 온라인 소통이 일상인 이들은 블라인드, 잡플래닛, 카카오톡 오픈채팅 등 다양한 익명 기반 플랫폼을 통해 효과적으로 의견을 수렴하고 표출한다.[•] 많은 대기업의 사무직 노조를 출범시키는 결과를 불러오는 등 사회 전반에 영향력을 끼치는 이들이다.

사실 성과급 이슈 이면에는 MZ세대가 회사와 조직을 바라보는 달라진 인식이 자리 잡고 있다. 대기업을 퇴사하고 유튜버로 전향하거나, N잡러[••]가 되는 또래들을 보며 성장한 이들은 소소한 재능과 역량도 수익으로 연결하는 데 능숙하고, 일에 대한 여러 가지 가능성을 두며 자기 능력을 모색한다. 그런 이들에게 '회사'는 소속감이나 어떤 주인의식(ownership)을 발휘하는

---

• 〈"불확실한 미래 보상보다 현재가 중요" MZ세대는 투명한 소통을 원한다〉, 동아비즈니스리뷰(DBR 322호), 2021.06.

•• 2개 이상 복수를 뜻하는 'N'과 직업을 뜻하는 'job', 사람을 뜻하는 '~러(er)'가 합쳐진 신조어로 여러 직업을 가진 사람을 뜻한다

무대가 아닌 상호 동등한 계약 관계다. 따라서 성과급을 '보상'이 아닌 '나의 기여에 대한 정당한 대가'로 인식하는 경향이 높다. 내가 노력해서 받는 성과인 만큼 내 노력의 크기에 적합한지 그 합리성을 우선 평가한다. 지금까지 성과급에 대해 "그래서 얼마를 준다는 거야?" 하며 보상의 결과에 주목했다면, MZ세대는 "그래서 어떻게(어떤 기준으로) 준다는 거야?"라며 보상 지급 책정의 근거와 산출 과정도 중시한다.

수평적 조직 문화로 주목받고 있는 국내 한 IT 기업은 우수한 성과를 낸 직원을 선별하여 차별적으로 복지 혜택을 제공한다는 이슈로 내부 직원들의 반발을 크게 사기도 했다.* 앞서 언급했듯 내부 직원들의 반발은 우수 사원에 제공해주는 특전이 아니라 우수 사원을 선정하는 평가 기준이 모호하다는 점으로부터 기인한다. 명확한 기준의 중요성을 다시 한번 확인할 수 있는 사례다.

이런 모습에 MZ세대를 공정에 예민하다고 한다. 국립국어원 표준국어대사전에 표기된 '공정(公正)'은 공평하고 올바름이다. 또한, '공평(公平)'은 어느 쪽으로도 치우치지 않고 고르다는 의미다. 따지고 보면 MZ세대가 추구하는 공정은 공평보다 올바름에 더 가깝다. 절대적 기준의 평등이 아닌, 스스로 납득할 만한 합리성이 더 중요하기 때문이다.

대학내일20대연구소에서 전국 만 19~59세 직장인 1,100명을 대상으로 2021년 5월 진행한 설문조사 결과, 가장 합리적이라고 생각하는 성과 평가

---

* 〈카카오 '高성과' 직원만 차등 복지?···내부 시끌시끌〉, 국민일보, 2021.05.20

Part 2. Z세대가 이끄는 밀레니얼-Z세대 트렌드 이슈

Base: 전국 만 19~59세 직장인, n=1,100, 단위: %

| | 전체 | Z세대 | 밀레니얼 세대 | X세대 | 86세대 |
|---|---|---|---|---|---|
| (Base) | (1100) | (86) | (399) | (376) | (239 ) |
| 소속 팀·부서의 매출과 실적 평가 | 26.7 | 16.3 | 26.1 | 27.4 | 30.5 |
| 소속 팀원 간의 상호 평가 | 24.4 | 24.4 | 25.6 | 22.9 | 24.7 |
| 개인의 매출과 실적 평가 | 24.2 | 36.0 | 24.1 | 25.8 | 17.6 |
| 기업의 매출과 실적 평가 | 16.5 | 15.1 | 13.5 | 18.4 | 19.2 |
| 소속 팀장의 평가 | 8.2 | 8.1 | 10.8 | 5.6 | 7.9 |

방식으로, 밀레니얼 세대와 X세대, 86세대 모두 '소속 팀·부서의 매출과 실적 평가'가 1위로 뽑혔지만, Z세대 직장인의 경우 '개인의 매출과 실적 평가(36.0%)'가 가장 높게 나타났다.** 이는 성과 평가의 기준을 자신의 기여에 더욱 초점을 맞추고 있음을 보여준다.

　MZ세대는 내가 일하는 조직이 나의 강점과 기여에 가치를 두고 있는지 매우 중요하게 생각한다. 성과급, 근로 수당, 노사협의 등 MZ세대가 표출한 사안만 조명하여 해결책을 찾는 건 임시방편에 불과하다. 자신의 기여와 노력에 가치를 두지 않는 조직을 향한 목소리는 앞으로 더욱 커질 게 분명하기 때문이다. 조직 내 문제에 대해 어떤 과정을 바탕으로 결과가 도출되는지 이

●● 《[데이터베이직]일 · 직업 · 직장(2021년 8월)》, 대학내일20대연구소, 2021.08.24

해할 만한 협상 근거를 끊임없이 찾아 나설 것이다. 그런 의미에서 기업은 MZ세대 구성원의 성장과 기여를 어떤 방법으로 보여줄지 깊게 고민해봐야 한다.

## ∷ 구성원이 느끼는 조직의 미션은 가장 매력적인 직원 경험이다

《The Employee Experience Advantage》의 저자인 제이콥 모건(Jacob Morgan)은 조직 규모와 관계없이 직원 경험의 환경을 구성하는 몇 가지 요소를 강조하는데, 물리적 환경, 기술적 환경, 문화적 환경이 바로 그것이다.[*] 좋은 인재를 영입하고 성장시키기 위해 조직의 환경을 필수적으로 고민해야 하는데, 그중 문화적 환경은 직원이 실제 일하는 공간, 업무에 사용하는 하드웨어와 소프트웨어 등을 포함한 물리적·기술적 환경보다 직원 경험에 더 큰 영향을 미친다. 기업과 조직의 문화란 MZ세대 구성원이 앞으로도 계속 '일하고 싶은 회사'를 만들기 위한 전제 조건이자, 조직의 특권이기 때문이다. 궁극적으로 구성원과 기업이 어떤 가치와 의미를 가지고 어느 방향으로 나아가야 할지 알려주는 나침반과 같은 역할을 해낸다고 볼 수 있다.

크라우드펀딩 플랫폼인 와디즈(Wadiz)는 조직이 지향하는 가치에 부합한 직원 경험을 통해 가파르게 성장하고 있는 대표적인 기업이다. 8년 전 두 명으로 시작한 와디즈의 직원은 2020년 200여 명까지 늘어났다.[**] 와디즈는 '올바른 생각이 신뢰를 바탕으로 성장하는 세상을 만든다'라는 기업 철학으

---

- Jacob Morgan, 《The Employee Experience Advantage》, 한국학술정보㈜&PSI컨설팅, 2020, p.86
- ●● 〈MZ세대 사로잡은 와디즈의 '공간'〉, 중앙시사매거진, 2020.10.23

진국이가 일하는 법
# Excellence with Integrity

1. why 없이 일하지 않는다.
2. 우선순위를 가지고 일하고, 맡은 일은 완결성 있게 끝낸다.
3. 모르겠으면 누구한테라도 물어본다.
4. 있는 그대로 잘 듣고 필요를 정확히 파악한다.
5. 다른 사람이 시키지 않은 숙제를 많이 만든다.
6. 뒤에서 비방하지 않고 건설적으로 의견을 제안한다.
7. 겁나면 보고하고, 겁나지 않으면 결정한다.
8. 모든 것으로부터 항상 배운다.
9. 잘 일하기 위해 잘 쉰다.
10. 내 일을 물려줄 방법을 찾는다.

조직이 지향하는 가치를 명확하게 담은 '진국이가 일하는 방법'_와디즈 컬처북

로 직원을 '진국이(진솔한 사람)'로 통칭한다. 진솔함이 채용 기준인 만큼 지원자의 인성과 태도가 업무 스킬보다 더 중요하다는 걸 보여준다. 또한 와디즈는 이런 '진국이'로서 일하는 방법을 10가지로 정리해 제시했다. 개념적이고 추상적인 슬로건이 아니라 어떻게 행동해야 하는지, 어떤 방식으로 일해야 하는지를 뾰족하게 보여준다. 조직이 지향하는 가치를 명확하게 담아낸 10계명으로 직원의 이해를 도왔다.

혼자 잘하는 것보다 '함께 잘하는 것'을 더 추구하다 보니 조직 문화가 협업 기반으로 꼼꼼하게 설계되어 있다. 매달 초 '임팩트 포럼'을 열어 전 직원들에게 회사의 성과와 계획을 투명하게 공개한다. 구성원 간 칭찬을 이어가는 '칭찬 릴레이 제도'를 통해 솔직한 피드백과 긍정적인 분위기를 조성하는

등* 조직이 지향하는 가치를 녹인 직원 경험을 제공하기 위해 다양한 시도를 하고 있다.

이처럼 기업과 조직의 미션은 비즈니스의 목표라기보다 MZ세대 구성원이 업무에 의미를 부여할 수 있는 수단이다. MZ세대는 회사나 조직이 자신의 미래를 책임져준다고 생각하지 않는다. 회사의 일이 가치 있으므로 '나는 회사의 일에 동참한다'는 마음으로 일에 '참여(involve)'한다는 인식이 강하다.** 따라서 회사와 조직을 선택할 때 "무슨 일을 하는 곳이야?"라는 질문뿐만 아니라 "거긴 왜 그 일을 하는 건데?"까지 더 궁금해한다. 반면, 조직의 가치와 철학이 존재하지만, 실제 이와 동떨어진 경영 활동을 하는 곳은 손절***의 대상이 되기 쉽다. 이들이 지속해서 일하고 싶은 기업으로 자리 잡기 위해서는 조직의 미션 설계도 중요하지만 미션의 이행 여부가 더 중요하다. 조직의 존재 이유가 경영 활동과 일치하는지 깊은 고민이 필요한 시점이다.

---

● 〈대표 아닌 직원이 곧장 의사 결정. 스타트업 키우는 '수평적 문화'〉, 파이낸셜뉴스, 2020.09.03

●● 〈잡플래닛 COO: MZ세대와 함께 잘 일할 수 있는 기업 문화는 없을까?〉, 퍼블리, 포럼M, 2021.07.29

●●● 주식과 가상화폐 시장에서 '손해를 끊어버리는 매매(손절매)'라는 뜻에서 유래된 신조어로 사람과의 관계를 손해를 보고 끊는다는 의미로 사용한다

## 결론

### 인사이트 01 : '밖'이 아닌 '안'에서 찾는다

조직 내부의 문제를 해결하는 과정도 일종의 직원 경험이다. 온라인 기반의 소통과 느슨한 연대가 익숙한 MZ세대인 만큼 조직 안에서 문제를 열어놓고 소통할 수 있는 접점이 필요하다. 카카오의 경우 자사의 음성 기반 SNS '음'을 통해 최고제품책임자(CPO)가 직접 나서서 대내외적으로 화제가 된 논란에 대한 해결 계획을 직원과 직접 소통하는 중이다. 네이버는 MZ세대가 친근하게 여기는 '제페토' 플랫폼을 활용하여 가상에서 사옥을 둘러보게 하거나, 네이버 밴드를 직원과의 소통 창구로 삼고 있다. 물론 네이버·카카오는 자사의 플랫폼을 다수 보유한 기업인 만큼 내부 접점을 마련하는 게 어렵지 않았을 것이다. MZ세대가 익숙한 SNS를 소통 창구로 활용하는 것도 좋지만, 디지털 기기와 서비스를 자유롭게 활용할 수 있는 세대인 만큼 플랫폼의 제한은 낮다. 중요한 건 조직의 예민한 사정을 내부에서 투명하게 공유할 수 있는 문화의 여부다. 조직은 직원의 의견을 듣고, 진실을 확인하며, 행동해야 한다.

### 인사이트 02 : 다양한 앵글의 인센티브에 대한 명확한 가이드가 필요하다

일하는 목적과 추구하는 가치는 개인마다 조금씩 다르지만, 전반적으로 내가 투입(Input)한 만큼 나와 회사가 성장했음을 그저 정당한 결과(Output)로 보상받길 원한다. 그리고 이들이 원하는 정당한 보상은 돈으로만 정의하기 어렵다. MZ세대는 복지, 연봉, 워라밸 등 어떤 하나의 기준으로 회사를 선택하는 게 아니라 여러 조건을 다방면으로 비교해볼 때 자기 기준에 가장 합리적인 회사를 선택하기 때문이다. 혹시라도 야근이 많다면, 왜 야근할 수밖에 없고 이에 대한 보상으로 어떤 제도가 있는지 꼼꼼히 설명해주는 등 스스로 이득과 손실을 판단할 수 있도록 선택의 기회를 줘야 한다. MZ세대는 수업도, 야자도, 심지어 학교 급식에서 나눠주는 우유의 맛까지 스스로 선택하는 '자기 결정권'을 보장받으며 성장해왔다. 물건 하나를 사도 배송 옵션부터 결과까지 모든 과정을 선택하고 공유받는 것이 당연한 세대다. 그런 관점에서 조직 내 벌어지는 채용, 평가, 교육, 보상 등 여러 과정 중 자신의 선택을 합리적으로 이해할 수 있도록 옵션의 가이드를 구체적으로 제공해주는 일은 직원의 조직 참여 효능감을 높이는 데 도움이 될 수 있다.

## 인사이트 03 : 기업의 가치와 문화, 직원과 함께 만들다

기업 문화란 본래 상대적 기준으로, 절대적 가치를 제시하기 어려운 영역이다. 즉, 옳고 그른 정답이 있는 게 아니라 조직이 추구하는 비전과 가치를 설계하고 이에 구성원이 얼마나 공감하는지 매칭하는 게 중요하다. 그동안 대부분 기업과 조직 미션은 경영진에 의해서만 결정되었다. 그러나, 직원 경험을 충분히 제공하는 조직은 자신들이 하는 일과 이로 인해 영향을 받는 사람들, 즉 직원을 포함한 세상과 주변 사회에 미치는 영향까지 고민하고 연결한다. 이렇게 기업과 조직의 가치를 직원 개인의 가치와 같은 선상에 배치하기 위해서는 직원의 생각과 관점이 빠질 수 없다. 우리 조직은 어떤 목적과 지향을 갖춘 일을 하는지, 어떤 인재가 필요한지 구성원과 함께 조직의 존재 이유를 명확히 정하고, 지속해서 조정해나가야 한다. 또한, 회사의 방향성에 맞춰 적합한 시점에 직원 개인의 성장 경험을 점검해줄 수 있는 피드백 서베이(Feedback Survey), 간담회 등 제도적 장치도 필요할 것이다.

# Part 3

## MZ세대에게 사랑받는 모든 것

# 1

## 2021
## MZ세대
## 핫템 리스트

▼

MZ세대의 트렌드를 읽는 가장 좋은 방법 중 하나는 그들의 일상을 들여다보는 것이다. 트렌드를 이끌어가는 이들이 실제로 먹고, 보고, 쓰는 아이템들을 찬찬히 살펴보면 단순히 소비를 넘어 MZ세대의 생각과 취향, 관심사를 엿볼 수 있다. 2021년, MZ세대가 관심을 갖고 소비했던 아이템들을 다음과 같이 정리했다. 갓생을 꿈꾸며 하루 루틴을 탄탄히 다져나가고 자기 관리에도 신경쓰는 모습, 사회적 거리두기로 인해 외부 활동이 힘들어도 집에서 자신의 일상을 잘 가꿔가는 모습, 또 2021년 MZ세대가 새롭게 주목하는 취향과 관심사까지 살펴보자.

# MZ세대의 갓생을
# 도와주는 것들

MZ세대가 최고를 표현할 때 쓰는 접두사 '갓(God)'과 인생을 합친 단어인 '갓생'은 MZ세대가 꿈꾸는 삶을 정의하는 단어다. '최고의 인생'이라고 하면 돈 많은 백수의 삶을 언뜻 떠올려볼 수 있다. 하지만 이들이 꿈꾸는 갓생은 반대의 의미다. 자신이 세운 목표나 계획을 착실하게 이뤄낸 생산적이고 부지런한 삶을 MZ세대는 갓생이라고 표현한다. 대학내일20대연구소는 2021년 MZ세대의 트렌드 키워드 중 하나로 '일상력 챌린저*'를 꼽았다. 일상력 챌린저란 소소한 도전으로 사소하지만 확실한 성취감을 채워가며 자신의 일상을 돌보는 MZ세대의 모습을 정의한 키워드다. 이는 현재 이어지고 있는 갓생 트렌드와 맥락을 같이한다.

MZ세대는 자신이 꿈꾸는 갓생을 실천하기 위해 다양한 아이템과 서비스를 소비하며 적극적으로 투자하고 있다. MZ세대가 갓생을 위해 소비하는

---

• 일상력 챌린저[日常力(일상을 가꾸는 힘)+Challenger(도전하는 사람)]. 소소한 도전으로 일상을 가꾸는 힘을 기르는 MZ세대 트렌드를 정의한 키워드

아이템들을 살펴보면 그들이 꿈꾸는 '갓생'이 어떤 모습인지 좀 더 선명하게 확인할 수 있다.

## :: 느슨한 연대로 이어가는 자기 관리 : 투두 메이트

MZ세대가 꿈꾸는 갓생의 특징을 엿볼 수 있는 대표적인 아이템이 바로 '투두 메이트(todo mate)' 앱이다. 투두 메이트는 할 일을 관리할 수 있는 자기 개발 앱이다. 2021년 7월 SNS에 공유되며 주목받기 시작했고, 지금은 앱스토어 생산성 앱 1위를 기록하며 갓생을 꿈꾸는 MZ세대의 필수 앱이 되었다. 투두 메이트 앱이 단기간에 인기를 끈 비결은 바로 '공유' 기능이다. 투두 메

투두메이트로 서로의 목표를 응원해준다_제트워크 3기 참여자 김새얀, 정송희 제공

애플워치 활동 공유를 통해 독려를 하는 모습_대학내일 함지윤 제공

이트 앱에서는 자신의 일정을 친구, 혹은 같은 목표를 가진 사람들에게 공유할 수 있고, 이모티콘으로 응원까지 전할 수 있다. MZ세대는 친구가 목표를 달성한 것을 보고 동기 부여를 느낀다. 내가 목표를 달성했을 때 친구들이 전하는 응원은 목표를 달성할 원동력이 되기도 한다.

자기 관리를 위해 느슨하게 연대하는 모습은 다양하게 찾아볼 수 있다. MZ세대는 애플워치를 통해 친구와 활동 기록을 공유하기도 한다. 내역을 공유하면 친구의 활동에 대한 알림을 받은 친구는 격려 메시지를 보낼 수 있다. 또 이를 바탕으로 거루기를 진행하여 지루하고 힘든 운동을 게임처럼 즐겁게 즐기기도 한다. 이처럼 MZ세대는 사소한 일상부터 공부, 운동 등 지속적인 루틴까지 서로 공유하고 함께 실천하며 느슨한 연대를 형성해가고 있다.

## :: 소소하게 쌓는 성취감 : 플래너, 30일 챌린지 캘린더, 내가해냄 도장

MZ세대가 갓생을 지속하는 원동력은 거창한 성공 경험이 아니다. 갓생의 원동력은 하루 하루 작은 목표를 달성해가며 쌓는 소소한 성취감에 있다. 그렇기 때문에 MZ세대는 소소한 성취감을 쌓기 위해 기록이나 인증 등 다양한 방법을 강구한다. MZ세대가 소소한 성취감을 쌓을 수 있도록 도와주는 다양한 굿즈들이 있는데, 특히 Z세대가 관심을 갖고 소비하는 아이템이다.

가장 기본적인 것이 플래너다. 그날의 일정이나 공부 계획을 적고 체크할 수 있는 플래너는 10대인 Z세대에게 필수품이다. Z세대는 플래너에 일정을 체크하는 것에서 그치지 않고, 이를 사진으로 찍어 SNS에 인증하기도 한다. 자신이 목표를 달성한 것을 인증함으로써 또 한 번 성취감을 느끼기 위해서다. 플래너로 유명한 문구브랜드 '모트모트'는 이런 Z세대의 인증 문화를 잘 활용하여 Z세대에게 사랑받는 브랜드로 자리 잡았다. 열공러들의 플래너를 뽑아 모트모트 인스타그램 공식 계정에 리그램함으로써 Z세대의 인증 욕구를 자극한 것이다.

또 한 달 간의 도전을 돕는 30일 챌린지 캘린더도 인기다. Z세대는 갓생을 위한 습관 만들기에 도전할 때 보통 2주나 30일 챌린지를 진행한다. 너무 긴 목표나 계획은 쉽게 지치기 때문이다. Z세대는 30일로 구성되어 있는 작은 캘린더를 구매하여 한 달 동안 실천할 목표를 적어 넣고, 목표 달성 과정을 체크해 달력을 채워나가면서 소소한 성취감을 느낀다. Z세대의 플래

재미있는 문구로 인기를 끈 레터에잇 도장_레터에잇 홈페이지

너나 캘린더에 성공 여부를 체크할 때 사용하는 스탬프도 있다. 문구 브랜드 레터에잇은 '내가해냄', '이걸해냄', '찢었다' 등 Z세대가 목표를 달성했을 때 외치는 재미있는 문구를 스탬프로 만들어 큰 인기를 끌었다. Z세대는 이런 굿즈를 통해서 소소한 성취감을 채우는 것은 물론 목표를 달성해가는 과정에서도 재미를 추구하며 갓생을 실천한다.

## :: 간편한 자기관리템 : 괄사

갓생을 꿈꾸는 MZ세대는 운동을 통한 자기 관리에도 열중한다. 홈트레이닝, 필라테스, 헬스 등의 운동은 MZ세대의 자연스러운 일상이 되었다. 운동이 일상으로 자리 잡으며 뜻밖에 주목받는 아이템이 있다. 바로 '괄사'라는 마사지 도구다. '괄사'는 과거 5060 여성이 쓰는 제품이라는 이미지가 있었

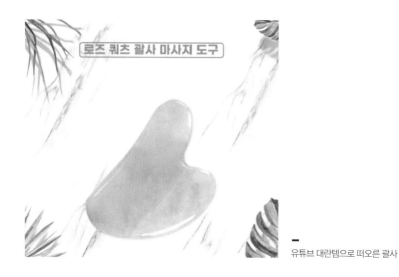

로즈 쿼츠 괄사 마사지 도구

유튜브 대란템으로 떠오른 괄사

으나, 최근 쵀모나, 회사원A 등 유명 뷰티 유튜버가 추천하면서 20대 여성들 사이에서 대란템으로 꼽히기 시작했다. 괄사는 손바닥 정도 크기의 작은 마사지 도구로 뭉친 근육이나 림프절 순환 마사지를 할 수 있는데, 크기가 작고 사용 방법도 어렵지 않아서 집에서 홈케어용으로 사용하기가 용이해 인기다. 하트 모양의 로즈쿼츠 괄사, 물고기 모양의 유기 놋 괄사 등 각양각색의 모양과 재질을 가진 괄사 제품들이 다양하게 출시되고 있다.

## :: 부담은 덜어내고, 필요한 것은 간편하게 채우고
### : 제로 칼로리 음료와 단충전 제품

MZ세대는 운동을 열심히 하는 만큼 식단 관리에도 신경 쓴다. 단, 몸과 마음의 건강을 해치는 무리한 식단관리가 아닌, 몸과 마음의 건강을 모두 챙기는 식단 관리를 추구한다. 이를 위해서 MZ세대는 부담은 최대한 덜어내고 필

이디야커피에서 출시한 프로틴 밀크_이디야커피 홈페이지

요한 것을 취사선택해 채운다.

2021년 특히 주목받은 것은 제로 칼로리 탄산음료다. 제로 칼로리 탄산음료는 '코카콜라 제로' 정도만 있었는데, 2021년 '칠성사이다 제로', '펩시제로', '스프라이트 제로' 등 다양한 제로 칼로리 제품이 출시됐다. 건강에 대한 관심이 늘며, 톡 쏘는 시원한 탄산의 느낌과 맛은 그대로 살리면서도 칼로리를 낮춰 몸의 부담은 줄여주는 제로 칼로리 음료가 주목받기 시작한 것이다. 또 물에 타 먹는 달달한 분말 음료임에도 최대 칼로리가 12kcal로 낮은 '크리스탈 라이트'도 인기다. 칼로리 걱정을 줄여 체중 조절 시에도 가볍게 마시기 좋고, 물을 챙겨 먹는 습관을 만들기에도 좋은 제품으로 꼽힌다. 음료에서 나아가 칼로리를 줄인 과자도 나타나고 있다. 설탕 대신 대체 감미료를 사용한 롯데제과의 '쁘띠몽쉘 제로'와 '젤리셔스 제로'가 그것이다. 자기 관리를 하면서도 다양한 맛을 즐기며 스트레스를 받지 않고 느슨하게 해나가고자 하는 MZ세대의 모습이 엿보인다.

또 운동에 진심인 MZ세대는 근손실을 막고 득근을 하기 위해 당 충전 아닌 '단충전(단백질 충전)'을 신경 쓴다. 지난해 계란폭탄김밥, 두부유부초밥 등 탄수화물을 단백질로 대체한 키토푸드 인기에 이어, 2021년에는 고단백을 강조한 프로틴 함유 제품들이 출시되고 있다. 매일유업의 매일두유 고단백, 요플레 프로틴 등 RTD(Ready To Drink) 음료나 프롬잇 프로틴 칩, 프로틴 바 등의 형태로 바로 간편하게 챙겨 먹을 수 있는 것이 특징이다. 뿐만 아니라 MZ세대가 일상에서 자주 찾는 커피 전문점도 단백질이 들어간 프로틴 음료를 출시하고 있다. 빽다방은 2020년 간편하게 단백질을 섭취할 수 있는 프로틴 쉐이크를 내놨으며, 이디야커피도 2021년 6월 단백질이 함유된 '프로틴 밀크'를 출시해 인기를 끌었다. 단충전을 도와주는 아이템들이 MZ세대 일상에 녹아들고 있다.

# MZ세대의 집콕라이프를
# 채워주는 것들

코로나19로 사회적 거리두기가 지속되면서 MZ세대는 집에서 보내는 시간
이 크게 늘었다. 그러면서 일명 '집콕 소비'도 함께 늘었다. 늘 새로운 경험에
목마른 MZ세대가 여가 시간을 의미 있게 채워줄 수 있는 다양한 취미와 콘
텐츠에 관심을 돌리기 시작했기 때문이다. MZ세대가 집에서 즐긴 핫한 취
미와 놀이를 살펴보았다.

## :: 취미도 즐기고, 집꾸도 하고
### : 터프팅, 펀치 니들, 타일 테이블, 지점토 트레이

집에 있는 시간이 늘어나자 여가 시간을 채워줄 취미에 대한 관심이 높아졌
다. MZ세대 사이에서는 새로운 취미들이 주목받고 있다. MZ세대의 워너
비 취미 생활로 떠오르고 있는 것 중 하나가 바로 터프팅이다. 터프팅은 천
위에 여러 가닥의 실을 모은 다발을 수놓는 직조 기법이다. 이를 활용해 작
은 러그를 만드는 것이 인기다. 터프팅은 2020년 12월 가수 빈지노가 터프
팅 원데이 클래스를 방문해 팬들에게 선물할 러그를 만드는 모습을 담은 유

터프팅은 이제 90% 완성

—
MZ세대의 워너비 취미 생활로 떠오르고 있는 터프팅 _올로호요 OLOHOYO 유튜브

튜브 영상을 올리면서 주목받기 시작했는데, 취미 인플루언서들이 관련 콘텐츠를 연이어 올리며 인기를 끌기 시작했다. 터프팅은 돈이 많이 드는 취미다. 터프팅 필수 도구인 터프팅 건이나 원데이 클래스의 가격이 비싼 편이기 때문이다. 금전적인 여유가 크지 않은 Z세대는 터프팅 대신 비교적 쉽게 접할 수 있는 펀치 니들로 러그나 소품을 만들기도 한다.

터프팅 이후에도 타일 테이블 만들기, 지점토로 트레이 만들기, 트위스트

캔들 등 다양한 취미가 유행했다. MZ세대가 즐기는 이런 집콕 취미는 틱톡이나 유튜브 콘텐츠의 영향을 크게 받았다. 해외에서 유행하는 취미가 틱톡이나 유튜브를 통해 한국으로 유입된 뒤, 국내 취미 인플루언서들이 이를 콘텐츠로 만들고 인증하면서 MZ세대 사이에도 빠르게 확산된 것이다. 이런 취미생활은 결과물을 인테리어에 활용할 수 있다는 공통점이 있다. 터프팅이나 펀치 니들로 만든 러그, 예쁘게 빚어 '크로우캐년' 감성으로 칠한 지점토 트레이, 방을 카페처럼 만들어주는 타일 테이블까지. 이처럼 집에 있는 시간이 늘어나면서 심심함을 달래고 집까지 꾸밀 수 있는 취미가 인기를 끌고 있다.

## :: 함께 즐기는 게임의 인기 : 리얼 크라임씬2

사회적 거리두기로 인해 오프라인에서는 자유롭게 만나지 못하더라도, 제한이 없는 온라인에서 친구와 함께 게임을 즐기는 Z세대의 모습이 지속 관찰되고 있다. Z세대는 디스코드나 보이스톡 등 프로그램을 사용해 음성통화를 하면서 실시간으로 게임을 즐긴다.

2020년에는 '모여봐요 동물의 숲'이나 마피아를 찾는 게임인 '어몽어스'가 인기였다면, 2021년에는 '리얼 크라임씬2'라는 추리게임이 Z세대 사이에서 인기다. 리얼 크라임씬2는 마술산장에서 일어난 살인 사건의 범인을 찾는 모바일 추리 게임으로 '리얼월드'라는 앱을 통해서 즐길 수 있다. 게임 방법은 시즌 3 종영 이후에도 여전히 팬이 많은 JTBC의 예능 프로그램 〈크라임씬〉과 동일하다. 최근 중국 MZ세대 사이에서 선풍적인 인기라는 중국

친구들과 함께 즐기는 리얼 크라임
씬2_리얼월드 앱

판 마피아 게임 '쥐번샤'*와도 비슷하다. 음성통화가 가능한 디스코드나 보이스톡으로 4~5명이 모여야 게임을 시작할 수 있으며, 각자 맡은 역할대로 연기를 하고 범인을 추리해나가는 게임이다. 평소 즐겨봤던 예능 프로그램의 주인공이 되는 경험을 할 수 있고, 친구들과 함께 연기를 하며 추리를 해나가는 과정이 재미있어 Z세대 사이에서 반응이 좋다.

## :: 놀이처럼 즐기는 SNS 레시피
### : 연두두부구이, 라이스페이퍼 떡볶이, 그릭복숭아

요리도 MZ세대가 즐기는 대표적인 집콕 취미 중 하나다. MZ세대에게 단순히 끼니를 때우는 것을 넘어 재미와 즐거움을 주기도 하고, 나를 돌본다는

---

● 6~10명 사이로 모인 사람들이 각본을 고른 뒤 자신이 맡은 역할에 따라 연기하며 살인범이 누구인지 추리하는 게임

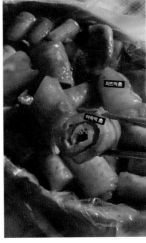

라이스페이퍼로
치즈떡 만들기 ☺

—
간단하게 만들 수 있는
라이스페이퍼 떡볶이

정서적 안정감을 주기도 한다. 지난해부터 집에서 쉽게 시도할 수 있는 요리 레시피들이 지속적으로 인기를 끌고 있다. 올해 유행한 레시피들을 살펴보자. 두부를 체크 모양으로 잘라 요리에센스 연두를 두르고 에어프라이어에 구워 먹는 '연두두부구이', 김밥 김을 사등분해서 재료를 올리고 딱지처럼 접어 먹는 '사각김밥', 떡 대신 라이스페이퍼를 말아 넣어 만든 '라이스페이퍼 떡볶이', 말랑한 복숭아의 속을 파서 그릭요거트를 채운 뒤 그래놀라나 견과류와 함께 먹는 '그릭복숭아' 같은 레시피가 인기였다.

　MZ세대 사이에서 유행하는 SNS 레시피는 매우 간단하다. 일상에서 쉽게 구할 수 있는 재료를 사용하며, 조리법도 간단해 시도하기가 쉽다. 완성 후의 비주얼이 그럴싸해 SNS에 인증하기 좋고 챙겨 먹는다는 성취감까지 준다. 놀이처럼 즐기는 MZ세대의 요리는 계속될 것으로 보인다.

# MZ세대의
# 새로운 관심사와 취향

새로운 것에 관심이 많고, 다양한 영역에 레이더를 세우고 있는 MZ세대의 관심사와 취향은 항상 빠르게 변해왔다. 2021년 MZ세대의 관심사와 취향을 저격하여 이들의 선택을 받은 아이템들을 살펴보자.

## :: MZ세대를 만나 젊고 힙해진 골프

2020년 등산에 나섰던 MZ세대는 2021년에는 골프로 눈을 돌렸다. 과거에 골프는 부장님이 즐기는 취미쯤으로 여겨졌지만, 이제는 사회초년생뿐만 아니라 대학생인 Z세대도 즐기는 운동이 됐다. 등산이 그랬던 것처럼 골프가 각광받게 된 배경에도 코로나19의 영향이 컸다. 코로나19 이후 실내 운동도 어렵고, 여행을 가기도 힘든 가운데 탁 트인 야외 골프장에서 골프를 즐기는 것이 운동과 여행의 욕구를 충족시켜주었기 때문이다.

골프의 이미지가 변한 것도 한몫했다. 과거엔 골프가 돈도 많이 들고, 한 번 치려면 멀리 나가야 해서 도전하기 어려운 운동이라는 인식이 있었으나, 최근에는 초보자를 위한 스크린 골프장이 늘어나고, 골프와 관련된 콘텐츠

소유욕을 부르는 카카오프렌즈 골프공

가 늘어나 접근성이 높아졌다. TV에서 골프 예능도 찾아볼 수 있다. 특히 유튜브에서 골프를 즐기는 또래 유튜버들의 브이로그를 보며 관심을 갖는 경우가 늘었다. Z세대 사이에서 인기 있는 유튜버 '딤디'도 출근 전 골프를 배우는 모습을 브이로그에 담아 주목받기도 했다.

MZ세대의 골프 열풍에 힘입어 골프 웨어와 골프 용품도 힙해져 MZ세대의 소비 욕구를 자극하고 있다. 카카오프렌즈, 포켓몬스터 등 인기 캐릭터를 활용한 골프 용품이 출시되고 있으며, MZ세대를 겨냥한 말본골프, 골든베어 같은 힙한 골프웨어도 인기다. 매번 다른 옷을 입고 필드에 나가고 싶어 골프웨어 렌털을 이용하는 MZ세대도 많다.

## :: 지금 가장 힙한 디저트, 도넛

2021년 가장 핫한 디저트를 꼽으라면 '도넛'을 꼽을 수 있다. 단순히 디저트를 넘어 특색 있는 브랜딩을 만들어가는 도넛 브랜드들이 등장하면서 '도넛'

—
브랜드와의 콜라보 굿즈로 주목받은 노티드 도넛_이니스프리 홈페이지, 카페노티드 인스타그램

에 대한 이미지가 바뀌고 있다. 도넛의 이미지 변화에 큰 역할을 한 브랜드는 세 곳이다. '올드페리 도넛', '랜디스 도넛', '카페 노티드'가 그것이다. 기존 도넛 프랜차이즈에서는 볼 수 없었던 다채로운 메뉴와 인증하고 싶은 디자인과 비주얼로 도넛이 MZ세대 사이에서 힙한 디저트로 자리 잡기 시작했다. 특히 '카페 노티드'는 일러스트레이터인 이슬로(yislow)가 디자인한 캐릭터를 앞세워, 도넛 외에도 다양한 캐릭터 상품을 선보이기도 하고, 이니스프리와 삼성전자 등 기업과 콜라보레이션을 진행하기도 했다.

힙한 도넛 브랜드의 등장에 기존 프랜차이즈 브랜드도 다양한 시도를 하고 있다. 파리바게트는 2021년 민트초코필링을 가득 채운 민트 초코 도넛을 출시해 민초단의 지지를 받았다. 대표적인 도넛 프랜차이즈인 던킨 도너츠도 흑임자 꽈배기 도넛, 앙버터 도넛, 인절미 츄이 먼치킨 등 기존 도넛의 틀을 벗어난 특색 있는 맛의 도넛을 출시 중이다. Z세대 사이에서도 크로플

(크로와상+와플)에 이어 크로와상 생지로 만든 도넛인 크로넛이 새로운 디저트로 인기를 끌고 있으며, 프로틴이 첨가된 도넛이나 아이스크림을 넣은 도넛 등 이색 도넛이 출시됐다. 2022년에도 힙한 디저트, 도넛의 변신은 계속될 것으로 보인다.

## :: 여전히 통하는 코드, 레트로

레트로도 여전히 Z세대에게 통하는 취향 중 하나다. 2020년에는 Z세대의 새로운 뉴트로로 하이틴 감성이 주목받았는데, 이 흐름이 지속되어 2000년대 유행했던 아이템들이 인기를 끌고 있다. 일명 곱창 밴드로 불리는 스크런치와 헤어집게는 2019년 말부터 슬금슬금 유행 조짐을 보이다 지금은 누구나 하나씩은 가지고 있는 일상템으로 자리 잡은지 오래다. 일명 패션 암흑기라고 불리는 2000년대 초반 유행했던 젤리슈즈, 벨리체인 같은 아이템도 조금씩 눈에 띄고 있다. 이처럼 흑역사의 한 페이지로 여겨졌던 유행이 재해석되어 돌아와 Z세대의 관심을 받고 있다.

패션 외에도 레트로를 찾아볼 수 있다. 대표적인 것이 필름 카메라의 인기다. 필름 카메라는 밀레니얼 세대가 선호하는 취미 중 하나였는데, Z세대로까지 이어지고 있다. 필름 카메라 전문 매장에 가지 않더라도 일회용 필름 카메라들이 잘 나와 있어 예쁜 디자인의 일회용 카메라를 구입해 출사에 나서는 Z세대가 많다. Z세대 사이에서 폴꾸가 유행하면서 폴라로이드 카메라에 대한 관심도 높다. 특히 코닥에서 출시한 포토 프린터는 레트로의 감성을 담은 디자인과, 스마트폰으로 찍은 과거 사진도 인화할 수 있다는 장점을 가지고 있어 인기다. 디지털 네이티브인 Z세대에게 아날로그 감성은 여전히

레트로 감성으로 인기를 끌고 있는 폴라로이드 카메라

새롭고 매력적인 요소로 작용하고 있다.

## :: 환경을 생각한 디지털 굿즈

아이패드와 같은 태블릿PC는 MZ세대의 필수품으로 자리 잡았다. 특히 Z
세대는 태블릿 PC를 활용해 필기하는 데 능숙하다. 학교에서 필기나 공부
를 할 때 태블릿 PC를 사용하고, 다이어리를 꾸밀 때에 사용하기도 한다. 그
렇다보니 굿노트 템플릿, 스티커, 배경 화면, 필터 같은 다양한 디지털 굿즈
들이 Z세대의 주목을 받고 있다. 이에 따라 디지털 굿즈를 거래할 수 있는 위
버딩, 지공 같은 플랫폼도 늘어나고 있는 추세다.

　디지털 굿즈는 기업에서도 다양하게 적용해볼 수 있는 마케팅 방법 중 하
나다. 태블릿용 템플릿이나 스티커는 물론이고, 스마트워치 시계 화면이나

굿노트 템플릿과 같은 디지털 굿즈를 판매하는 플랫폼_위버딩 홈페이지

삼성 Z플립3의 커버 디스플레이 등 꾸미기 요소의 하나로 디지털 파일을 사용하려는 니즈가 높다. 최근 블로그를 작성하는 Z세대가 늘면서, 블로그에 사용할 수 있는 스티커에도 관심이 크다. 더불어 최근 환경에 대한 관심이 높아지면서, 무분별하게 만들어내는 마케팅 굿즈에 대한 반감이 커지고 있다. 때문에 디지털 굿즈는 MZ세대의 취향을 반영하는 동시에 친환경 아이템으로도 어필할 수 있다.

▼

대학내일20대연구소는 MZ세대가 주로 소비하는 제품·서비스를 분야별로
구분하고 브랜드 인지도·충성도·이미지 차원으로 구성된 브랜드 파워 지수를
산출하고 비교하는 'TOP BRAND AWARDS' 조사를 매년 진행해오고 있다.
올해는 MZ세대 중에서도 트렌드에 민감하고 이를 적극적으로 즐기는 20대를
대상으로 탑 브랜드 조사를 진행했다. 해당 조사는 전국 만 19세 이상 29세
미만의 남녀 중 성별·연령·지역별 인구비례 할당표본추출(Quota Sampling)에
따른 표본 1,000명을 대상으로 구조화된 설문지를 이용한 온라인 패널 조사를
통해 2021년 7월 15일부터 7월 29일까지 15일간 조사했다.

조사 대상 분야는 유통 6개(편의점, 라이프스타일 숍, 백화점, 온라인 종합쇼핑몰, 음식 배달
앱, 라이브커머스), 패션 2개(패션·잡화 쇼핑 앱, 애슬레저룩), 콘텐츠 5개(유료 음원 서비스,
유료 동영상 앱, 웹예능 프로그램, 숏폼 영상 플랫폼, 비대면 화상 플랫폼), 식품 6개(커피 프랜차
이즈, 샌드위치·버거 프랜차이즈, 치킨 프랜차이즈, 떡볶이 프랜차이즈, 편의점 국산 캔맥주, 먹
는샘물), 생활 1개(국내 은행)로 총 20개 분야를 선정하여 조사를 진행했다.

본 책에서는 'TOP BRAND AWARDS' 조사 결과 중 주목할 만한 내용을 추려서
20대에게 사랑받는 브랜드만의 방법을 확인해본다.

상세한 BPI(Brand Power Index) 지수 산출 방법과 책에 소개되지 않은 다른
카테고리의 탑 브랜드가 궁금하다면, 대학내일20대연구소 홈페이지
(www.20slab.org)에 게시된 〈2021 20대 TOP BRAND AWARDS〉
연구 리포트를 통해 확인할 수 있다.

● 본 조사는 연구 과정 및 결과 도출과 관련하여 어떠한 금전적 지원도 받지 않았음

# 2021 ★ 20대
# Top Brand Awards

## 2021 20대가 가장 사랑한 브랜드

### 01 유통

1위 CU (68.6점)
2위 GS25
3위 이마트24

1위 다이소 (53.9점)
2위 이케아
3위 아트박스

1위 신세계백화점 (64.2점)
2위 현대백화점
3위 롯데백화점

1위 네이버쇼핑 (47.1점)
2위 쿠팡
3위 카카오톡 쇼핑하기

1위 배달의민족 (76.1점)
2위 요기요
3위 쿠팡이츠

1위 네이버 쇼핑라이브 (50.8점)
2위 카카오쇼핑라이브
3위 쿠팡 라이브

### 02 패션

1위 무신사 (40.8점)
2위 네이버쇼핑
3위 쿠팡

1위 나이키 (59.2점)
2위 아디다스
3위 뉴발란스

### 03 콘텐츠

1위 멜론 (58.6점)
2위 유튜브 뮤직
3위 지니

1위 넷플릭스 (73.7점)
2위 유튜브 프리미엄
3위 왓챠

1위 신서유기 스페셜 스프링캠프 (25.4점)
2위 네고왕
3위 맛있는 녀석들(시즌제 한다 모델뱅이 운동화)

1위 유튜브 쇼츠 (31.6점)
2위 틱톡
3위 인스타그램 릴스

1위 줌(Zoom) (65.8점)
2위 디스코드
3위 스카이프

### 04 식품

1위 스타벅스 (61.7점)
2위 투썸플레이스
3위 이디야커피

1위 맘스터치 (46.1점)
2위 서브웨이
3위 버거킹

1위 교촌치킨 (40.3점)
2위 BHC치킨
3위 BBQ치킨

1위 신전떡볶이 (42.4점)
2위 동대문엽기떡볶이
3위 청년다방

1위 카스 (47.1점)
2위 테라
3위 클라우드

1위 제주삼다수 (75.7점)
2위 아이시스
3위 에비앙

### 05 생활

1위 카카오뱅크 (55.3점)
2위 KB국민은행
3위 NH농협은행

| 순위 | 브랜드 | 2021 BPI |
|---|---|---|
| 편의점 | | |
| ★ 1위 | CU | 68.6점 |
| 2위 | GS25 | 60.1점 |
| 3위 | 이마트24 | 43.0점 |

## :: 다채로운 구매 경험을 제공하는 편의점

2021년 편의점 분야의 1위는 CU(68.6점)이며 뒤이어 GS25(60.1점)가 2위, 이마트24(43.0점)가 3위로 나타났다. 다른 유통 채널에 비해 제품과 서비스에 트렌드를 빠르게 반영하는 편의점은 MZ세대의 일상에 없어서는 안 될 존재로 자리 잡았다. 제품이나 서비스뿐만 아니라 소비 '경험'을 중시하는 MZ세대에게 편의점 업계는 다양한 구매 '경험'에 초점을 맞춘 마케팅을 진행해나가고 있다.

CU는 글로벌 메타버스 플랫폼 '제페토'에 'CU제페토한강점'을 오픈하며 색다른 경험을 제공했다.* 한강공원점이라는 이름에 걸맞게 즉석 조리 라면을 이용할 수 있는 공간은 물론이고, CU의 인기 상품들을 실제 점포와

---

● 〈메타버스 편의점에서 커피 한잔…CU '제페토한강점' 오픈〉, 매일경제, 2021.08.11

세계 최초 메타버스 공식 제휴 편의점인 CU제페토한강점_CU페이스북

유사하게 진열하는 등 디테일을 살렸다. Z세대의 놀이터가 되고 있는 메타버스에 새로운 즐길 거리를 제공하며 친근하게 다가간 시도가 눈에 띈다.
CU는 색다른 경험뿐만 아니라, MZ세대의 다양한 취향을 제품에 반영해 선택권을 넓히는 데도 신경 쓴다. CU는 2019년부터 채식주의 간편식 시리즈를 출시해오고 있다. 2021년 4월 지구의 날에는 생분해성 플라스틱과 크라프트 종이 패키지를 적용해 환경까지 생각한 채식주의 간편식 시리즈 2탄을 선보였으며, 8월에는 대체육의 맛과 품질을 높이는 데 집중한 3탄을 내놨다.** MZ세대 사이에서 건강 관리, 환경 보호 등을 이유로 지속적으로 이

---

●● 〈CU, 언리미트 채식주의 간편식 시리즈 3탄 선봬...지구인컴퍼니 협업〉, 뉴스락, 2021.08.04

어지고 있는 채식 트렌드를 잘 반영한 시도라는 호평을 받고 있다. 또한, CU는 지난해 '대한제분'과 '세븐브로이'와 함께 '곰표 밀맥주'를 출시한 후, 꾸준히 콜라보레이션 수제 맥주를 출시하며 편의점 맥주 시장의 트렌드를 이끌고 있다. 2021년 8월에도 '말표산업'과 '스퀴즈브루어리'와 협업하여 '말표 청포도 에일'을 출시해* 특색 있는 수제맥주를 골라 먹기 위해 편의점을 찾는 MZ세대 소비자를 만족시켰다.

GS25는 유통에서 새로운 경험을 제공했다. 앞서 트렌드 이슈에서도 소개했던 편의점의 유통기한 임박 상품을 당근마켓을 통해 할인 판매하는 '마감할인판매' 서비스 이야기다. 당근마켓 앱에서 원하는 유통기한 임박 상품을 선택해 결제하면 상품을 수령할 때 필요한 QR코드가 당근마켓 채팅창으로 전달되고, 고객은 매장에 방문하여 QR코드를 제시한 후 준비된 상품을 찾아가면 된다. 최대 60% 할인된 저렴한 가격으로 상품을 구매할 수 있고, 별도의 앱을 설치할 필요 없이 자주 사용하는 플랫폼인 당근마켓을 통해 이용할 수 있다는 점도 소비자 친화적이다. 중고 거래 플랫폼인 당근마켓과의 색다른 협업으로 효율적인 자원의 선순환 효과를 이끌어냈다는 점에서 ESG 경영의 좋은 사례로 꼽히고 있다.

한편 이마트24는 주식투자와 리셀 등 재테크에 관심이 많은 MZ세대를 공략했다. 대표적인 사례가 하나금융투자와 협업해 출시한 '주식 도시락'이다.** 주식 도시락에는 네이버, 현대자동차, 삼성전자, 대한항공, 대한해운

---

● 〈편의점 수제맥주 매출 '껑충'…CU, 말표 청포도에일 내놨다〉, 한국경제, 2021.08.05
●● 〈"이틀 만에 2만개 완판"… 이마트24 주식도시락 또 판다〉, 조선비즈, 2021.07.25

재테크 트렌드에 관심 많은 MZ세대를 노린 주식 도시락_이마트24 홈페이지

등 10개 기업의 주식 중 1주를 받을 수 있는 쿠폰이 무작위로 들어 있다. 최대 40만 원 상당의 주식을 얻을 수 있는 혜택과 랜덤 뽑기라는 재미까지 제공해 이틀 만에 2만 개가 완판될 정도로 인기를 끌었다. 또한 이마트24는 무신사의 한정판 마켓 '솔드아웃'과 손잡고 당첨될 시 100만 원 상당의 한정판 스니커즈를 제공하는 리셀테크 마케팅을 진행하기도 했다.[•••] 한정판 스니커즈는 리셀테크에 관심 많은 MZ세대에게 어떤 이벤트의 경품보다도 매력적으로 다가왔다.

가상 세계에 편의점을 열고, 환경을 생각하며 중고거래 플랫폼과 협업하

---

••• 〈100만원짜리 한정판 운동화 건 이마트24…"리셀족 공략"〉, 한국경제, 2021.08.03

고, 주식과 한정판 스니커즈를 경품으로 내거는 등 편의점 업계는 MZ세대의 트렌드와 관심사를 빠르게 읽어내고, 이에 맞는 다채로운 경험과 서비스를 제공하고 있다. 변화를 빠르게 캐치하는 편의점 업계가 앞으로 어떤 색다른 경험들을 녹여낼지 기대된다.

| 순위 | 브랜드 | 2021 BPI |
|---|---|---|
| ★ 1위 | 신세계백화점 | 64.2점 |
| 2위 | 현대백화점 | 47.8점 |
| 3위 | 롯데백화점 | 41.7점 |

## :: 쇼핑하는 백화점에서 체험하는 백화점으로

백화점 분야는 신세계백화점(64.2점)이 1위를 차지했으며, 이어서 현대백화점(47.8점)이 2위, 롯데백화점(41.7점) 3위로 나타났다. 소비자가 '직접 실감할 수 있는 다양한 체험과 콘텐츠를 제공하는 것'이 올해 백화점 업계의 큰 화두다. 백화점 업계는 공간이 주는 만족감을 최대치로 제공하기 위해 새로운 공간을 끊임없이 구축하고 있다. 카카오톡 선물하기로 명품백을 살 수 있고, 온라인 쇼핑몰에서 밤에 주문한 물건을 다음날 새벽에 받는 것이 당연해진 시대에 매력적인 오프라인 공간을 통해 경쟁력을 확보하려는 시도다.

신세계백화점 강남점은 공간의 첫인상을 좌우하는 1층부터 새롭게 꾸몄다. 본래 1층에 있던 명품 패션 브랜드(프라다, 구찌 등)를 다른 층으로 옮기고 체험에 중점을 둔 '아뜰리에 드 보떼(Atelier de Beaute)'를 오픈했다. 백화점 1층은

'대신아싸'라는 애칭으로 불리는 대전신세계 아트앤사이언스 _@heun_luvluv 인스타그램

명품관이라는 공식을 깬 것이다. '아뜰리에 드 보떼'는 국내외 화장품과 핸드백, 주얼리, 스트리트 패션 등 100여 개의 브랜드를 체험할 수 있는 곳으로 1천여 평의 공간을 3개 존으로 나누어 구성했다. 60여 개 명품 코스메틱 브랜드로 구성된 '뷰티 아틀리에' 존, 명품 핸드백을 한눈에 볼 수 있는 '프롬허' 존, 라이프스타일 콘텐츠를 선별해 구성한 '메자닌' 존으로 나뉘어 있다*. 특히 메자닌 공간의 경우 고급 와인을 체험할 수 있는 와인 전문 매장과 프리미엄 향수와 스킨케어를 경험해볼 수 있는 스킨케어룸 등 직접 경험 가능한 콘텐츠형 공간 위주로 구성되어 MZ세대를 사로잡았다.

　신세계백화점은 2021년 8월 개장한 대전신세계 아트앤사이언스(Art & Science)도 과학과 문화, 예술을 아우르는 콘텐츠로 가득 채웠다. 미디어아트가 특화된 아쿠아리움부터 카이스트 연구진과 손잡고 만든 체험형 과학관

● 〈SSG닷컴, 신세계백화점 강남점 리뉴얼 맞아 '온라인 단독 행사' 연다〉, 신세계그룹 뉴스룸, 2021.07.29

'넥스페리움', 실내 스포츠 테마파크, 예술 작품으로 채워진 아트 전망대까지. 오프라인 백화점을 방문하는 소비자에게 지루할 틈 없이 다채로운 체험형 공간을 제공하며, 일명 '노잼' 도시로 불리는 대전에서 꼭 방문해야 할 핫 플레이스로 떠올랐다.

현대백화점 역시 새로운 다채로운 체험을 제공하며 경쟁력 확보에 힘을 쏟고 있다. 각종 SNS에서 2021년 핫플레이스로 언급된 '더현대 서울'이 대표적이다. 더현대 서울은 상품 판매 공간을 줄이고 방문하는 소비자들에게 편안함을 주기 위해 실내 조경이나 휴식 공간에 신경 썼다. '자연을 담은 미래 백화점'이라는 수식어로 표현하는 이유다. 도심 숲 속을 모티브로 채광이 잘 드는 천장, 인공폭포, 천연 잔디 등 역설적이게도 '백화점 같지 않은 인테리어와 공간 디자인'으로 각광받으며 SNS에는 더현대 서울의 인증샷이 쏟

백화점 같지 않은 채광이 인상적인 더현대 서울_심재은 제공

Part 3. MZ세대에게 사랑받는 모든 것

아졌다.

또 더현대 서울은 지하 2층에 MZ세대의 마음을 사로잡기 위한 '크리에이티브 그라운드' 존을 구축했다. 편의점 콘셉트 라이프스타일 스토어 '나이스웨더', 빈티지 가구숍 '사무엘스몰즈', 성수동 유명 문구 큐레이션 편집숍 '포인트오브뷰' 등 MZ세대가 색다른 경험을 즐기기 위해 찾던 힙플레이스를 한 공간에 모아 놓은 것이다. 그뿐만 아니라 스니커즈 리셀 전문 매장인 'BGZT(번개장터) 랩'을 열고, 힙한 디자인 브랜드 '오롤리데이'의 팝업스토어를 진행하는 등 MZ세대의 취향과 관심사를 반영한 다양한 경험을 제공하기 위해 힘썼다. 그 덕분에 더현대 서울은 MZ세대의 힙한 놀이터로 빠르게 자리 잡았다.

이처럼 백화점 업계는 온라인 중심으로 개편된 쇼핑 환경에 대응해 직접 실감할 수 있는 다양한 체험과 콘텐츠를 제공하며 경쟁력을 확보해가고 있다. MZ세대의 취향과 관심사를 품으며 꼭 방문해야 할 핫플레이스로 떠오른 백화점 업계를 눈여겨보자.

| 🚌 음식 배달 앱 | | |
|---|---|---|
| 순위 | 브랜드 | 2021 BPI |
| ★ 1위 | 배달의민족 | 76.1점 |
| 2위 | 요기요 | 44.2점 |
| 3위 | 쿠팡이츠 | 32.1점 |

## :: 다양한 서비스로 일상에 녹아들고 있는 배달의민족

음식 배달 앱 분야 1위는 배달의민족(76.1점), 2위는 요기요(44.2점), 쿠팡이츠 (32.1점)는 3위이다. 부동의 1위 배달의민족과 음식 배달 앱 후발주자 쿠팡이 츠가 3위를 기록한 것이 눈길을 끈다.

배달의민족(이하 배민)은 2021년 다양한 서비스를 선보였다. 국내 배달 앱 가운데 처음으로 라이브커머스 '배민쇼핑라이브'를 론칭했고, 론칭 후 3개 월 만에 월 평균 시청자 6만 명 돌파라는 쾌거를 이뤄냈다.[*] 단순히 제품을 구매하는 것에만 초점을 맞추지 않고 콘텐츠적인 재미 요소를 더해 구매 시 느낄 수 있는 재미를 극대화했다는 점이 차별화 포인트다. 2021년 1월에는 '뭘 이런 걸 다 드립니다', '너에게 밥을 보낸다' 등의 배민 특유의 키치한 감 성과 위트가 담긴 상품권을 선물할 수 있는 '배민선물하기' 서비스를 출시했 다. 배민 앱에서 현금처럼 사용 가능해 취향을 몰라도 부담 없이 선물할 수 있다는 점과 코로나19로 인해 온라인으로 전환된 랜선 회식이나 모임 등 행 사에서 활용하기 좋다는 점 덕에 MZ세대에게 인기를 끌었다.

---

• 〈'먹방' 같은 배민 라이브커머스, MZ세대 겨냥해 완판행렬〉, IT조선, 2021.08.02

Part 3. MZ세대에게 사랑받는 모든 것

배민에서 제공하는 다양한 서비스 위주로 탭이 구성되어 있다_배달의민족 앱

이런 변화를 바탕으로 배달의민족은 11년 만에 앱 메인 화면을 대폭 개편했다. 기존 메인 화면은 음식 종류(한식, 분식, 치킨 등)로 탭이 나뉘어진 모습이었다면, 개편된 새 화면은 배달, 쇼핑라이브, 선물하기 등 서비스 위주의 탭으로 구성되었다. 음식 배달 앱이 아닌 F&B 관련 종합 서비스를 제공하는 플랫폼으로 거듭나려는 새 시도를 엿볼 수 있다.

한편 쿠팡이츠의 성장도 눈에 띈다. 모바일 빅데이터 전문 기업 아이지에이웍스의 데이터에 따르면 쿠팡이츠의 2020년 12월 일평균 사용자 수는

46만 235명으로 지난해 1월(2만 9869명)보다 15배 이상 증가했다.˙ 쿠팡이츠는 단건 배달을 앞세워 음식 배달 앱 분야에 뛰어들었다. 쿠팡의 강점인 '빠른 배송'이 쿠팡이츠에선 '단건 배달'로 이어진 것이다. 이를 통해 '쿠팡은 빠르다'라는 이미지를 확실히 MZ세대에게 각인시켰다. 쿠팡이츠가 쏘아 올린 단건 배달은 배달 서비스에 대한 소비자들의 만족도를 높여주었고, 이후 음식 배달 업계에서 단건 배달이 경쟁력을 좌우하는 요소가 되었다. 높은 성장률과 시장 잠재력을 보여준 쿠팡이츠가 앞으로 얼마나 더 영향력을 넓혀나갈 것인지 귀추가 주목된다.

● 〈쿠팡이츠의 질주⋯강남 점유율 45% 넘었다〉, 매일경제, 2021.03.28

# 콘텐츠

## 🎵 유료 음원 서비스

| 순위 | 브랜드 | 2021 BPI |
|:---:|:---:|:---:|
| ★ 1위 | 멜론 | 58.6점 |
| 2위 | 유튜브 뮤직 | 39.2점 |
| 3위 | 지니 | 31.6점 |

### ∷ 명확한 아이덴티티를 만들어가는 유료 음원 서비스

유료 음원 서비스 분야는 58.6점으로 멜론이 1위를 차지했다. 이어 유튜브 뮤직이 39.2점으로 2위, 지니가 31.6점으로 3위를 기록했다. 국내 유료 음원 서비스는 음원 차트, 자동 추천 알고리즘, 개인 맞춤형 플레이리스트 추천 등 각 플랫폼마다 주력으로 제공하는 서비스가 상이하다. 이에 따라 소비자들은 본인의 음악적 성향에 맞는 플랫폼을 찾아가기 위해 이곳저곳 탐색하는 시간을 가지기도 한다. 유료 음원 서비스들은 각기 다른 취향을 가진 MZ세대에게 어떻게 다가가고 있을까?

멜론은 지난해 순위 조작, 사재기 등 음원계 병폐를 해결하기 위해 24시간 기준 집계 방식인 '24히츠(24hits)' 차트를 새롭게 선보였다. 순위조작 이슈는 수그러드는 듯했으나, 트렌드를 즉시 반영하지 못한다는 단점이 제기됐다. 24시간을 기준으로 1인이 1회 재생하는 노래를 집계하다 보니 수년 전부터 사랑을 받고 있는 이른바 '명곡'들이 주로 노출되어 신규 음원 진입에 한계가 있었다. 또, 한 번 '24히츠'에 등재되면 순위 변동이 거의 없어 지루하다는 의견도 존재했다.

이러한 우려 때문인지 멜론은 트렌드를 시의성 있고 투명하게 반영하기 위해 '24히츠' 차트를 없애고 다시 'Top 100 차트'를 부활시켰다.[*] 개편된 Top 100 차트는 최근 24시간 이용량과 최근 1시간 이용량을 반씩 합산하는 등 이전 차트보다 공정성을 보완한 방식으로 운영[**]된다. 뿐만 아니라 차트 전담부서를 신설하여 모니터링을 강화해 최근 5분, 1시간 등 감상자 수의 정확한 데이터를 담은 차트 리포트를 발표하기로 했다. 팬덤 문화의 중심인 Z세대에게도 차트는 여전히 중요한 요소다. 아이돌 가수가 컴백하면 팬 카페에는 발빠르게 각 음원 플랫폼별 초동 차트 순위가 업로드된다. 공정성을 보완한 멜론이 Z세대에게 신뢰를 얻어 음원 플랫폼계의 명실상부 강자가 될 수 있을지 기대가 된다.

한편 유튜브 뮤직은 음악을 '듣는 것'을 넘어 눈으로 '보는' 경험까지 같이 제공하고 있다. 대학내일20대연구소에서 2021년 6월 만 15~40세를 대상으로 한 미디어·콘텐츠 조사에 따르면 '최근 한 달 내 음악을 듣기 위해 이용한 플랫폼'으로 '영상 스트리밍 플랫폼(유튜브, 네이버TV 등)'을 이용했다는 Z세대의 응답이 무려 73.1%를 차지했다. 이는 음원 스트리밍 플랫폼을 이용하는 비율(53.3%)을 넘어선 결과다.

---

● 〈멜론, 차트 개편 단행…'24히츠' 없애고 '톱100' 신설〉, 이데일리, 2021.08.02
●● 단, 이용자가 적은 심야와 이른 오전 시간대(오전 1시부터 7시까지)는 최근 24시간 이용량을 100% 비중으로 확대해 순위에 반영한다

유튜브 플레이리스트의 썸네일을 인테리어 요소로 활용했다

유튜브 뮤직은 공식적으로 발표된 음원뿐만 아니라 음원으로는 발매되지 않은 커버 영상, 콘텐츠를 통해 선보인 스페셜 무대 등의 영상을 음원으로 들을 수 있다는 장점이 존재한다. 또 MZ세대는 음악을 듣는 것에 그치지 않고 감성적인 유튜브 플레이리스트의 썸네일을 데스크탑 모니터나 아이패드에 켜놓고 방의 분위기 조성을 위한 인테리어 요소로 활용하기도 한다. 댓글을 통한 '세계관 놀이'도 빼놓을 수 없다. 첫사랑, 여름 방학 등 특정 상황이 제시된 유튜브 음악 플레이리스트 영상에는 각자의 추억을 공유하거나 상황극에 과몰입한 댓글을 쉽게 찾아볼 수 있다. MZ세대에게 유튜브의 음악 플레이리스트는 '세계관 놀이의 장'이기도 한 것이다.

이처럼 유료 음원 서비스에는 각각 뚜렷한 장점과 아이덴티티가 있다. 앞으로 멜론은 1위의 자리를 유지할 수 있을지, 2위로 추격 중인 유튜브 뮤직의 강세가 두드러질 것인지, MZ세대의 선택에 주목해보길 바란다.

## ⓒ 웹예능 프로그램

| 순위 | 브랜드 | 2021 BPI |
|---|---|---|
| ★ 1위 | 신서유기 스페셜 스프링 캠프 | 25.4점 |
| 2위 | 네고왕 | 24.2점 |
| 3위 | 맛있는 녀석들(시켜서 한다! 오늘부터 운동뚱) | 22.9점 |

## :: 자유로운 콘텐츠 제작의 장을 구축하고 있는 웹예능 프로그램

웹예능 프로그램 분야는 티빙의 〈신서유기 스페셜 스프링 캠프〉가 25.4점
으로 1위, 달라스튜디오의 〈네고왕〉(24.2점)이 근소한 차이로 2위, iHQ의 〈맛
있는 녀석들(시켜서 한다! 오늘부터 운동뚱)〉이 22.9점으로 3위를 차지했다. 〈신서
유기 스페셜 스프링캠프〉와 〈맛있는 녀석들(시켜서 한다! 오늘부터 운동뚱)〉의 경우
스핀오프(spin-off) 프로그램˚으로 기존 프로그램에서는 볼 수 없는 웹예능 프
로그램만의 재미를 느낄 수 있고, 〈네고왕〉은 출연하는 브랜드마다 구매 사
이트 서버가 터지며 대란이 일어나는 등 화제성이 높다. 이외에도 지상파 방
송사, 개인 크리에이터, 엔터테인먼트 업계 등 다양한 분야에서 제작한 웹예
능 프로그램이 연일 인기다. 웹예능은 기존 지상파 TV프로그램보다 콘텐츠
주제와 구성의 자율성이 높아, 제작자와 시청자 모두 지루함 없이 콘텐츠를
즐길 수 있다는 점이 주된 특징이다.

앞서 트렌드 이슈에서도 이야기했듯이 2021년엔 특히 개인 크리에이터
가 제작한 웹예능 프로그램이 주목받았다. 15.6점으로 7위를 기록한 피지

---

● 기존의 작품(본편)에서 파생된 프로그램을 뜻한다

Part 3. MZ세대에게 사랑받는 모든 것

스핀오프 웹예능 〈신서유기 스페셜 스프링 캠프〉_티빙 공식 홈페이지

컬갤러리의 〈가짜사나이〉**, 14.7점으로 9위를 기록한 진용진의 〈머니게임
〉*** 등 개인 유튜브 채널에서 제작한 웹예능 프로그램이 대표적이다. 이런
웹예능은 TV 방송에서는 볼 수 없었던 신선한 기획으로 MZ세대에게 큰 인
기를 끌었다. 특히 피지컬갤러리의 〈가짜사나이〉는 한 달 만에 누적 조회수
4천만 회를 기록하며 엄청난 파급력을 자랑했다. 이후 시리즈물로 제작되
어 왓챠나 카카오TV 등 OTT 플랫폼을 통해 방영되기도 하고, CGV를 통해
영화로 개봉되는 등 플랫폼을 넘나드는 모습을 보이기도 했다.

OTT 플랫폼의 오리지널 자체 제작 예능 프로그램도 MZ세대 사이에서
신선하고 재미있는 콘텐츠로 통한다. 카카오TV의 〈체인지 데이즈〉****나 티

●● 무사트(글로벌 보안 및 전술 컨설팅 회사)와 피지컬갤러리가 함께 진행하는 UDT 훈련 체험 콘텐츠

●●● 상금을 놓고 숨겨진 인간성을 알아보고자 하는 파격적인 리얼리티 콘텐츠 (네이버웹툰 원작)

●●●● 이별의 문턱에 선 연인들끼리 서로 파트너를 바꿔 데이트하는 연애 리얼리티 프로그램

논란도 있었으나 색다른 시도로 큰 인기를 끈 〈머니게임〉_진용진 유튜브

빙의 〈환승연애〉*는 진솔하고 현실적인 연애 고민을 담아 큰 공감을 샀다. 이 두 프로그램은 현재 카카오TV와 티빙의 대표 웹예능으로 자리 잡았다. 쿠팡도 자체 제작 OTT 플랫폼인 '쿠팡플레이'의 활성화를 위해 노력하고 있다. tvN에서 사랑받았던 〈SNL 코리아〉가 쿠팡플레이 단독으로 부활해 큰 인기를 끌며, 쿠팡의 새로운 시도가 성공을 거두고 있다.

엔터테인먼트 업계에서도 웹예능 프로그램인 아이돌 자체 제작 콘텐츠(이하 자컨) 제작에 힘쓰고 있다. 지상파 예능에 출연하지 않고도 서바이벌 게임이나 토크쇼 등 다양한 콘텐츠를 소화하는 아이돌을 볼 수 있어 팬들의 수요가 많은 편이다. 또한 '자컨'을 통해 생성되는 클립 형태의 영상들은 SNS를 통해 재확산되어 팬 유입률을 높인다. 이번 조사에서도 아이돌 자컨을 찾아

● 이별한 연인들이 다시 모여 새로운 사랑을 찾아 나가는 연애 리얼리티 프로그램

Part 3. MZ세대에게 사랑받는 모든 것

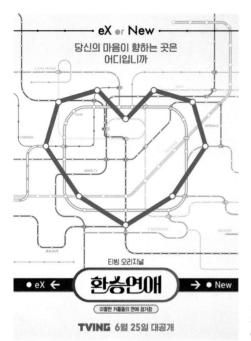

진솔한 연애 고민을 담아 수많은 과몰입러를
양산한 〈환승연애〉_티빙 공식 홈페이지

볼 수 있었다. '자컨 맛집'으로 통하는 방탄소년단의 〈달려라 방탄〉은 16위,
세븐틴의 〈고잉 세븐틴〉은 18위를 기록했다.

갈수록 웹예능 프로그램의 영향력이 커지며 시리즈물이나 시즌제 편성
으로 이어지고 있다. 지상파 TV 프로그램을 대적할 콘텐츠로 언급되는 웹
예능 프로그램의 상승세는 꾸준히 유지될 것으로 보인다.

팬들에게 자컨 맛집으로 통하는 〈달려라방탄〉과 〈고잉세븐틴〉_BTS, SEVENTEEN브이라이브

| 순위 | 브랜드 | 2021 BPI |
|---|---|---|
| ★ 1위 | 유튜브 쇼츠 | 51.6점 |
| 2위 | 틱톡 | 37.3점 |
| 3위 | 인스타그램 릴스 | 36.2점 |

**▦ 숏폼(세로형) 영상 플랫폼**

## :: 새로운 숏폼 생태계를 만들어가는 유튜브 쇼츠와 인스타그램 릴스

숏폼(세로형) 영상 플랫폼 분야는 유튜브 쇼츠(51.6점)가 1위를 차지했다. 이후 37.3점으로 틱톡이 2위, 36.2점으로 인스타그램 릴스가 3위를 기록했다. 숏폼 영상 플랫폼의 후발주자임에도 1위로 치고 올라온 유튜브 쇼츠와 틱

방탄소년단의 신곡 'Permission to Dance'의
댄스 챌린지_유튜브 공식블로그

톡을 바짝 추격하고 있는 인스타그램 릴스의 도약이 눈에 띈다.

유튜브 쇼츠는 올해 3월 국내에 베타 서비스를 시작하며 숏폼 플랫폼 생태계에 큰 변화구를 던졌다. 유튜브는 쇼츠 서비스를 강화하기 위해 다양한 전략을 펼치고 있다. 유튜브는 하단 기본 탭부터 가장 먼저 업데이트했다. 인기 동영상을 소개하던 '탐색' 탭 대신 유튜브 쇼츠를 배치했고, 쇼츠에 들어가면 끝도 없이 유튜브 쇼츠 영상이 자동 재생된다.

유튜브 쇼츠 론칭 초기에는 기존에 업로드된 유튜브 콘텐츠를 짧은 버전으로 편집하는 영상이 많았으나, 현재는 진절미, 요리용디, 코코보라 등 쇼츠 크리에이터나 자체 영상이 증가하며 틱톡과는 다른 콘텐츠 생태계를 만들어가고 있다. 또 유튜브 쇼츠를 통한 댄스 챌린지도 주목할 만하다. 최고 주가를 올리고 있는 방탄소년단의 신곡 'Permission to Dance'의 댄스 챌린지가 유튜브 쇼츠를 통해 단독으로 진행됐다. 이후 전소미의 신곡

흑백 사진에 색감을 넣는 릴
스 특유의 감성 콘텐츠

'DUMB DUMB'의 댄스 챌린지도 쇼츠에서 진행되며 유튜브 쇼츠를 통한 댄스 챌린지가 활발하게 이어지고 있다.

인스타그램 릴스의 성장세도 눈에 띈다. 인스타그램 릴스의 경우 출시 초반에는 틱톡 영상이 재업로드되곤 했지만, 이제는 릴스만의 감성을 담은 차별화된 콘텐츠들이 만들어지며 특색 있는 숏폼 플랫폼으로 자리 잡아가고 있다. 노을 켜기\*, 박수 여행\*\*, 흑백 사진에 색감 넣기\*\*\* 등 릴스 특유의 콘

---

- 카메라 초점을 활용한 촬영 기법 놀이로, 먼저 모델을 터치하여 하늘의 밝기를 최대로 맞춘 후 모델이 하늘을 가리키는 제스처에 맞춰 촬영자는 노을을 터치하여 마치 노을을 손가락으로 켜는 듯한 극적인 느낌을 주는 릴스 콘텐츠
- ●● 박수 소리 및 제스처에 맞춰 화면 전환을 하는 여행지 소개 콘텐츠
- ●●● BGM 박자에 맞춰 흑백 사진을 컬러 사진으로 전환하는 릴스 콘텐츠

텐츠를 카테고리화할 수 있을 정도다. 인스타그램 역시 가장 먼저 하단 기본 탭 중앙에 위치한 게시물 업로드 버튼을 인스타그램 릴스 버튼으로 변경하여 적극적인 참여를 유도했다.

한국인이 좋아하는 속도의 스토리 구성이 눈에 띄는 유튜브 쇼츠, 아바타 메이크업이나 과장된 상황극 등 판타지·실험적인 요소가 가득한 틱톡, 인스타그램 감성을 잘 살린 릴스까지 각 숏폼 플랫폼이 점차 확고한 아이덴티티를 구축하며 틱톡 중심으로 전개되던 숏폼 영상 플랫폼 생태계에 새로운 바람이 불고 있다.

## ⊛ 떡볶이 프랜차이즈

| 순위 | 브랜드 | 2021 BPI |
|---|---|---|
| ★ 1위 | 신전떡볶이 | 42.4점 |
| 2위 | 동대문엽기떡볶이 | 39.7점 |
| 3위 | 청년다방 | 31.7점 |

## :: 프리미엄 음식으로 푸드 트렌드를 이끌어나가는 떡볶이

떡볶이 프랜차이즈 분야는 42.4점으로 신전떡볶이가 1위를 차지했다. 이후 동대문엽기떡볶이(39.7점)가 2위, 청년다방(31.7점)이 3위로 나타났다. 직접 Z세대에게 물어본 결과* 3개의 브랜드 모두 '친구들과 떡볶이 먹을 때 꼭 언급되는 브랜드'라는 응답이 있어, 정량뿐만 아니라 정성 결과를 통해서 실제로도 공감 가는 순위임을 알 수 있다. 올해 푸드 트렌드 중 빠질 수 없는 트렌드인 '로제'의 열풍 속, 떡볶이 프랜차이즈 업계에는 어떤 변화가 있었는지 살펴보자.

1위를 차지한 신전떡볶이는 후추의 매운 맛과 카레향이 나는 떡볶이로 큰 인기를 끌고 있다. 최근 배달 떡볶이들이 강세를 보이며 떡볶이의 기본

---

● 대학내일20대연구소가 운영하는 Z세대 커뮤니티 '제트워크'를 통한 mini FGD 결과

로제 떡볶이 후발 주자임에도 인기
를 끌고 있는 신전떡볶이

용량이 커지고 가격이 높아지고 있다. 신전떡볶이는 타 프랜차이즈와 달리
1인분씩 판매하여 혼자 먹기 알맞은 용량과 적당한 가격을 갖추고 있다는
점이 장점이다. 신전떡볶이는 'K-로제 소스'** 열풍 속 후발주자로 로제 떡
볶이를 출시했지만, 오랜만에 출시하는 신메뉴라는 점에서 MZ세대의 큰
지지를 얻었다.

동대문엽기떡볶이와 청년다방은 비교적 큰 용량 덕분에 '친구들과 같이
먹는 떡볶이'라는 반응이 주를 이뤘다. 동대문엽기떡볶이의 경우 '매운 떡
볶이'라는 확실한 정체성으로 MZ세대에게 포지셔닝되어 있고, 청년다방은

---

●● 본래 토마토소스와 크림소스를 섞어 만드는 로제소스에 토마토소스 대신 고추장이나 고추가루를 사용한 소
스다

다양한 토핑과 함께 곁들여 먹을 수 있는 즉석 떡볶이로 여겨지고 있다.

K-로제소스 열풍에 힘입어 최근 상위권으로 부상하기 시작한 떡볶이들도 있다. 6위를 기록한 배떡(배달떡볶이), 9위의 삼첩분식, 순위권은 아니지만 태리로제떡볶이가 그 주인공이다. 각종 커뮤니티와 SNS에는 '로제 떡볶이 서열'을 정리한 콘텐츠가 돌고 있으며, MZ세대는 '로제 떡볶이 맛집'으로 소문난 곳들을 도장깨기 하듯 즐기고 있다. 소소한 간식으로 생각되던 떡볶이가 분식의 범위를 넘어 트렌드를 잘 반영한 프리미엄 음식으로 거듭나고 있다.

| 순위 | 브랜드 | 2021 BPI |
|---|---|---|
| ★ 1위 | 카스 | 47.3점 |
| 2위 | 테라 | 46.6점 |
| 3위 | 클라우드 | 24.4점 |

**🍺 편의점 국산 캔맥주**

## :: 화려한 콜라보로 MZ세대를 사로잡는 편의점 국산 캔맥주

편의점 국산 캔맥주 분야 1위는 47.3점을 기록한 카스였고, 이어 46.6점으로 테라가 2위를 차지했다. 클라우드(24.4점)는 3위로 나타났다. 수입 맥주가 인기를 끌었던 과거와 달리 최근 국산 맥주가 인기를 얻고 있다. 국산 맥주의 인기를 견인한 것은 수제 맥주다. 한국수제맥주협회에 따르면 지난해 국내 맥주 시장에서 국산 수제 맥주 판매량은 1,180억 원대로 2017년 430억 원대와 비교하여 2.7배 이상 성장했다ⁿ고 밝혔다.

국산 수제 맥주에는 '주세법' 개정도 한몫했다. 주세법 개정으로 인해 소매 채널이 확대됐고, 좀더 낮은 가격으로 편의점 납품이 가능해졌다. 그러다 보니 자연스레 다품종 소량생산 방식을 도입한 국산 수제 맥주 브랜드 간의 콜라보레이션이 늘어났다. '제트워크' mini FGD에서 한 참가자는 다양해진 편의점 국산 캔맥주의 현 상황을 "편의점에서 캔맥주 고르는 게 넷플릭스 영상 고르는 것 같다"는 비유를 하기도 했다. 실제로 이번 조사 결과에서도 다양한 콜라보레이션 맥주를 찾아볼 수 있었다. 곰표 밀맥주는 23.4점으로

---

● 〈수입맥주보다 잘 나간다! 국산 수제맥주 여름시즌 강타〉, 시사캐스트, 2021.08.09

—
카스의 이미지를 신선하게 바꾼 광고_카스 유튜브

5위를 차지했고 순위권은 아니지만 '말표 흑맥주'와 '광화문', '퇴근길', '강서', '흥청망청' 등 다채로운 국산 수제 맥주가 언급되었다.

국산 편의점 수제 맥주의 성장세에도 굳건히 1위를 기록한 카스는 지난 4월 새로운 브랜드 이미지 구축에 나섰다. CASS의 철자를 거꾸로 한 것에서 착안한 'SSAC 바뀐 ALL NEW CASS, 진짜가 되는 시간' 캠페인을 선보이며 제품을 '싹' 바꿨음을 알렸다. 이 캠페인은 기존의 갈색병에서 투명해진 카스의 병맥주 디자인처럼 자신의 모습을 있는 그대로 솔직하게 보여주자는 메시지를 담았다. 또한 영화 〈미나리〉를 통해 오스카 수상을 한 윤여정 배우를 모델로 기용하여 더욱 호평을 받았다. 이는 병맥주를 중심으로 진행한 캠페인이지만, MZ세대에게 카스의 브랜드 이미지 자체를 신선하게 각인시키는 효과를 낳았다.

카스는 사회적 가치 실현도 게을리하지 않았다. 지난 6월부터 시작한 소상공인 상생 마케팅 캠페인 '싹투어'가 그 예시다. 코로나19로 인해 어려운 상황이 계속되고 있는 소상공인들을 돕고자 시작한 싹투어는 이벤트에 응모한 전국 소상공인 중 20명을 선정하여 카스 공식 인스타그램 채널을 통해 그들의 매장을 직접 홍보해주는 이벤트다. 카스에서 준비한 전문 촬영팀이 나서 각 매장의 외관과 음식 사진을 담은 뒤 콘텐츠로 만들어 소개했다. 제품 병 디자인 변경, 윤여정 배우 모델 기용, 소상공인 상생 마케팅 등 MZ세대가 체감하고 공감할 수 있는 마케팅으로 카스는 1위를 지켰다.

# 금융

| 국내 은행 | | |
|---|---|---|
| 순위 | 브랜드 | 2021 BPI |
| ★ 1위 | 카카오뱅크 | 55.3점 |
| 2위 | KB국민은행 | 42.6점 |
| 3위 | NH농협은행 | 31.9점 |

## :: 장기 충성 고객 유치를 위해 20대 트렌드를 반영하는 국내 은행

국내 은행 분야는 카카오뱅크가 55.3점으로 1위, KB국민은행이 42.6점으로 2위, NH농협은행이 31.9점으로 3위를 기록했다. 재테크에 대한 MZ세대의 관심이 높아지고 있는 가운데, 국내 은행 업계도 미래 소비의 주역이 될 이들의 마음을 사로잡기 위해 노력하고 있다. 20대 소비자층을 현재 주거래고객으로 확보해놓는다면 장기적으로도 충성도 높은 고객이 될 가능성이 높기 때문이다.

카카오뱅크가 발표한 자료에 따르면 올해 3월 말 카카오뱅크의 전체 고객 수는 3개월 전보다 55만 명 증가한 1,415만 명이었고, 연령대별로는 20대 고객의 비율이 30%(425만 명)로 가장 높았다.* 카카오뱅크가 20대에게 사

---

● 〈MZ세대 꽉 잡은 카카오뱅크, 모두의 은행 호시탐탐〉, 화이트페이퍼, 2021.05.20

Part 3. MZ세대에게 사랑받는 모든 것

MZ세대가 많이 이용하는 브랜드와 콜라보한 26주적금_카카오뱅크 홈페이지, 앱

랑받는 이유 중 하나는 상대적으로 경제력이 약한 이들이 부담 없이 실천할 수 있는 다양한 재테크 방식을 제공하기 때문이다. 카카오뱅크는 2021년 26주적금●●의 콜라보레이션을 진행했다. '26주적금 with 마켓컬리', '26주 적금 with해피포인트'가 그 예시다. 카카오뱅크 적금 계좌를 열고 매주 납 입하면 총 7회에 걸쳐 각각 마켓컬리 할인 쿠폰과 SPC그룹의 파리바게뜨

●● 26주 동안 매주 첫 납입액만큼 늘어난 금액이 자동 저축되는 적금 상품이다

등에서 사용 가능한 할인 쿠폰을 제공한다. 적금 가입 고객 전원에게 콜라보레이션 굿즈나 혜택을 제공하는 럭키드로우* 박스 이벤트도 제공한다. 26주 적금으로 좋은 습관도 만들 수 있고, 자주 이용하는 브랜드의 할인 쿠폰도 얻을 수 있어 MZ세대의 긍정적인 반응을 얻었다.

기존 은행도 Z세대 대상 마케팅 활동에 적극적이다. KB국민은행의 메타버스를 활용한 새로운 시도도 살펴볼 만하다. KB국민은행은 지난 7월 메타버스 플랫폼 게더타운을 이용해 가상 영업점을 오픈했다. 아바타를 움직여 게더타운 내 '은행' 공간에 들어가면 자동으로 화상 채팅이 연결되고 실제 은행과 똑같이 예·적금 추천은 물론 대출 상담까지 받을 수 있다. 특히 Z세대 사이에서 각종 메타버스 플랫폼이 주목받자 이를 잘 활용한 사례다. 은행 업계의 메타버스 진출은 이번이 처음이 아니다. DGB금융과 하나은행은 네이버의 메타버스 플랫폼 '제페토'를 활용해 경영진 회의를 열거나 신입 행원 연수를 진행하기도 했다. 트렌드에 예민한 Z세대 고객을 놓치지 않기 위해 은행 업계에서도 빠르게 트렌드를 반영하여 그들과 소통하고자 하는 노력이 느껴지는 시도라 할 수 있다. 영향력 있는 소비자로 성장할 Z세대를 잡기 위한 국내 은행 업계의 노력은 계속될 것으로 보인다.

---

* 내용물을 알지 못한 채 고르는 선물 꾸러미 또는 제비뽑기를 뜻한다

# 인사이트

## 2021년, 브랜드가 MZ세대를 사로잡은 세 가지 방법

지금까지 2021년 MZ세대에게 사랑받은 브랜드들과 그 이유를 분야별로 살펴보았다. 각 브랜드들은 저마다의 전략으로 MZ세대의 마음을 사로잡았으나, 공통점도 엿보인다. MZ세대의 마음을 사로잡은 브랜드들의 방법을 세 가지로 정리해보았다.

## 인사이트 01: 현실과 가상의 경계를 넘어 다양한 경험을 제공해라

2021년에는 직접 체험할 수 있는 색다른 경험을 제공한 브랜드들이 눈에 띄었다. 백화점은 MZ세대를 겨냥한 '힙한' 오프라인 공간을 구축해 트렌디함을 보여주었다. 제품을 구매하는 것뿐만 아니라 콘텐츠를 가미하여 오감 만족 경험을 제공해 MZ세대에게 긍정적인 반응을 얻으며 경쟁력을 강화하고 있다. 오프라인 공간뿐만 아니라 온라인의 가상 공간에서 다양한 경험을 제공한 브랜드도 주목받았다. CU는 Z세대가 주로 즐기는 메타버스 플랫폼에 과감히 뛰어들어 현실과 가상의 경계를 넘었다. 현실과 유사하게 꾸며 놓은 'CU제페토한강점'에 Z세대를 초대하여 색다른 즐길 거리를 제공했다. '편의점'이 본래 제공하는 기능인 잡화·식품 판매와 더불어 놀이의 장을 제공한 것이다. 또 KB국민은행도 메타버스 플랫폼 '게더타운' 가상영업점을 오픈하여 Z세대에게 친근하게 다가갔다. 이처럼 현실과 가상의 경계를 넘어 MZ세대에게 제품과 서비스 이상의 신선한 경험을 제공하는 브랜드가 호평을 받고 있다.

## 인사이트 02: MZ세대에게 어필할 수 있는 명확한 아이덴티티를 구축하라

MZ세대에게 어필할 수 있는 명확한 아이덴티티를 구축해가고 있는 브랜드도 살펴볼 수 있었다. 각기 다른 소비자의 취향에 맞게 다양한 시도를 하던 유료 음원 서비스 멜론의 'Top100 차트' 부활이 그 예시다. 공정성 이슈로 인해 '24히츠' 차트를 주력으로 선보였으나 차트의 시의성에 포커스를 두어 트렌디한 음원 서비스로 포지셔닝 방향을 바꾼 시도가 돋보였다. 틱톡 중심으로 전개되던 숏폼 영상 플랫폼 생태계도 점차 각각의 확실한 아이덴티티가 구축되었다. 특히 유튜브 쇼츠와 인스타그램 릴스는 플랫폼마다 유행하는 콘텐츠가 따로 만들어질 정도다. 이처럼 아이덴티티가 확실하지 않아 이미지가 모호했던 브랜드가 특색 있는 장점 하나를 주력으로 포지셔닝하며 각 생태계에서 고유한 자리를 선점하고 있다.

## 인사이트 03: 생태계를 확장하여 MZ세대와의 접점을 늘려라

단순히 제품과 서비스를 제공하는 것을 넘어 생태계를 확장하며 MZ세대의 일상에 녹아들고 있는 모습도 눈에 띈다. 대표적인 것이 배달의민족이다. 배달의민족은 올해 '쇼핑라이브', '선물하기' 등의 서비스를 론칭하고 'B마트', '전국별미' 등 음식과 관련한 다양한 서비스를 강화하여 MZ세대의 일상에 녹아들고 있다. 배달업계 후발주자인 '쿠팡이츠' 또한 2021년 7월 생필품 즉시배송서비스 '쿠팡이츠마트'를 시범운영하기 시작했다. 쿠팡이츠마트도 배달 시간을 10분대로 당기며 쿠팡과 단건 배달에서 이어지는 빠른 배송 이미지를 강화하고 있다. 콘텐츠 업계에서도 생태계 확장이 눈에 띈다. 〈신서유기 스페셜 스프링 캠프〉나 〈맛있는 녀석들(시켜서 한다! 오늘부터 운동뚱)〉등 스핀오프 웹예능을 통해 TV 프로그램에서는 미처 다루지 못했던 에피소드를 담으며 세계관을 확장해나가고 있는 것이다. 또 개인 크리에이터나 OTT플랫폼, 엔터테인먼트 업계에서도 MZ세대가 공감할 수 있는 다양한 주제로 웹예능 콘텐츠를 만들어 이들과의 접점을 늘려가고 있다.

# 3

2022
Z세대
신조어 위키

▼

유튜브, 틱톡, 트위치와 같이 Z세대가 많이 사용하는 플랫폼을 들여다보면
가끔 이해할 수 없는 단어를 맞닥뜨리게 될 때가 있다. 검색해보고
'아, 이 뜻이구나' 습득하고 나면, 이들은 또 새로운 신조어를 만들어 우리를
어리둥절하게 만든다. 우리가 Z세대를 쫓는 속도는 Z세대가 신조어를
만들어내는 속도를 영영 따라가지 못할 것만 같다.

Z세대는 지금 이 순간에도 유튜브를 통해 과거와 현재의 콘텐츠를 오가며
시대를 초월한 유행어를 재활용하거나, 트위치 방송을 통해 자주 보는 스트리머
와 쉽게 소통할 수 있는 말을 약속하고 친밀감을 쌓는다. 실시간 트렌드가
핵심인 트위터에서는 140자로 일상을 표현하기 위해 차별화된 주접 표현을
만든다. 여기에 온라인 커뮤니티의 영향력이 더해지면서 Z세대가 만들어내는
신조어의 영역은 그야말로 무한 확장 중이다.

신조어를 활용해 Z세대에게 어필하고 싶은 마케터와 콘텐츠 제작자에게는
정말 슬픈 이야기가 아닐 수 없다. 언제 어디서 Z세대의 신조어가 솟아날지
지켜보지 않으면, 흐름을 따르기 어렵다. 혹시 모를 리스크를 꼼꼼히 체크해야
하는 부담도 남아 있다.

하지만 우리는 Z세대의 신조어에 주목해야 할 이유를 안다. 그들과 함께 주접을
떨고, 신조어를 쓰는 순간만큼은 우리도 그들의 놀이판에 함께 녹아들 수 있기
때문이다. Z세대는 우리가 그들을 마케팅 타깃으로 대하기보다, 스며들어 함께
놀며 소통하기를 원한다는 점을 잊지 말자. 이번 신조어 위키에서는
잠깐이라도 Z세대의 판에 끼기 위해, 이들에게 핫한 플랫폼부터 주식 시장까지
폭넓은 영역에서 활용되는 신조어를 살펴본다. 본 코너를 통해 신조어 트렌드를
파악하는 것은 물론 Z세대와 함께 즐기고, 놀 수 있는 힌트를 얻어가기를
바란다.

## 갓생

갓(God)과 인생의 합성어. 성실하고 부지런한 삶을 일컫는 말

04년생의 갓생 살기 브이로그_캐릿 유튜브 채널

갓생은 Z세대의 최상급 표현 갓(God,신)과 인생(人生)을 합친 단어로 성실하고 부지런한 삶을 의미한다. 성실함과 부지런함의 기준은 저마다 다르겠지만 Z세대가 생각하는 '갓생'은 자신이 세워둔 규칙을 꼬박꼬박 해내는 일상에 초점을 맞춘다. 아침 일찍 일어나 책 10쪽 읽기, 저녁 먹고 30분 걷기, 자기 전 스트레칭 영상 따라하기 등 소소하지만 사소한 실천을 꾸준히 쌓아가는 생활을 두고 '갓생 산다'고 말한다. 과거의 '자기계발'이 독한 마음을 먹고 남들보다 더 빨리 결승선을 돌파하는 것이 목표였다면, 갓생은 나만의 패턴으

로 내가 정한 결승선까지 무사히 도달하면 성공이다. 오늘 실천하지 못했더라도 내일 해냈다면 그것도 갓생이라고 할 수 있다.

갓생이라는 단어 자체가 널리 쓰이면서 '최고로 좋은 상태'를 지칭할 때도 '갓생'을 활용한다. 덕질하는 연예인을 만나거나, 속된 말로 계를 탄 상황일 때, "아, 정말 갓생이다"라고 하거나, 지금까지 봤던 영화 중에 최고로 꼽는 영화를 '인생 영화'라 부르던 데에서 한 단계 진화해 '갓생 영화'라고 부르기도 한다.

이처럼 갓은 Z세대에게 최고 중의 최고라는 뜻으로 추켜세우는 접미사이다. 정말 명작인 그림을 봤을 때 '갓작'이라고 찬양하고, 탈일반인급으로 노래를 잘하는 사람을 두고 "갓반인의 경지에 올랐다"고 칭찬하기도 한다. 또, 갓과 아기를 합친 '갓기'는 육아 난이도가 낮아 최고의 효도를 실천하는 아기를 부르는 말이었다가, 최근에는 귀여운 인물의 별명처럼 쓰인다.

# 캘박

**캘린더 박제의 준말로, 일정을 캘린더에 저장함을 의미함**

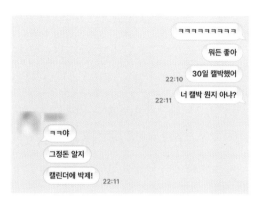

—
친구와 만날 약속을 '캘박'하는 모습

주요한 일정이나 약속을 캘린더에 저장하여 기록해두는 것을 캘린더 박제라고 한다. 일상에서 자주 '캘박'이라고 줄여서 쓰인다. 캘박은 '약속 또는 일정을 잡는다'라는 표현과 대치되어 많이 쓰인다. "네 생일 내 다이어리에 캘박해놨어", "우리 이날 만날 거니까 미리 캘박해"라는 식이다.

온라인의 이미지, 글 내용이 사라지지 않도록 저장하거나 널리 알려지게 하는 행위를 비유적으로 '박제'한다고 하는 데서 비롯된 말이다. 핸드폰에서 중요한 내용을 캡처하여 저장해두는 '갤러리 박제(갤박)' 혹은 '캡박(캡처 박제)'이라는 신조어도 자주 쓰인다.

# 점메추

제트워크에서 점메추 받는 현장_제트워크 시즌3 참여자 튭이(T8084) 제공

'오늘 점심 뭐 먹지?' 고민에 빠졌을 때, Z세대는 카카오톡과 인스타그램 스토리의 질문 스티커를 통해 '점메추'해달라고 말한다. 저메추(저녁 메뉴 추천), 야메추(야식 메뉴 추천) 등 메뉴 고민이 생기는 모든 때에 응용할 수 있다. 실제로 점심 메뉴를 고르는 일이 매일 겪는 딜레마라 물어보는 이유도 있겠지만, 카카오톡이나 인스타그램 스토리로 사소한 일상도 공유하고, 친구들과 실시간으로 연결되고 싶어 하는 Z세대의 소통법을 엿볼 수 있는 신조어다.

## 웃안웃

**'웃긴데 안 웃겨'의 줄임말로, 웃기지만 슬픈 상황을 표현하는 말**

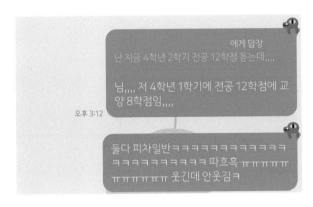

에게 답장
난 지금 4학년 2학기 전공 12학점 듣는데,,,,

님,,,, 저 4학년 1학기에 전공 12학점에 교
양 8학점임,,,,

오후 3:12

둘다 피차일반ㅋㅋㅋㅋㅋㅋㅋㅋㅋㅋ
ㅋㅋㅋㅋㅋㅋㅋㅋㅋㅋ 따흐흑 ㅠㅠㅠㅠㅠ
ㅠㅠㅠㅠㅠㅠ 웃긴데 안웃김ㅋ

—
수강 학점으로 웃안웃 상
황에 처한 대학생_제트워
크 시즌3 참여자 이지현
제공

웃기지만 한편으로는 슬픈 상황에 쓰이는 신조어다. "빙판길에서 팝핀 추면
서 넘어짐. 웃긴데 안 웃겨", "엄마가 나 아이라인 경극 같대. 웃긴데 안 웃겨"
처럼 우습지만 곰곰이 생각해보면 민망하거나 고통스럽거나 괴로운 상황
에 자주 쓰인다. 온라인 커뮤니티에서 종종 등장하는 마냥 웃을 수만은 없는
상황을 담은 글을 보고 웃다가, 생각해보니 남의 일이 아닌 경우에 "웃겨 ㅋ
ㅋㅋㅋ 아니 안 웃겨"라고 하듯 웃다가 정색하는 느낌을 담았다고 보면 된다.

예전에는 웃기지만 슬픈 상황을 "웃프다"라고 표현했는데, 웃안웃도 비슷
한 때에 쓰인다. 유쾌하지만 마냥 웃을 수 없는 상황이 계속되는 한 웃안웃
과 비슷한 드립은 꾸준히 이어질 듯 보인다.

# 서동요 기법

기대하거나 바라는 일을 이미 벌어진 듯 꾸며 말하는 것

익명
08/23 09:39
      👍 공감    ☆ 스크랩

## 와 나 대학생활 처음으로 수강신청 올클함

서동요기법 간다 이번에 망하면 휴학이다 ——

👍 2   💬 5   ☆ 0

> 익명1
> 성공했냐? 효과있음?
> 08/23 10:08
>
> > 익명(글쓴이)
> > ○○ 성공함 휴학 서동요기법
> > 08/23 10:11 👍 4
>
> > 익명2
> > ㅋㅋㅋㅋㅋㅋㅋㅋㅋㅋㅋㅋㅋㅋㅋㅋㅋㅋㅋㅋㅋ
> > 08/23 10:22

서동요 기법을 반쯤 성공한 대학생의 모습

삼국 시대 서동 설화에 등장하는 서동요를 차용한 일종의 밈이다. 서동 설화는 가난한 백제 서민 서동이 신분 차이가 나는 신라의 선화공주와 결혼했다는 가사를 담은 동요를 퍼뜨려 실제로 결혼에 이르렀다는 이야기다. 설화 속 서동요처럼 일어나길 바라는 일을 미리 기정사실화해서 널리 퍼뜨리는 것을 '서동요 기법'이라고 부른다.

2020 도쿄올림픽 여자 배구팀의 선전을 기원하며 4강 진출이 결정되는

경기가 치러지기 전에 미리 "서동요 기법 갑니다. 올림픽 여자 배구 4강 진출 축하합니다"라고 먼저 선언하는 네티즌들이 늘면서 소원을 참신하게 말하는 밈으로 자리 잡았다.

바라는 일이 이미 벌어진 것처럼 문장을 쓰고, 앞이나 뒤에 '서동요 기법'이라고 덧붙인다. 시험에 합격하고 싶을 때나, 수강 신청이나 티켓팅 등을 꼭 성공하고 싶을 때, 드라마에서 원하는 결말이 있을 때 등 원하는 바가 있다면 언제라도 서동요 기법을 쓸 수 있다.

서동요 기법이라는 말은 낯설 수 있지만, 이처럼 이루고 싶은 바람을 에둘러 표현하는 밈은 지금껏 꾸준히 등장했다. "미래에서 왔습니다"라고 운을 떼며 자신이 바라는 소원이 미래에 실현됐다고 표현하거나, 예측이 맞아떨어진 인터넷 게시글에 "성지순례 왔습니다"라고 소원을 빌기도 했다. 또, 케미가 좋은 유명인 둘의 열애설을 두고 "축하하면 사실 될 일"이라고 은근슬쩍 열애하기를 바라는 마음을 내비치는 경우도 이에 속한다.

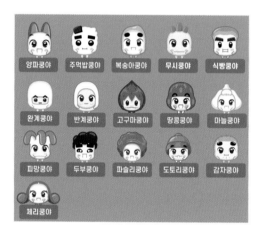

쿵야 캐릭터 등급 소개 화면 캡처_넷마블
캐치마인드

넷마블 게임 야채부락리, 캐치마인드의 캐릭터를 쿵야라고 부른다. 여러 종류의 쿵야 캐릭터 중 주먹밥쿵야, 양파쿵야, 완계쿵야, 반계쿵야가 대표 인기 캐릭터로 꼽힌다. SNS와 인터넷 커뮤니티에서 작고 귀여운 외모로 소소하게 덕후몰이를 하던 쿵야는 2020 도쿄 올림픽을 계기로 대중적인 인기를 얻게 됐다. 바로 양궁 금메달을 따낸 김제덕 선수의 닮은꼴로 주먹밥쿵야가 언급되었기 때문이다. 제덕쿵야, 안산쿵야처럼 대표 선수들의 이름에 쿵야를 붙여 별명처럼 귀엽게 부르거나, 양궁 경기를 치르면서 수면 상태 수준의 안정적인 심박수를 기록한 김우진 선수를 두고 수면쿵야라는 수식어가 붙기도 했다. 그러면서 꼭 유명한 인물이 아니더라도 "젠틀쿵야", "앙큼쿵야"처럼 특정 대상의 특징을 꼽아 귀엽게 부르는 밈이 생겼다.

2000년대 초에 만들어진 캐릭터 쿵야에게 20년 만의 전성기가 찾아온 이후, 넷마블게임즈는 기존 쿵야 시리즈를 리뉴얼해 '주먹밥 쿠' 캐릭터 굿즈를 출시했다. 다음에 소개할 '무한도전'발 신조어와 함께 예전 콘텐츠를 끌올하여 밈으로 가지고 노는 Z세대의 영향력을 보여주는 사례로 꼽을 수 있을 것이다.

MBC 종영 예능 〈무한도전〉의 '곰사찢' 자막 장면_오분순삭 유튜브

2016년 방영된 MBC 〈무한도전〉 483회에서 방송인 정준하가 던진 말 한
마디가 확산되면서 생긴 밈이다. 해외 극한 알바를 체험하는 특집을 논의하
면서 김태호 PD가 "유재석이 원양 어선 타게 하는 건 위험하다"고 반대하자,
차별 대우에 분노하며 내지른 애드립이었다. 정준하는 방송에서 북극곰과
교감하기 위한 미션을 앞두고 있었는데, "북극곰은 사람을 찢어"라고 과장
된 표현으로 위험함을 강조해 웃음을 자아냈다.

이후 'ㅇㅇ는 ㅇㅇ를 찢어' 형태에서 원하는 대상을 끼워 넣는 식으로 밈이 퍼졌다. "필라테스는 사람을 찢어", "과제는 대학생을 찢어"처럼 고통을 주는 존재를 넣어 활용한다. 또, "BTS는 빌보드를 찢어"처럼 압도적으로 잘 했다는 Z세대식 칭찬인 '찢었다'의 의미를 결합하여 주접 표현으로 쓰기도 한다.

'곰사찢(북극곰은 사람을 찢어)' 외에도 2021년 상반기를 강타했던 '무야호'를 비롯한 '그만큼 ~하시다는 거지', '어 너 지금 뭐하는?', '나 이런 거 좋아하네' 등 최근 Z세대의 인기를 얻은 밈들이 무한도전에서 유래했다. 최근 유튜브 채널 '오분순삭'에서 〈무한도전〉 과거 방영분 클립이 업로드되면서 방송 캡처 짤과 밈이 재조명된 것이 영향을 미쳤다. 〈무한도전〉은 꽤 오랜 기간 방영한 예능인 만큼 적재적소에 쓸 만한 방송 캡처를 속속 찾아볼 수 있어 Z세대에게 짤 맛집으로 회자되고 있다.

# 왜요 제가 ㅇㅇ한 사람처럼 생겼나요?

자랑하고 싶은 상황을 우회적으로 드러내는 일종의 주접 문장

전체 게시판 카테고리

**요즘 내 최애 주접짤 이거 ㅋㅋㅋㅋㅋ**

무명의 더쿠   08-15   조회 수 116

# 왜요? 제가 *1위가수* 팬처럼 생겼나요…?

ㅋㅋㅋㅋㅋㅋㅋㅋㅋ뻔뻔해서 넘웃겨

댓글 3   ★ 0   ≺   ≣ 목록

**1. 무명의 더쿠** 2021-08-15
ㅋㅋㅋㅋㅋㅋㅋㅋ나도 이거 많이 씀

**2. 무명의 더쿠** 2021-08-15
ㅋㅋㅋㅋㅋㅋㅋㅋㅋㅋㅋㅋㅋㅋㅋㅋ

**3. 무명의 더쿠** 2021-08-15
왜요 제가 ㅇㅇ처럼 생겼나요? 내 웃음지뢰 ㅋㅋㅋㅋㅋㅋ

'왜요~' 드립을 활용한 주접 짤 소개글_온라인 커뮤니티

방송인 하하의 어머니인 김옥정 님이 길을 가다 만난 행인과 눈이 마주치자 "왜요, 제가 하하 엄마처럼 생겼나요?"라고 말했다는 일화가 커뮤니티에 퍼지면서 많이 쓰이기 시작했다. 그녀가 종영한 MBC 예능〈무한도전〉에서 '융드옥정'이라는 닉네임으로 출연해 존재를 알렸기 때문에 〈무한도전〉을 통해 흥한 밈으로 알려지기도 했다.

누구도 궁금해하거나 물어보지 않았지만, 자랑하고 싶은 상황이나 대상

이 있을 때 활용하는 문장이다. 자랑거리가 있다면 언제든지 쓸 수 있다. 복권에 당첨되었을 때 "왜요? 제가 복권 당첨된 사람으로 보이세요?"라거나, 자신이 좋아하는 가수가 음원 차트 1위를 했을 때 "왜요? 제가 차트 1위 가수 팬으로 보이나요?"라고 쓰는 식이다. 아무도 물어보지 않았는데, 대뜸 관련한 질문을 받은 것처럼 뻔뻔한 태도로 일관하는 것이 핵심이다.

# 오히려 좋아

분명히 안 좋은 상황임에도 좋은 점을 끄집어낼 때 쓰는 말

'오히려 좋아' 신조어를 알게 된 선미_카카오TV 유튜브 채널

사전적으로 의미를 풀이하면 오히려, 즉 '일반적인 기준이나 예상과 다르게' 좋은 상황을 표현하는 말이다. 주로 부정적인 상황에서 애써 전화위복을 노릴 때 쓴다. 스트리머가 게임 방송 중 승부나 전개가 원하지 않는 방향으로 흘러갈 때 긍정적인 반전을 바라며 '오히려 좋아'라고 외친 것에서 비롯됐다. 유튜버 침착맨이 자신의 채널 라이브 방송에서 "나쁘지 않아, 오히려 좋아"라고 입버릇처럼 반복하면서 널리 알려졌다.

'오히려 좋아'가 하나의 관용 표현으로 굳어지면서 안 좋은 상황을 좋게

Part 3. MZ세대에게 사랑받는 모든 것

승화하려는 의도 외에 다양한 의미로 확장됐다. "집 단수돼서 엄마가 밥 못한다고 피자 사준대. 오히려 좋아" 같은 상황처럼 의도하지 않았는데 좋은 결과로 이어졌을 때도 추임새처럼 활용한다. 또, 좋아하는 대상을 칭찬할 때도 덧붙인다. "귀여운 강아지처럼 생겨서 수트만 입는 아이돌, 오히려 좋아"라고 반전 매력을 강조하거나, "직캠 영상 너무 멋있어. 오히려 좋아"처럼 반전이 없는 상황에서도 좋다는 표현을 과장해 표현하기 위해 붙여쓰기도 한다.

오히려 좋아 외에도 침착맨이 자주 쓰면서 유명해진 밈은 이뿐만이 아니다. 《밀레니얼-Z세대 트렌드 2020》에서 소개했던 '킹받네'는 '열받네'에 킹을 더해 의미를 강조한 단어로, 침착맨이 짜증나거나 답답한 상황에서 추임새처럼 덧붙이면서 널리 쓰였다. "이건 못 참지"도 마찬가지다. 눈앞에 등장한 좋은 것을 두고 포기할 수 없다거나, 누군가의 실수를 꼭 짚고 넘어가야 할 때 사용하는 쓰는 밈으로 자리 잡았다.

# 오뱅있

### '오늘 방송 있나요?'의 줄임말

트위치에서 쓰이는 신조어다. 오늘 스트리밍 방송 스케줄이 있는지 궁금하다면 트게더(트위치 커뮤니티)에서 오뱅*있(오늘 방송 있나요?)이라고 물어보면 스트리머나 다른 시청자가 '있(다)' 또는 '없(다)'으로 대답해준다. 이처럼 트위치는 스트리머와 시청자 사이의 약속으로 이루어진 신조어가 많다.

유튜브에서는 주로 구독 중심으로 시청이 이루어지기 때문에 시청자를 구독자라고 칭한다. 반면, 트위치는 유료 구독 시스템으로 일반 시청자와 구독자가 구별되기 때문에 보통 시청자 혹은 '트수'라고 부른다. 트수는 할 일 없이 트위치를 보는 백수라는 뜻으로 부정적인 의미에서 출발했지만 트위치 시청자를 부르는 대표 단어로 자리 잡으면서 트위치 코리아는 트수를 '트위터 수호자'라고 소개하기도 했다.

트위치 스트리밍의 대부분은 유튜브 채널에도 올라가기 때문에 시청자들이 채팅을 통해 '유하(유튜브 하이)'라고 유튜브 시청자들에게 인사를 건네기도 한다. 스트리머가 방송 중 재밌는 부분을 클립 형태로 유튜브에 올리는 게 보편화되면서 유튜브에 올릴 만한 장면이 나올 때도 '유하'를 외친다.

방송을 보면서 지켜야할 룰을 담은 신조어로는 '방플'과 '방방봐'가 있다.

---

● '뱅'은 방송을 재밌게 굴려 발음하는 말이다.

312　　　　　　　　　　　　　　　　　　Part 3. MZ세대에게 사랑받는 모든 것

**게시글**

**오뱅있**
　| 2021-08-26 17:23
오늘 방송은 8시에 할게요

**오뱅있**
　| 2021-08-26 17:13
오뱅 9~~~~~

**오뱅있 [1]**
　| 2021-08-26 16:27
오뱅 7입니다 조금 일찍 켤게요

**오뱅있??? [10]**
　| 2021-08-26 16:24
오늘 없???? 있?????
언제 오나

**오뱅있? [1]**
　| 2021-08-26 13:20
오늘은 와야지

트게더 게시판 '오뱅있' 검색결과

스트리머의 방송을 보면서 게임을 플레이하는 것을 '방플(방송 플레이)'이라고 부르는데, 비매너 중의 비매너 편법으로 지양하는 분위기다. 스트리머는 게임 화면을 방송을 통해 노출하고 있기 때문에 상대편 중에 시청자가 있다면 아무래도 게임 상황은 불리하게 흘러갈 수밖에 없기 때문이다. 또 '방방봐' 는 '방송은 방송으로 봐'의 줄임말로 방송을 과장하여 왜곡하거나, 분위기가 지나치게 과열되거나, 불필요하게 진지해질 때를 경계하는 단어다.

| 오뱅있 | '오늘 방송 있나요?'의 준말 |
|---|---|
| 오뱅알 | '오늘 방송 알찼다', '재밌었다'는 후기 |
| 트수 | 트위치를 보는 사람. 특히 트위치를 자주 챙겨보는 '트위치 덕후'를 지칭할 때 주로 쓰임 |

| | |
|---|---|
| 그스그청 | 그 스트리머에 그 시청자, 비슷한 성향을 가진 스트리머와 시청자를 의미 |
| 영도 | 영상 도네이션의 준말 |
| 음도 | 음성 도네이션의 준말 |
| 유하 | 유튜브 하이의 준말. 유튜브로 이 방송을 볼 시청자에게 건네는 인사 |
| 오겜무 | 오늘 게임 무엇 |
| 버근가 | '버그인가'의 준말로 게임에서 예상 밖 상황일 때 쓰는 말 |
| 방플 | 방송 플레이. '시참(시청자 참여) 게임' 참여자가 스트리머의 방송을 보면서 게임 플레이하는 것 |
| 방방봐 | '방송은 방송으로 봐'의 준말. 방송을 과장하거나 왜곡하여 해석하지 말라는 뜻 |
| 맛만보자 | 게임(유료 랜덤 뽑기)할 때 조금만 해보라고 유혹하는 말 |
| 난죽택 | 난 죽음을 택하겠다. 게임 '하스스톤' 캐릭터의 말을 인용하여 선택지를 골라야 하는 상황에서 그 어떤 것도 선택하기 힘들 때 쓰는 말 |

# ○○ 매매법

○○를 활용해 주식을 사고파는 노하우

—
주식이 오르기를 기도하는 '기도 매매법'을 시도하는 '똘똘똘이'_똘똘똘이 유튜브

주식 투자는 어떤 주식을 언제 팔아야 하는지 타이밍을 잘 고르는 것이 중요하다고 한다. 전문적으로 관련 수치를 확인하고 공부하여 주식을 사고파는 방법도 있겠지만, 전문가가 아니더라도 주식 투자를 성공한 사람이 자신만의 노하우를 전수하는 경우도 많다. 그러면서 그 노하우를 한 단어로 요약해 매매법 앞에 붙여 제목으로 앞세우기도 한다.

신조어가 궁금한 우리가 주목해야 할 것은 수치화된 매매법이 아니다. 초보 투자자들이 나름의 원칙을 덧붙여 만든 주먹구구식 매매법들이 우후죽

순 쏟아지면서 하나의 밈이 된 것이다. 대표적인 매매법의 하나로 '토스 매매법'이 있다. 토스 증권 계좌를 개설하면 랜덤으로 1주를 주는데, 토스가 증정한 주식들이 종종 상한가를 치게 되자 '토스가 주식을 잘한다'는 밈이 돌며 추가로 해당 주식을 매수하는 토스 매매법이 등장했다. 이외에도 주식이 오르도록 기도하라는 기도 매매법, 주식을 매수하고 망치로 머리를 내리쳐 기절한 뒤 깨어났을 때 매도하라는 망치 매매법처럼 헛웃음을 자아내는 허무맹랑한 방법도 떠오르고 있다.

　주식이나 가상화폐 투자에 대한 Z세대의 관심이 증가하며 이와 관련한 다양한 신조어가 쓰이고 있다. 얼핏 보면 외계어 같은 신조어 '돔황챠'는 소리 내어 읽어보면 그 뜻을 바로 유추할 수 있다. 바로 '도망쳐'를 귀엽게 발음한 것이다. 가상화폐나 주식이 급락할 때 더 이상 떨어지기 전에 '도망치라'는 의미로 사용한다. 또, 주식 차트의 고점에서 매수했을 때 '펜트하우스'에 산다고 비유한다. 수익이 날 기미가 보이지 않는 지점이지만 조금이라도 올라서 매도할 수 있기를 바라는 마음에 펜트하우스에서 '구조대'를 기다린다는 표현을 쓰기도 한다.

# 식집사

**식물을 기르는 사람을 비유적으로 이르는 말**

내 스토리 7초

초보 식집사 🐼 🌿 🌱

—
식물등에 처음 도전한 초보 식집사

식물과 집사를 더해 생겨난 말이다. 본디 집사는 주인 곁에서 그 집의 일을 도맡는 고용인을 일컫는 단어다. 고양이를 기르는 사람을 집사라고 관용적으로 표현하는데, 반려인에게 순종적이고 온순한 성향이 많은 강아지와 대조적으로 고양이는 까칠하고 제멋대로인 성격을 지닌 동물로 알려져 있기 때문이다. 고양이가 '주인', 반려인이 '집사'라고 불리며 사람이 고양이에게 맞추어 생활하는 경우가 많다. 반려묘를 기르는 이에게 붙던 바로 이 '집사'라는 단어가 기를 수 있는 다양한 대상에 붙으면서 그 쓰임이 넓어졌다.

고양이와 마찬가지로 식물을 소중하게 기르는 사람을 '식집사'라고 부른다. SNS나 식물 관련 커뮤니티를 들여다보면 식집사의 분주한 일상을 엿볼 수 있다. 이들은 늘 같은 시간에 집안을 환기하고 적당한 때에 물을 분무해주며 영양분이 풍부한 흙을 골라 분갈이를 해준다. 조금만 식물의 상태가 나빠 보이면 인터넷에 검색하고, 커뮤니티에 도움을 요청한다. 영양제를 뿌리거나 지지대를 꽂아 식물이 더 잘 자랄 수 있는 환경을 만들기 위해 진심을 다한다.

코로나19로 인해 집에 있는 시간이 늘어나면서 우울감을 해소하고자 반려 식물을 찾는 식집사들이 늘고 있다. 이들은 식물을 보살피는 일과를 통해 규칙적인 생활 방식을 가꾼다. 눈에 보이지 않지만 매일 조금씩 자라나는 식물을 보면서 위로를 얻고, 초록 풀색이 주는 안정감을 느낄 수 있다고 한다. 오랜 집안 생활이 답답하다면, 식집사가 되어봐도 좋겠다.

## æ(아이)

아이돌 '에스파'의 세계관에서 '가상 세계에 존재하는 또 다른 나'를 의미하는 단어

김토비는 나야 둘이 될 수 없어

오후 10:23 · 2021. 8. 23. · Twitter for iPhone

유리창에 비친 고양이 '김토비'와
æ김토비_김지예 사진 제공

아이돌 '에스파'는 현실 세계의 에스파 멤버와 똑같은 모습의 아바타 æ가 교감한다는 독특한 세계관으로 데뷔했다. 에스파의 데뷔곡 'Black Mamba' 속 "에스파는 나야 둘이 될 수 없어"가 바로 이 æ세계관을 표현하는 대표적인 가사라고 할 수 있다. 현실 세계의 에스파 멤버들은 아바타와 한 몸과 같은 존재로, 세계를 기준으로 나눌 수 없다는 의미를 담고 있다.

거울에 비친 반려동물의 사진을 올리며 "○○는 나야 둘이 될 수 없어"라고 응용한 드립이 발단이 되어 æ 세계관은 Z세대의 일상에 자연스럽게 스

머들었다. "요즘 나 맨날 옷 똑같이 입어서 æ짱구됨"과 같이 자신과 닮은 대상의 이름에 æ를 붙이기도 하고, "오늘 코디 æ백예린임"처럼 따라하고 싶은 대상 앞에 æ를 붙여 자신을 칭하기도 한다. 어떤 대상과 유사한 역할을 대신하고 있을 때도 '제2의'라는 뜻으로 æ를 붙여 별명처럼 부르기도 한다. æ 세계관으로 시작된 밈은 생소하고 낯설었던 아바타와 가상 세계가 Z세대에게는 점차 친숙한 존재로 다가오고 있음을 시사하는 신조어라고 볼 수 있다.

# 여름이었다

기억 보정 불러오는 한 여름 날씨
_@ztzt_04 인스타그램

이 신조어를 이해하기 위해 우리가 떠올려야 할 이미지는 폭염이 장악한 현재진행형의 여름이 아니다. 춥고 삭막한 계절에 추억하게 되는 과거의 여름으로, 청량하고 맑은 분위기다. 고등학생이 주인공으로 등장하는 드라마나,

하이틴 영화 같은 청춘물과 찰떡인 계절이라고 볼 수 있다.

이제 '이 여름'을 내가 하고 싶은 아무 말 마지막에 덧붙이면 된다. "햄버거가 먹고 싶다"면 거기서 끝내지 말고 마지막에 "여름이었다"를 붙이는 것이다. 그러면 무미건조한 햄버거 타령이 갑자기 아련하고 그럴싸해 보인다. 환하게 웃는 연예인의 사진에 "여름이었다" 한 줄을 덧붙이면 그 미소 위로 여름 이미지가 겹치면서 더욱 청량하게 느껴진다. 그 어떤 문장 말미에 써도 갑자기 청량하고 감성적인 여름 분위기를 만들어내는 것이 바로 '여름이었다'의 마법이다. 여름이 돌아올 때마다, 여름을 추억할 때마다 다시 화제가 될 수 있는 밈이기도 하다.

2019년 한 네티즌이 학교 시 쓰기 숙제로 아무 말에 '여름이었다'를 더한 시가 퍼지면서 시작된 밈은 커뮤니티에 알음알음 퍼지다 재유행했다. 그러면서 '여름이었다' 외에도 가을의 적적하고 쓸쓸한 분위기를 담아 '가을이었다'라고 응용하여 쓰이기도 한다.

'윈터 이즈 커밍'은 추운 겨울의 이미지를 활용한 밈이다. "이제 여름 다 가고 밤공기 선선하다. '윈터 이즈 커밍'"처럼 겨울이 아닌 계절에 찬바람을 느꼈을 때 직관적으로 활용한다. 또, 주로 단호하게 팩트 폭행하는 이를 보고 '춥다', '겨울이다', '기온이 낮아졌다'라는 반응과 더불어 '윈터 이즈 커밍'으로 냉랭한 기운을 묘사하기도 한다.

# 드르륵 탁

**카세트 테이프를 되감는 소리를 인용해 보고 싶은 장면을 반복하는 것**

2021.07.16 20:27:17    신고

스네그로치카가 있다면 꼭 너 같을까? 드르륵 탁…
스네그로치카가 있다면 꼭 너 같을까? 드르륵 탁…
스네그로치카가 있다면 꼭 너 같을까? 드르륵 탁…
스네그로치카가 있다면 꼭 너 같을까? 드르륵 탁…
스네그로치카가 있다면 꼭 너 같을까? 드르륵 탁…

👍 236    👎 1

네이버 웹툰 '고래별' 명대사를 무한 '드르륵 탁'하는 모습_네이버 웹툰 댓글

카세트 테이프를 듣다가 들었던 부분을 다시 재생하고 싶다면 어떻게 해야 할까? 되감기 버튼을 눌러 테이프를 반대 방향으로 '드르륵' 되감는다. 테이프가 되감아지기를 기다리다 오로지 감으로 '이 정도면 됐겠지'라고 생각할 시점에 재생 버튼을 '탁' 누른다. 그러면 정확히 그 특정 부분부터는 아니더라도 대강 엇비슷하게 원하는 부분을 다시 들을 수 있다.

신조어 '드르륵 탁'은 바로 이 순간을 포착하여 만든 표현이다. 다시 보고 싶을 만큼 좋은 장면이나 대사 같은 킬링파트와 드르륵 탁을 번갈아 쓴다. "(반복하고 싶은 장면이나 대사)…… 드르륵 탁…… (반복하고 싶은 장면이나 대사)…… 드르륵 탁…… (반복하고 싶은 장면이나 대사)…… 드르륵

탁······"하고 무한 반복하는 것이다.

"카세트 테이프를 많이 접해본 적 없는 Z세대가 '드르륵 탁'을 신조어로 활용한다고?"라며 의아할 수 있겠다. 아마도 최근 불었던 레트로 열풍이 '드르륵 탁'이 자연스럽게 쓰일 수 있었던 배경으로 보인다. 많은 가수들이 카세트 테이프나 LP판 등 아날로그 스타일의 앨범을 제작하면서 Z세대에게 카세트 테이프는 특별한 굿즈로 알려진 것이다. 더불어 '드르륵 탁'은 디지털 콘텐츠에서 손끝 몇 번 터치로 반복 재생한다는 표현보다 더욱 요란하고, 정성스럽게 느껴진다는 점도 매력적이다. 내가 이렇게 요란하게 반복 재생을 할 만큼 감명 깊은 부분, 대사였다는 것을 강조하며 주접을 떠는 것이다.

Z세대의 '드르륵 탁' 드립을 자주 볼 수 있는 곳은 주로 보고 또 봐도 또 가슴이 설레는 장면이 포함된 웹툰이나 드라마 콘텐츠 댓글 창이다. 이 콘텐츠를 보고 나서도 두고두고 기억에 남을 명대사거나, 치명적으로 매력적인 출연자가 등장하는 장면 등 가슴앓이를 유발하는 모든 콘텐츠 반응 중심에 '드르륵 탁'이 등장한다.

# ○○깡

○○를 까다, 즉 포장된 앨범이나 굿즈를 개봉할 때 쓰는 말

1. BTS 팬의 앨범깡 인증샷_Espacio de Abi 블로그
2. 엔시티드림 팬의 앨범깡 인증샷_제트워크 시즌3 참여자 라소(N8283) 제공

포장된 택배나 선물을 개봉하는 것을 '언박싱'이라고 칭하듯 덕질할 때 포장된 앨범이나 굿즈를 개봉하는 것을 '○○깡'이라고 부른다. 흔히 보는 유튜브 언박싱 콘텐츠에서 포장 안의 물건을 확인하는 재미가 있다면 앨범깡의 재미는 앨범 안에 들어 있는 포토 카드에 있다. 앨범마다 각 멤버의 포토 카드가 랜덤으로 동봉되어 있어 내가 원하는 포토 카드를 얻을 수 있을지 미지수이다. 때문에 바로 그 멤버의 포토 카드가 나올 때까지 조마조마한 마음으로 수차례 앨범깡을 반복한다. 몇 번 까보지 않고도 금세 원하는 포토 카드

가 나오는가 하면, 구매한 앨범을 다 뜯고도 모자라 추가 구매한 앨범을 까본 후에도 원하는 포토 카드를 갖지 못하는 비운의 사태도 벌어지곤 한다.

그렇게 쌓인 최애 아닌 포토 카드는 어떻게 보관할까? 세상 어딘가에는 이 포토 카드를 기다릴 또 다른 팬이 있기 때문에 그들에게 판매하거나 다른 굿즈와 교환한다. 포토 카드, 엽서, 스티커와 같은 비교적 가벼운 굿즈가 필요한 팬들끼리 준등기 우편을 통해 교환하거나 사고파는 것이다. 그렇게 준등기로 받은 굿즈를 개봉해보는 것을 '준등기깡'이라고 부른다. 또, 오프라인 레코드점을 방문해 구입한 앨범을 현장에서 개봉하는 '오프깡'을 하다 주변의 팬들끼리 서로가 원하는 최애 멤버의 포토 카드로 맞교환하기도 한다.

웬만한 앨범깡 좀 해봤다는 아이돌 팬이라면 갖고 있는 물건이 있다. 바로 미니 커터칼이다. 우리가 알고 있는 길이의 커터칼이 아닌, 손가락 한 마디 길이의 짧은 칼날이 든 커터칼이다. 당근, 구름 등 귀여운 모양이 특징이다. 소중한 앨범을 이왕이면 귀엽고 예쁜 커터칼로 뜯고 싶어서 구매한다고 한다. 이쯤 되면 아이돌 팬들 사이에서 앨범깡은 단순히 물건을 뜯는 행위라기보다 숭고한 의식에 가깝다고 할 수 있다.

# 당연함 ~~임

**당연하지 않은 일을 당연하다는 듯 말하고 그 이유를 설명하는 밈**

오늘이 블챌 마지막 날이라니
앞으로 적막만이 흐를 이웃 새 글 창 생각에 눈물이 나..
그래도 중도 하차 안 하고 끝까지 한 내가 너무 대견함
당연함 15000원이면
안 움직이던 손가락도 움직이게 만들어야 함

**돈 쓸 생각에 두뇌 활성**

어쨌든~.. 난 앞으로도 열심히 블로그 써야겠다고 맘먹었음
일단 맘만 먹었음 최대한 실행으로 옮겨보도록 할게..

#블챌  #오늘일기

♡ 10 ··· ⊙ 7                                          ⬆

'당연함' 드립을 활용해 네이버 블로그 챌린지 후기를 남기는 모습 (재구성)_제트워크 시즌3 참여자 박은영 제공

한 네티즌이 처음 주량을 확인하기 위해 술을 마시고 커뮤니티에 글을 올렸다. 소주 한 병 먹었는데 주량 센 거냐, 안주 별로 안 먹었는데 조금 더 먹을 수 있을 거 같다는 내용의 문장을 의식의 흐름대로 무한 반복하는 내용이었다. 술 기운이 물씬 느껴지는 장황한 글에서 '근데 하나 의문. 젓가락으로 국

물 안 먹어짐. 당연함.'이라는 문장이 밈처럼 널리 쓰이게 되었다.

말하고자 하는 바를 강조하고 싶다면 언제든 당연함을 쓸 수 있다. "회사 가고 싶다. 당연함. 취준생임.", "첫 덕질 대상은 두고두고 생각남. 당연함. 내 모든 비밀번호에 살아 숨쉬고 있음." 등 다양한 상황에서 활용한다.

# 별안간 ○○하는 사람 됨

## '어느새 달라진 현재 상태'를 과장한 표현

> **캐릿 Careet** ···
> @Careet_media
>
> ## 별안간 김갑수 배우를 죽여버리는 광고
> ㅋㅋㅋㅋ
>
> 오전 9:45 · 2021. 5. 27. · Twitter Web App

별안간 광고에서 죽는 주인공_@
careet_media 트위터

별안간은 '갑작스럽고 아주 짧은 동안'을 의미하는 한자어다. 일상보다 글을
쓸 때 주로 쓰이는 표현이었으나 최근 트위터에서 특정 대상으로 인해 달라
진 현재 상태를 재밌게 표현하며 주접을 떨 때 쓰는 것을 볼 수 있다. 귀여운
고양이 사진을 올리며 "너무 귀여워서 별안간 오열하는 사람 됨", 혹은 "슬리
퍼 한 짝 없어져서 별안간 신데렐라 됨"이라고 쓰는 식이다.

　'잠깐 사이에 특정 상태가 됐다'라는 뜻을 '별안간' 세 글자로 함축해서 표현한다. 쉽게 줄여서 표현하려는 이유도 있겠지만, 별안간을 활용하면 일상 얘기도 낯설고 특별하게 느껴진다는 점도 주요하다. 별안간 뒤에 엉뚱한 상황을 덧붙이고, 스스로를 '사람'이라는 3인칭으로 표현하면서 전혀 객관적이지 않은 상황을 객관화해서 표현한다. 날마다 쓰는 고만고만한 문장을 비틀어 재미를 더하고, 한 번 더 읽어보게 만드는 것이다.

최근 별안간 외에도 일상에서 잘 쓰지 않는 부사를 Z세대의 트위터에서 자주 발견할 수 있다. 몹시 빠르고 세찬 모양을 뜻하는 '냅다'는 서술하는 내용에 뜻이 꼭 들어맞지 않더라도 '무작정 해버렸다'는 느낌으로 쓴다. "냅다 귀여움", "냅다 사랑해"처럼 정말, 진짜, ㄹㅇ(리얼)이라는 의미를 강조하기 위해 원래의 뜻을 무시하고 쓰기도 한다. 수준이나 솜씨를 수식하는 부사 '제법'도 마찬가지다. "제법 웃겨", "제법 젠틀해요"처럼 경우를 따지지 않고 냅다 써버린다.

## 《밀레니얼-Z세대 트렌드 2022》 집필진

원고를 직접 집필하거나 집필 과정에 참여하신 분들입니다.

- 이재흔 대학내일20대연구소 책임연구원 (집필책임)
- 호영성 대학내일20대연구소 소장
- 송혜윤 대학내일20대연구소 수석연구원
- 김혜리 대학내일20대연구소 책임매니저
- 신지연 대학내일20대연구소 책임연구원
- 김민경 대학내일20대연구소 연구원
- 손유빈 대학내일20대연구소 에디터
- 장지성 대학내일20대연구소 연구원
- 함지윤 대학내일20대연구소 연구원
- 이정석 대학내일20대연구소 책임연구원
- 김다희 대학내일20대연구소 매니저
- 김영기 대학내일 경영전략본부 본부장
- 남민희 대학내일 디지털커뮤니케이션3팀 책임매니저
- 박민영 51퍼센트 캠페인2팀 사원

## 대학내일 트렌드 리딩 그룹

MZ세대 특성과 트렌드를 정리하는 파이널 워크숍에 참여하여
다양하고 풍부한 시각을 더해주신 분들입니다.

김련옥 브랜드저널리즘팀 책임에디터 / 김준수 마케팅커뮤니케이션8팀 사원 / 송태광 미디어
센터 책임매니저 / 윤철한 소셜비즈니스3팀 책임매니저 / 이재우 마케팅커뮤니케이션7팀 팀장
/ 이한나 콘텐츠팀 에디터 / 이혜인 기획혁신센터 책임매니저 / 정지수 마케팅커뮤니케이션1팀
매니저 / 조은 미디어센터 사원 / 최규성 비즈니스센터 수석매니저 / 홍승우 미디어센터 센터장

## 제트워크 1기, 2기, 3기

대학내일20대연구소에서 운영하는 제일 트렌디한 Z세대 커뮤니티 '제트워크'에 참여하여
실시간으로 Z세대의 의견과 일상을 전달해주는 서포터즈가 되어주신 분들입니다.

하나로 정의할 수 없는 MZ세대와 새로운 법칙을 만들어가는 Z세대

# 밀레니얼-Z세대 트렌드 2022

**초판 1쇄 인쇄** 2021년 10월 20일 **초판 1쇄 발행** 2021년 10월 28일

**지은이** 대학내일20대연구소
**펴낸이** 이승현

**편집2 본부장** 박태근
**편집** 방호준
**디자인** 김태수

**펴낸곳** ㈜위즈덤하우스 **출판등록** 2000년 5월 23일 제13-1071호
**주소** 서울특별시 마포구 양화로 19 합정오피스빌딩 17층
**전화** 02) 2179-5600 **홈페이지** www.wisdomhouse.co.kr

ⓒ 대학내일20대연구소, 2021

ISBN 979-11-6812-023-5 13320